U0003865

LOCUS

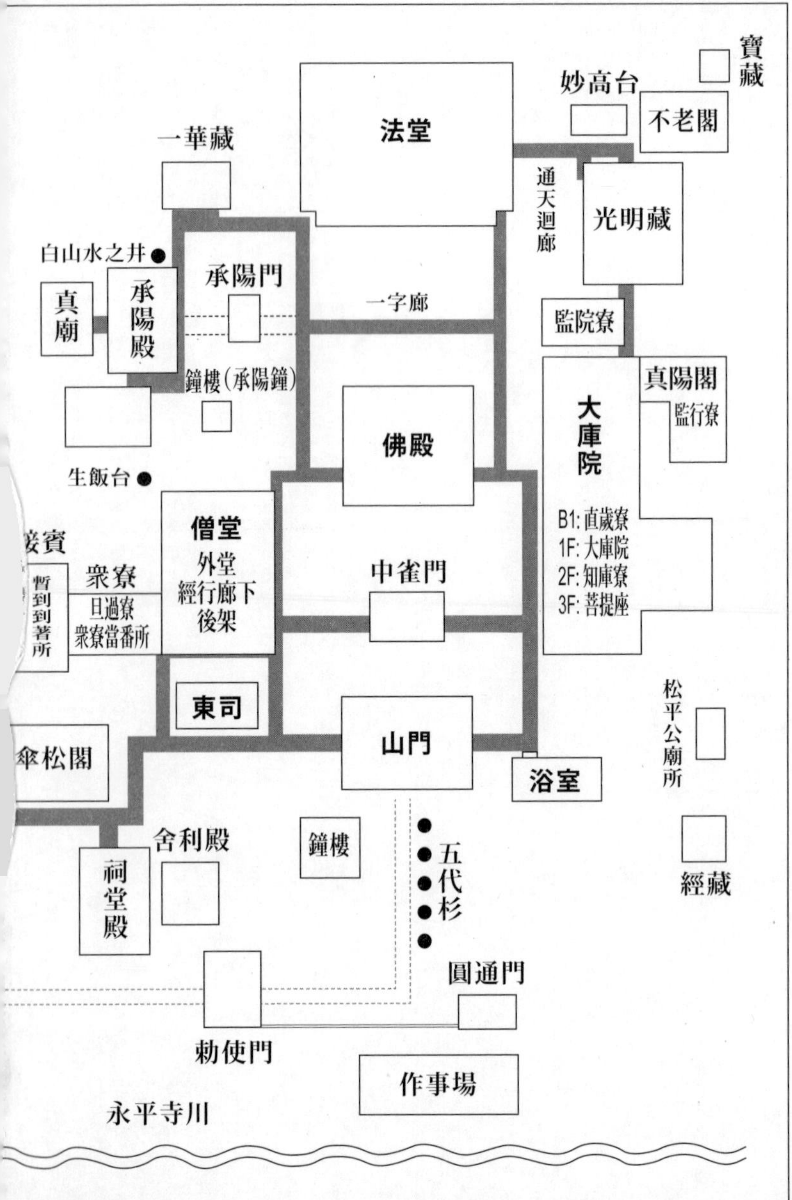

寶藏
妙高台
不老閣
法堂
一華藏
通天迴廊
光明藏
白山水之井
承陽門
一字廊
真廟
承陽殿
監院寮
鐘樓(承陽鐘)
真陽閣
監行寮
大庫院
佛殿
生飯台
B1: 直歲寮
1F: 大庫院
2F: 知庫寮
3F: 菩提座
僧堂
外堂
經行廊下
後架
接賓
衆寮
旦過寮
衆寮當番所
暫到到著所
中雀門
松平公廟所
東司
山門
傘松閣
浴室
舍利殿
鐘樓
五代杉
經藏
祠堂殿
圓通門
勅使門
作事場
永平寺川

永平寺伽藍配置圖

（粗體字表示七堂伽藍）

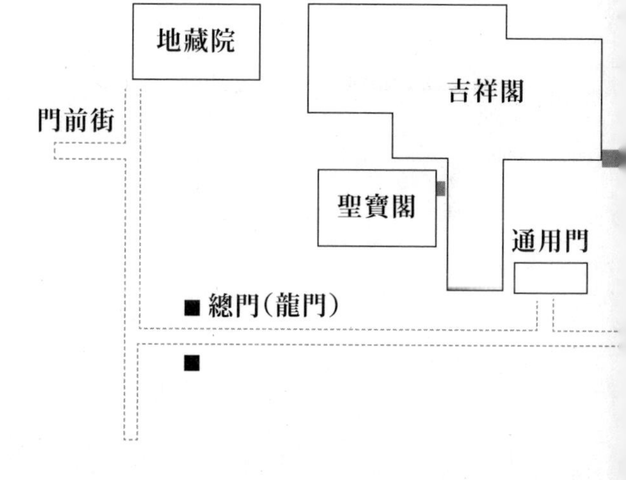

mark

這個系列標記的是一些人、一些事件與活動。

KUU NERU SUWARU Eiheiji Shugyo-ki by Kaoru Nonomura
Originally published in Japanese by Shinchosha, Tokyo, in 1996
Copyright ©1996 by Kaoru Nonomura
Complex Chinese translation copyright © 2016 by Locus Publishing Company
This edition published by arrangement with Kodansha USA, Inc.
Through Future View Technology Ltd.
All rights reserved

Mark 123

雲水一年 ——行住坐臥永平寺

著：野々村馨（Kaoru Nonomura）
譯：吳繼文

編輯：連翠茉
校對：呂佳真

法律顧問：全理法律事務所董安丹律師
出版者：大塊文化出版股份有限公司
地址：台北市 10550 南京東路四段 25 號 11 樓
www.locuspublishing.com
讀者服務專線：0800-006689 TEL：(02) 87123898
FAX：(02) 87123897
郵撥帳號：18955675
戶名：大塊文化出版股份有限公司
e-mail:locus@locuspublishing.com
總經銷：大和書報圖書股份有限公司
地址：新北市五股工業區五工五路 2 號
TEL：（02）89902588（代表號） FAX：（02）22901658

初版一刷：2016 年 12 月
ISBN 978-986-213-751-2
定價：新台幣 380 元
版權所有 翻印必究
Printed in Taiwan

行住坐臥永平寺

雲水一年

野々村馨
Kaoru Nonomura

吳繼文——譯

目次

第一章　結束，以及開始
遍參　012
地藏院　021
龍門　035
山門　042
旦過寮　048
東司　055
面壁　069
應量器　071

晚課諷經 078
藥石 082
夜坐 089

第二章　作法即禪

朝課諷經 102
行粥 109
迴廊掃除 118
威儀 122
洗面 130

偈文 143
午時 146
警策 156

第三章　在黑暗中凍結的孤獨

入堂 164
僧堂 169
鐘灑 176
振司 187
鐘點 193
反省會 207

淨人 216
僧食 222
淨髮 230
大鑒 237
饑渴 245

第四章　隨流而行時在乎的事

逃亡 254
新到掛搭式 259
開浴 265
結制 271

作務 279
罰油 287
眼藏會 296
轉役 301

第五章　微溫生命的所在

副行兼瑞雲閣接頭 312
便用 317
拜請 326
瑞雲閣 331
點檢 338

雜巾 344
解制 351

第六章　峰之色、谷之響

監行 358
相見 362
行者 366
朝參 373
侍香 379
開爐 384
臘八攝心 390

掃煤 397
歲朝 401
開旦過 406
打坐 410
行履調查 416
乞暇 425
後記 439
文庫版後記 447
譯者補記 458

第一章 結束，以及開始

遍參

在雨聲中睜開了眼睛。

一個人被彷彿沒有開始也不會結束、無止無盡的幽闇長夜所包圍。然而我還是在完全的漆黑當中不知不覺睡著了。那是一場連自己都覺得害怕的、極深沉而靜寂的睡眠。

「下雨了……」

我蜷曲在棉被裡面，一邊聽著打在外頭庭木葉片上的雨聲，一面對自己在這樣的清早可以如此冷靜而感到稍許訝異。除了放眼所見房間中的擺設不一樣以外，老實說其他並沒有什麼變化，不過是又一個普通的早晨而已。

從這家住了一宿的老旅店離開時，壁上的掛鐘正要開始正午的報時。

在櫃檯結算過住宿費，僅剩的零錢隨手放進旁邊的樂捐箱，拉開玄關的格子門，大粒的雨滴依然擊打著鋪設卵石的空地。這時腳底笨拙地套上的全新足袋[1]瞬間被雨水滲濕，不禁有些躊躇，但只要再踏出一步，那就沒什麼好遲疑，隨它去了。

我剛剃過的光頭上戴著網代笠[2]，身上包纏墨染衣，胸前搭著袈裟行李，背上掛著後附行李，腳上綁白腳絆、套白足袋、穿草鞋，拖拖沓沓地走上雨中的街道。

永平寺的門前街靜靜地橫亙在有如湖面擴散開來的波紋般重重山巒所圍成的自然結界裡面。

路只有一條。本來沒有人跡的地方，由於某些目的激發，造成人來人往，當小小的腳印踩久了，於是變成了一條路徑。永平寺前這條商店街就給人這種感覺。

1 足袋（tabi）為日本布襪，大腳趾部分與其他四指分開。

2 網代笠（ajiro-gasa）是以薄木片或竹篾編成如覆鉢形的斗笠，為日本僧侶、遍路（行腳僧）典型配備。

我在這條看不到盡頭的路上，既無從避雨也沒有這個念頭，惟一心朝永平寺山門默默走下去。

幽幽纏繞的老樹枝椏，遮蔽了落雨的鉛灰色天空，路兩旁是教人聯想到宋代山水的岩塊，從寸草不生的山坡崢嶸外露。道路也好，樹木、岩塊也好，進入視野的一切，都被這場春雨所濡濕而發出幽暗的反光，彷彿有輕微的胎動從地底傳送到腳邊，一種不舒服的沉重之感令人有些喘不過氣來。

關於出家，從起心動念到變成一股決心，並沒有經過多長時間。

「我要去永平寺了哦。」

在爸媽家的餐桌上，一邊吃晚飯我一邊對爸媽說。

「是嗎，什麼時候去？」

對我所謂「去」的意思完全理解錯誤的媽媽，用那種好像自己也想一起去的語氣回問道。

對這樣的兩個人，我說明了決心的原委，但他們的驚訝之情比我想像中還輕微，讓我多少有些錯愕。

驚訝固然還是有的，但在他們看來，比起我老愛前往亞洲政情動盪的國家或一般觀光客不去的偏遠地區旅行，成天擔心我遭遇不測卻無計可施，或許去永平寺還更教他們放心也說不定。

在為永平寺上山做準備，一一整理身邊瑣瑣碎碎的過程，也逐漸感覺社會離我越來越遠。

想想還真是滑稽。由於對社會生活的倦怠，對身邊一切都感到厭煩、難以忍受，為了逃離這樣的社會於是決定要出家，可一旦社會開始慢慢離自己遠去，卻不禁有些落寞，一天比一天傷感。

從每天下班後去游泳的泳池大窗看到外頭滿開的櫻花，好幾次在心裡告訴自己「這是最後的櫻花嘍」。梅雨突然放晴的時候，在鎌倉（Kamakura）的山路上突然看到提早報到的夏日藍天，也會自心底湧起一陣恨意。

只要想到這是最後一次，眼睛所看到的一切都令人格外珍惜，好想緊緊擁抱，而對於逐漸加速的季節之移轉，總是感到無來由的哀傷與恐慌。

就在這樣的心境下，夏季尾聲的一個週末，峰子（Mineko）來逗子（Zushi）的租屋處找我。

「聽到野野村君要出家的消息，我一點都不覺得意外呢。」

兩人並坐在屋側的走道地板上，彷彿觀賞電影一樣看著眼前的小小庭院，峰子低聲囁嚅道。

「真的，為什麼？」

「我也不知道，就是覺得挺理所當然的。」

「是嘛。」

峰子是大學時代認識的朋友。雖然平常往來並沒有特別密切，卻都很珍惜兩人共度的時光。這種微妙的距離，是雙方對彼此的體貼。

「這件事，不會是悲劇吧？」

「啊……當然不是。」

她突然這麼一問，教我遲疑了幾秒才回答。

「我不希望這樣。如果變成悲劇，我是不會原諒你的。」

我自己也不太確定。對於此後重啟的人生，不可否認我是寄予希望和期待的。另一方面，我又忍不住有把它當作悲劇大哭一場的心情。

「那，我等你可以嗎？」

手上裝了冰麥茶的玻璃杯裡面冰塊發出「喀拉」一聲的同時，峰子問了一個意外的問題。我馬上理解了峰子所謂「等」的意思。

「咦，等？到底要等什麼呢？是說想要躲在哪裡等我剃光頭後跳出來大聲笑我嗎？與其這樣，不如像我以前告訴你的那樣，找個善良又老實的上班族談一場大戀愛，然後到無人島舉行婚禮吧。話說我到永平寺以後大概是沒辦法出席你的婚禮了，不過我一定會在永平寺誦經回向給你們，祝願兩個人永浴愛河的。」

「……」

峰子八成是哭了。兩個人認識以來，第一次陷入如此漫長的沉默。雖然不確定是什麼，但過去無疑懷抱過的一點想要在社會上打拚的熱情不再，連像一般人那樣過日子都沒辦法，於是選擇脫逃。所以我希望峰子不要等待這麼沒用的傢伙，並真心誠意祈願她幸福。

我們都沒有看對方，只是並坐在屋側地板上，眺望眼前因為不時從開始失去夏日燦爛輝光的海洋吹過來的風而搖擺的楓樹，定定地、定定地看著。

穿過寺前商店街時雨勢稍歇，鉛灰色天空也比先前明亮了點。沿路彷彿精細鑲嵌出來的小商店一間連著一間，因為下雨而失色的風景當中，色彩鮮艷的土產、紀念品顯得特別耀眼。當我微微抬起被雨水打濕而稍顯沉重的網代笠，看著筆直街道的盡頭時，突然佇立不前。

「看到五代杉（Godai-sugi）[3]了！」

樹齡據說有七百年的高聳巨木，在水氣氤氳中若隱若現，強烈的威壓之感迎面撲來。在五代杉底下，永平寺的山門應該是開著的吧。我也終於來到這裡了。

的確，從起心動念到下定決心出家，並沒有經過太多掙扎。問題是之後，「現在還來得及後悔，如果要放棄就趁現在」的念頭，那種內心深處剪不斷理還亂、對紅塵俗世的眷戀，就像一波波湧向海岸的怒濤一樣，總是週期性地向我襲來。如今穿行在寺前大街，抬頭看到五代杉時，又掀起了最後一股巨浪。

這是回頭的最後機會了。突然覺得血液一陣沸騰，全身冒汗，彷彿被高聳的五代杉所震懾而不得不後退似的。

然而我還是邁出了下一步。此時此刻，除了再度前進已經沒有其他選擇。水撞擊在岩石上，遇到堤壩停留打轉一下，最後還是流到了這裡。我相信就這樣順勢流進永平寺山門是最自然的結果了。

再度起步時，突然被泡了雨水的草鞋之沉重嚇了一跳。飽含雨水的瀝青，因為冰冷而僵硬的雙腳踩起來反而覺得柔軟異常，簡直像要被吸進地裡面一樣教人舉步維艱。

一旦開始感覺，到此刻為止已經麻痺的身體五感同時甦醒，才注意到自己

3 足五代杉位於唐門（勅使門）至山門之間，為紀念十四世紀初復興永平寺伽藍的五代祖義雲（Giwun）禪師而得名。

的身體由於下雨而凍得厲害。搭在背上的行李，由於無數的不安加上若有若無的希望，重重地壓著雙肩。

身心都在顫抖，發出嘎嗒嘎嗒聲。腳步益形沉重，雨水也更加冷冽地滲進皮膚。

就在這樣幾乎要被冷雨擊潰時，正好經過一家茶店。從打開的窄仄入口裡邊，一個老太婆匆匆出現，以顫巍巍的腳步跑到我身邊，對著我大聲說：「雲水桑[4]加油哦！」

這一瞬間，突然兩行熱淚滾下因為寒冷與緊張而僵硬的雙頰。為什麼會流淚我自己也不知道，而且一流就停不下來。彷彿到今天為止一路所背負的失望與沮喪、後悔與眷戀等等念頭，決堤一樣與淚水一起從雙眼流了出來。真想大聲號泣，直到將心中累積的那些糾結的情緒全部流得一乾二淨為止。

直到今天，我仍忘不了當時滾落臉頰的淚水之灼熱。

總算把模糊淚眼擦乾時，我也來到了地藏院（Jizo-in）的斜坡底下。這裡是永平寺上山雲水的到著所。

當我抬頭看著地藏院時，內心已經一無煩惱。接下來就是走上這斜坡而已。感覺之前一路走來的歲月變得如許悠長。腦海中不斷翻飛著人生至今的各色光景。

只要登上這段斜坡，我人生中的某些部分也就告一段落了。父母、朋友教人懷念的容顏，在腦海裡出現又消失，我對著他們一個個說「謝謝」與「再見」，然後開始走上斜坡。

地藏院

登上斜坡後，我依照預先收到的指示，把門口旁邊掛著的木版拉過來，以

4「雲水（wunsui）」取「行雲流水」之意，指為了修行而雲遊各地的行腳僧。「桑」是日文對人尊稱「さん（sang）」或「樣（sama）」的音譯。

木槌用力敲打了三下。每打一下，木版乾硬的聲音也在身體深處回響。

這座地藏院是永平寺的塔頭（Tattsyu，大寺所屬的分院）之一，志願上山的人於正式上山前一天在此暫住一宿，接受各種上山的點檢與指示。簡單說地藏院就是建在娑婆[5]與佛界的境界線前面一步之處。

打過木版，從正面進入地藏院境內，看到先來的兩位正默默地閉目佇立。我沒說什麼，也學他們朝地藏院大門站著。

到底從現在開始會發生什麼事，我一概不知。唯有用力深呼吸一口氣，當閉上雙眼，即聽到雨滴從屋簷滑落石板地迸散的聲音，在背後廣闊的寂寥當中引起輕微的回音。

不久又陸陸續續有人敲打木版，總計八名上山者都到齊了。每個人都因為前程未定而難掩不安，鎖緊雙唇，一動也不動。

上空低垂的雨雲不知何時散去，地藏院的屋簷下開始沐浴在溫和的春陽中，突然緊閉的大門打開了。

眼前出現的，彷彿是個獨自承擔世上所有不滿、表情苦澀嚴峻的一名雲水。

我們聽從他以兇惡口吻發出的命令，從最邊邊開始一個一個大聲報上自己的名字。大家卯足全身力氣，幾乎是叫出來的。

「聽不到！」

立刻被罵了回來。

「只能發出這種聲音的傢伙，休想修行啦！」

「像你這樣的傢伙，不如給我滾回家去算了！」

我們的聲音夠大，不可能聽不到。但是像這樣不合理的回應，首先是在考驗上山者願心的強弱。

每個人一次又一次聲嘶力竭，感覺全身血液都要逆流從喉嚨噴出來似的拚命喊叫。在交錯的吶喊聲中，只有獲得允許的人才可以脫下草鞋，走進沉重的木門裡面。

---

5 「娑婆」為梵文sahā（大地）音譯，指釋迦牟尼佛所教化的三千大千世界，通指我們所生活的俗界。

結果最後只剩下我一個人留在外面。每次用力吶喊，聲音就變得沙啞一些，更加難以發出想要的音量。天曉得我還要像這樣待多久。

早春的殘陽逐漸暗淡，當最後一道陽光自地藏院屋簷底下隱去時，四周立刻被山間的冷冽空氣所包圍。

終於獲得允許脫下草鞋的時候，整個山區都已經被夜色籠罩了。我從凍僵失去感覺的腳上脫下濕濡而堅硬的草鞋和足袋，總算可以走進屋裡。

進去一看，裡面不是別的，是小而美的寺院本堂。走上去之後，首先得到的指示是以準備好的紙、硯，寫下自己的姓名與來歷。紙上面已經依照脫草鞋的先後順序寫好了名字。

此時此刻，一旦在這張紙上寫下姓名，就要與之前和社會的各種關係完全斷絕。當墨水開始要滲入紙上的剎那，手上的筆輕輕顫抖著。

看到我填好所有資料以後，負責的雲水只留下「接到下一個指示之前給我正坐[6]等待」一句話，即轉身離去。

比我先脫草鞋的同伴已經面朝裡面默默端坐。我也依照指示，將硬梆梆的腳打彎，坐在他們後面。

時間的確分秒前進。但即使地藏院牆上掛了鐘，也沒有那個心情去看一眼。另有別的東西讓我們明確感知時間的流動。那就是逐漸發疼的腳。

隨著時間流逝，榻榻米變得像石板一樣堅硬，慢慢地兩腳除了疼痛以外完全失去其他知覺。那種痛就像腳要被折斷一樣，教人突然一陣恍惚，這時睜眼一看，其他七個人也正為腳的疼痛所苦。

這麼說一直不被允許脫下草鞋、最後才開始正坐的我，比起他們，我的疼痛想必輕多了。他們的疼痛肯定比我嚴重好幾倍。我對自己的鬆弛渙散感到羞愧，趕忙抖擻精神端正坐好。

6 「正坐」或作「正座」，即日本式跪坐——上身挺直，屈膝而坐，臀部置於腳掌之上，雙手置於膝上。

突然天井的電燈被點亮。在我們與腳痛格鬥期間，不知不覺天就黑了。只有在大放光明時，才驚覺到時間無形無影卻分秒流轉不息，我們已經被夜色所包圍。

電燈亮了以後，剛才的雲水再度現身，以明快的指示帶領著我們。看來晚餐已經開始了。

本堂的側邊有排列成ㄇ字形的長桌，一湯一菜裝在朱紅色食器中整齊擺放桌上。一個最大的食器裝的是米飯，次大的裝著味噌湯，最小的裡面放著少少一點青菜。最後傳過來一盆醬菜，每個人拿筷子挾了幾片放在飯碗的邊上。

負責的雲水確認一切都分配好之後，即簡單加以說明，然後教我們應和名為戒尺的拍子木[7]打出的節拍聲，一起唱誦〈五觀之偈〉[8]，接著他舉起戒尺開始緩慢地互相擊打。同伴們跟著唱誦起〈五觀之偈〉，唯一不會的就我一個，只能錯愕地站著。

由於身心都處於緊張僵硬的狀態，根本忘了餓肚子這回事，等到食物像這樣在眼前一一排好，肚子立刻餓了起來。麥飯也好，油炸豆皮煮的味噌湯也好，還有煮得幾乎變成透明的白蘿蔔切片，每一樣看起來都比平常好吃很多。

但是並沒有慢慢咀嚼品味的時間。裝在大藥罐[9]裡面的茶湯已經傳過來了。鄰座同伴接過藥罐，將茶湯注入裝麥飯的碗時，我心裡叫了聲「完蛋」。

我把醬菜吃得一乾二淨了。開始用齋前，我們接到的指示，是不要把醬菜全部吃光，留個一兩片，最後茶湯倒進飯碗時，可以用醬菜來刮洗容器，再把洗過碗的湯水喝光。

不過已經吃進肚子的東西後悔也來不及了。我裝作用筷子挾著醬菜，在碗裡面刮了幾下，然後若無其事地將茶湯喝光。滿嘴都是焙茶[10]的清香與甘味。

7 戒尺是戒壇上說戒時的法器，為兩塊長方形小木，一俯一仰，可相擊使鳴；也可以拍擊聲引領僧眾隨拍唱誦，又名拍子木。
8 〈五觀之偈〉謂僧侶臨齋食時，所應做之五種觀想，其內容詳見第二章〈行粥〉。
9 藥罐乃是以鋁、銅或琺瑯所製鐵罐型容器，用以煎藥或煮開水。
10 焙茶為小火烘烤的綠茶，無苦澀味，發出獨特香氣，對胃較無刺激性，日本人常配合三餐飲用。

吃過晚餐後，又加入三、四名雲水，開始做行李點檢。我們面對面排成兩列坐下，前面擺著今天各自帶上山來的袈裟行李和後附行李。接著依照指示順序解開行李。裡面的持參品，都是上山之前通知單上詳細規定的東西。

當天攜帶上山的，就是裝了指定物品的袈裟行李與後附行李，加上一具坐蒲團而已。

袈裟行李中放的是：袈裟、血脈[11]、龍天善神軸[12]、《正法眼藏》[13]、上山許可狀、印鑑、保險證、應量器[14]一式；此外還有修行期間本人因故死亡時，作為弔唁用的涅槃金一千圓。

後附行李之中則有：盥洗用的牙刷、牙粉，淨髮用的單刃安全剃刀，襪子與足袋，以及針線盒。

這些物品依照一定的摺疊、收納方式分別裝在兩個行李袋中。

每個人都接受詳細的行李檢查，規定外的東西一律沒收。我的手帕被沒收了，看看其他人，有的是現金、手錶、肥皂、成藥，還有一個因為花粉症過敏而帶了一大堆衛生紙，這些全都遭到沒收。沒收物品被放到寫了各自姓名的塑膠袋裡面統一保管。

這項作業完成後，接著是將解開的行李再度回復原狀包好。兩只行李都是用數枚鼠灰色的棉布包覆的。這幾枚棉布不單用來包裹行李，同時也是洗面手巾、服紗[15]、護膝布等修行生活中不時會使用到的布巾。行李就是將這些布巾以儀禮般繁複的手法加以包裹。

等我終於包好之後，看一下其他人的情況，發現有人完全呆在那裡什麼都沒做。

「嘿，為什麼不會包？這麼重要的行李竟然不是自己打包的，你哪根筋不

11「血脈」在此作為專有名詞，指明記自己皈依、受戒系譜的文件，取「血脈相承」之意。

12日本曹洞宗修行者為了自身安全、道心增長，於居處安置寫上龍天護法善神名的掛軸，一般為「白山妙理大權現」與「龍天護法大善神」。

13大慧宗杲著有《正法眼藏》三卷，此處指日本曹洞宗開祖道元所著八十七卷《正法眼藏》，收錄了其思想之神髓。

14僧侶用齋的食器，對應自己的食量而受食，因名「應量器」。詳見本章〈應量器〉節。

15服紗或作「袱紗」或「帛紗」，儀禮用單層或雙層方形絲絹。

對啊！」

雲水一邊還在怒罵，一邊就狠狠甩他巴掌，我們都被那慘烈的聲響嚇到，一起轉過頭去看。

被打的同伴由於事出突然，眼睛睜得大大的在那邊發抖，一句話都說不出來。當然我們其他人也因為完全搞不清楚狀況而狼狽不已。

今天到此前為止表面上看似尋常的光景，瞬間被撕裂得支離破碎，露出可怕的、暗黑的實態。會不會我們來錯地方了。

行李的點檢告一段落之後，我們從原地站起來，開始進行衣服的點檢。衣服的部分也和行李中的物品一樣，都是在上山通知裡面做了詳細規定。

當天全身的裝束是這樣的：純黑無花紋的直裰、純黑的絡子[16]、白色以外素色的袍子、黑色手巾、角帶[17]、白腳絆、白足袋、網代笠。內衣為白色，如太長則必須自手肘、膝蓋以下剪斷。眼鏡必須是黑框的。

當確認全員排好隊後，由一名雲水負責指揮，首先一起將身上穿的衣服一件件順序脫下。每脫下一件，即教導我們正確的摺疊方法。最後身上只剩下內衣，內衣也一一點檢。這一部分的點檢結束，接著則是以相反順序，教我們將剛才脫下來的衣服一件件以正確方法穿回去。

在永平寺，依照規定作法正確而優雅地莊嚴自己的外表，也是修行的要素之一，受到特別的著重。問題是，我們這些人直到昨天為止，都是一路穿著西式服裝生活、工作過來的。和依照身體線條立體剪裁的西式服裝不同，直線裁剪的傳統衣袍，不是一朝一夕就可以穿得慣。又有好幾個同伴被大聲斥責。

好不容易大家都穿戴好了，接著是教我們永平寺舉行種種法要或儀禮時必須知道的各式基本進退。

首先是合掌與叉手的正確姿勢。雙手合掌時，指尖高度要與鼻齊。叉手則是左手握拳，拇指置於拳心，然後再以右手掌包覆之，放在胸口的位置。基本

16 直裰（jikitotsu）即上衣，又稱「大衣」；絡子（rakusu）為從上套下來的小袈裟。

17 角帶為以較硬面料縫製的男性和服腰帶。

上除了坐著還有合掌之外，兩手都要這樣叉手交握。如此一來，不管是站著或走路，手才不會搖來晃去。

此外合掌或叉手時，我們的手肘都必須撐開舉高，而手肘位置的高低，也是用來判斷古參[18]或新到尊卑序列的方法。

「你們這些傢伙是怎樣，只會這樣合掌嗎？」

或許是緊張和害怕的緣故，身體僵硬到反應遲緩的同伴，馬上就被搧耳光。他們在被搧的瞬間反射式地舉手來擋。

「喂，你的手在幹嘛？怎麼教你的，混蛋！」

連罵帶打，巴掌一次比一次用力。肉打在肉上遲滯卻刺耳的聲音響徹堂內。同伴的臉頰很快又紅又腫。

「你們給我聽好了，絕對不許反抗，知道嗎？」

我有生以來第一次看到有人對一個毫無抵抗的人施暴的場面。

之後還是簡潔地教我們學各式各樣的進退儀節，對做不好的人照樣毫不留情地拳打腳踢。大家錯愕依舊，一方面覺悟無法反抗可能的後果，一方面拚了命記牢雲水前輩的教導。

對古參的絕對服從。不管任何場合，都不許直視古參的眼睛。和古參說話，唯一可以用的字就是「是」和「不是」。

我們毫無例外都是接受近代教育，從小就被教導平等乃是每個人的基本權利。還有就是和別人說話的時候，要注視對方的眼睛，並且以適當的語言表達自己的意見，這樣才是待人接物應有的態度。然而這一切在一夜之間全部被否定，平生所知所學，以及自己作為一個人的尊嚴，在此簡單地被徹底抹殺。

在責罵、踢打中硬著頭皮學習一連串的儀節作法告一段落後，取出靠裡邊的櫥櫃中收納的棉被在堂內鋪好，就寢時間到了。

內心很想早一點休息，卻怎麼樣也無法入睡，只能不斷地翻來覆去。可即

18 古參或云「老參」，在佛教界指較早進入禪門修行的前輩，一般泛指老經驗、老資格的人；相反則是「新參」或「新到」。

使能夠安穩地入睡，明天早上醒來以後將要面臨的種種狀況還是教人非常不安。單單用想的都快喘不過氣來，胸部覺得悶悶的很不舒服。

在完全看不到一點光明的幽闇之中，突然有掉進水裡的感覺。不管往哪個方向看過去，既沒有可以爬上去的岸，也沒有可以抓的木片。為了呼吸拚命用手腳划水，只能勉強讓臉浮出水面。不知道像這樣窒息般的痛苦，我到底還可以撐多久。

可是一旦來到了這裡，就已經沒有退路。入口和出口都被重重地堵死，如今要做什麼都不可能了。這是一種近乎絕望的感覺。

腦海裡盡想著這些負面的東西，不經意轉頭看看兩旁，其他人也是一樣睡不著，眼神呆滯地看著一片漆黑的天花板。這時我不禁想道，是啊，受苦的不僅是我一個人而已。身旁的同伴正在和我一起分攤痛苦。這念頭是那個晚上心中唯一的安慰。

閉上眼睛注意傾聽，分不清是雨水滴落還是激流撞擊岩石發出的水聲，在地藏院外面的漆黑之境轟轟作響。

龍門

「聽清楚了，這生薑湯是前輩們一大早起來為你們準備的。喝生薑湯可以讓身體暖和。大家趁熱喝了暖一暖身，接著就要進永平寺的山門了。」

厚厚的白色湯碗，注入淡琥珀色的薑湯，熱蒸汽靜靜地畫著曲線裊裊上升。捧近嘴邊時，生薑的清爽香氣刺激著嗅覺，突然覺得昨晚的一切已經忘卻在遙遠的彼方。

溫熱的甘露般口感緩緩流進喉嚨深處，並蔓延到全身上下每個角落，使得體溫立刻微幅地上升。

地藏院的一夜，其實極度短暫。腦子裡面盡是些無謂的胡思亂想，對當下處境一點幫助也沒有。還記得最後一個念頭是「大概今天晚上是別想睡著了」，突然天花板的電燈大放光明，已經是起床時間。

窗外依然被漆黑的夜色所籠罩，完全沒有任何天亮的跡象。我們依序快速地完成盥洗、簡單的早課勤行、早餐、清掃，然後再度穿戴成昨天站在地藏院前面的模樣。

喝下一碗熱騰騰的生薑湯後，昨天傍晚以來即緊閉的沉重木門重新開啟，我們提著行李排隊走出去。踏出大門瞬間，清晨的寒氣有如針刺上身，讓我們清楚認知這就是我們身處的現實，不禁一陣抖索。

帶著一顆黯然的心開始穿上依舊飽含昨天雨水的冰冷草鞋；穿好起身時，不經意地回頭一望。

話說昨天在這裡站了許久，甚至懷疑自己是否能夠順利地被允許脫下草鞋，充滿日暮途窮之感。

最終還是脫了草鞋，走進了門裡面。現在眼前所見光景和昨天完全一樣，但我已經不是昨日的我了。僅僅昨晚在那裡面住過一宿，卻感覺自己所熟悉的那個原來的我已然不存。如今回頭一看，自己的身影、足跡，一切的一切都消失無蹤了。

最後我們各自背上自己的行李，在下顎繫好網代笠的緒繩，由地藏院負責的雲水帶領，離開了地藏院。

在林間濃濃的黎明霧靄中，飄蕩著我們草鞋的步履聲。周圍的草木彷彿為了靜待即將來臨的天亮瞬間而屏氣凝神。森羅萬象都靜止了。

我們告別灌木叢底下有點淡藍的殘雪沒多久，路徑彎向左側，開始變成鋪了長方形石板的參道，兩旁是鬱鬱蒼蒼的高聳杉木。在石板路就要高出一段的地方，領隊的雲水停下了腳步。

左右立著一對石柱，上面深深鏤刻的文字，典出道元禪師[19]故事——即使對長柄杓中僅存的一點水也要說法，讓它回歸谷中溪流：「杓底一殘水，汲流

19道元（Dogen，一二〇〇～五三），一二一四年於天台宗公圓法師座下出家，一二二三年隨師明全渡宋，後受曹洞宗天童如淨禪師印可，於一二二八年返日，積極傳授「只管打坐」、「修證一如」法門，一二四四年於北陸地方福井境內興辦大佛寺，即今永平寺，著有《普勸坐禪儀》、《正法眼藏》等。詳見書後「譯者補記」。

千億人」。從這裡往前一望，寬闊的參道穿過微暗的成排老杉，一直線滑向永平寺的伽藍。心跳突然加速。

「此處是永平寺的總門，稱為龍門。所謂龍門，意指『只要躍入佛法的大海，再小的魚也會即刻化為龍』。因此有志修行的人一旦通過這道門，馬上化龍，待永平寺的修行終了，再度走出這道門歸返外界時，又會回復成一條魚。」

在一對石柱包夾下的龍門，位於我們現在所站立的石板與前面稍稍高出數公分的石板之間，如果不知道，看起來也就是前進時不小心會踢到的一個小小石階罷了。但是對我而言，這個不起眼的小階，感覺卻高得超乎想像。

我們一個接著一個越過此一結界，開始踏入永平寺的淨域。

「啊啊，這樣一來我也變成龍了是嗎……」

一邊想著，一邊將笠沿抬高仰望上空，藍色的冷空氣從遮天蔽地的老杉枝椏間降落在臉頰上。

在據聞樹齡七百年的巨木底下，我們的網代笠連成一條小小的線，朝山門前進。這些老杉想必也在超乎想像的漫長星霜之間，像今天這樣俯視著走向山門的雲水之步履。

隨著腳步的前進，我們也離外界越來越遠，接近永平寺山門時，心臟的鼓動也越來越快。

沒多久石板路在勅使門[20]前告一段落，我們自勅使門向右轉了個大彎，沿著高牆旁邊的小徑走去。這裡稱之為作事場，一間間屋舍，是過去負責永平寺伽藍修復、整建的木工居住區的遺跡。

小路來到一座小矮丘前，我們從它前面所建的圓通門旁邊繞道過去，突然視野寬廣了起來。

「啊，到得這裡再也沒有退路了。」

被眼前拔地而起、高聳入雲的巨木五代杉所圍繞的永平寺山門近了。心臟越跳越快，每走一步，山門就更加顯得高大。我們的腳步沒有遲疑，也沒有餘裕處理心中不斷湧現的一個又一個疑惑，待得回過神來，我們已經站立在山門

20 勅使門又名「唐門」，只有皇室使者蒞臨或永平寺新貫主（住持）就任時才會開啟。

之前。

這座巨大的唐樣重層造[21]山門，從外形即充分教人感受其歷經風霜雨雪卻仍屹立不搖的絕對性存在感。

樓上正面安置著據傳是後圓融（Go-Enyu）天皇在應安五年（一三七二年）所賜「日本曹洞第一道場」非常有分量的一塊匾額，門左右則有四大天王[22]造像，嚴厲而沉靜的眼神帶給接近山門的人一種威壓之感。

帶隊的前輩雲水讓我們面向山門排成一列，交代我們在懸掛於門側的木版上輪流各敲打三下，然後靜待下一個負責的雲水；說完即回頭離去。

木版依序敲打，最後輪到我。我有樣學樣，來到木版前面。

儘管山門掛的木版是堅硬的櫸木厚板所做，中間卻幾乎要被洞穿似的深深凹了一塊。不禁想像到底前後共有多少雲水、帶著什麼樣的心情敲響過這塊木版。

話說我曾經不知多少次夢見自己站在山門之前。有時是船隻沐浴在金色大海航行的瑞夢，有時則是無處可逃的自己登上斷頭台的噩夢。

無數的迂迴曲折造成無數的希望與失望，最後就是像這樣站在永平寺山門，此刻正要敲打木版。至於自己的選擇正確與否，我相信時間將會給我答案。

我抓住吊繩，將木版拉近，右手盡可能高舉撞木，然後以渾身的力氣敲打下去。

木版那堅硬卻又清脆的敲擊聲，打破微暗的山谷黎明之靜寂，在七堂伽藍[23]間回響。

21唐樣（karayo）為「和樣」的對稱，在建築上特指鎌倉時代與禪宗一起自中國東傳的建築風格；此外也有唐樣的美術工藝品。

22四大天王（Caturmahārājakayikas）為佛教著名護法神，分別是東方持國天王（Dhṛtarāṣṭra）、南方增長天王（Virūḍhaka）、西方廣目天王（Virūpākṣa）、北方多聞天王（Vaiśravaṇa，或稱毗沙門天）。

23伽藍（saṃghārāma）為僧侶修行的清淨處所，為梵文音譯「僧伽藍摩」、「僧伽藍」之略。禪宗寺院由七種建築——包括山門、佛殿、法堂、僧堂、庫院（廚房）、浴室、東司（廁所）組成，故名「七堂伽藍」。

山門

等待已經不再是件辛苦的事。不管是沉積在樹林底部的刺骨冷氣，或是冰凍般的石板從腳底將體溫吸走，對這時的我都不是什麼大問題了。真正嚴重的，是如今的自己被超乎想像的洪流所吞噬、載沉載浮，讓我的心完全失去平靜。

然而亂了節奏的心跳，一旦過了振幅的高峰，之前複雜地糾纏不清的絲線，在某一點上猶如虛脫般突然一一化解。這是來到山門多少時間後才發生的，我不太清楚，與此同時，稱之為客行[24]的雲水出現了。

客行不發一語，在嚴肅的氣氛中繞著我們巡檢了一遍。他每踏出一步，鋪在石板上的木條踏板都會發出「喀塔」一聲。此外聽不到任何聲音。只要一感覺到客行接近，我馬上身體僵直、憋住呼吸。

過沒多久，客行毫無預兆地快速趨近一個同伴，以低沉的聲音問道：「你為何而來？」

同伴由於事發突然，瞬間愣了一下，但很快即大聲答道：「為修行而來！」

「是嗎，那麼所謂修行到底是什麼？」

「……」

「我在問你那是什麼？」

「……」

「你剛剛不是說為了修行而來嗎？那是什麼？你其實不知道只是隨口說說而已嗎？」

「不是！」

「那就趕快告訴我！」

突發的狀況教人根本沒有餘裕可以將心裡的話完整表達；就算有餘裕來摸索可能的解答，但這問題也未免太大了些。

「這種胡言亂語的傢伙沒有資格進這個門！還不快給我滾回去！」

24「客行」為「客頭行者」略稱，禪林職役名，隸屬於負責接待賓客的「知客」指揮。

原本刻意壓低的聲音，一轉而變成怒罵聲，突然抓住他的衣領，將他從山門的石階推出去。他一個站不穩，就從石階滾了下去。當他慌忙起身爬上來，客行又毫不留情地把他推下去。

「叫你回去聽不懂嗎？」

他再一次狼狽地跌落石階。之後客行將試圖爬上來的他又推落好幾次；儘管他踉踉蹌蹌、舉步維艱，還是拚了命爬上石階。

事實上，即使他現在很想逃走，但背上還是背負著一個無論如何也要爬上來的沉重理由。

永平寺作為曹洞宗的大本山，上山來修行的雲水中，出身家傳寺院的人佔了絕大多數。此外他們不久之前也都還在多半是所屬宗門創辦的大學中，和其他學生一樣，謳歌著青春這閃亮季節的年輕人。

像這樣還帶著學生生活習慣的他們，剃光頭、穿墨染衣、來到永平寺山門前。相信裡面也有幾個同伴，是在扮演好老師角色的父親薰陶下，發願自己的人生也同樣要做個僧侶，接受修行的挑戰，於是穿上了草鞋吧。另外想必也有幾個是對自己與原生家庭間剪不斷理還亂的因果抱著複雜的心情上山來的。這位被整得很慘的年輕同伴就是後者之一。

話說如果來到這個世界之前，已經被某個未知的什麼鋪排好生命之路，生下以後即心無旁騖地沿著軌道前進，就某種意義而言是比較容易的吧。但是接受強調「自由」的現代教育洗禮之人，如果不被允許以自己的方式經營自己的人生，只能選擇將一切奉獻給自己的家庭，因而對自己的處境產生一個大大的問號，也是極為理所當然的結果。

「發菩提心」——發起為求開悟而走上佛法修行之路的願心。來到永平寺的年輕雲水們，肯定都是以這幾個字為出發點而穿上草鞋的。此外當然也有一些人，由於痛恨自己面臨的境遇，於是含淚抹消從小懷抱的未來之夢，帶著一顆斷腸之心上山來。

不管背後的理由是什麼，這些年輕人毅然告別多年來的自由生活，背負家族或施主的熱切期待，在喜悅的祝福之語餞別下，一個人出發前往福井

（Fukui）的深山[25]。對此刻的同伴們而言，即使想要逃離，但這個世界上已經沒有可以若無其事地回去的地方。因此儘管一次又一次地被推下去，也還是要爬上來。

之後，類似這樣逼問、詈罵、搧耳光、踢下石階的情節還是一再上演。

比起這座山門之巨大，跌倒的我們的身體簡直小得不成比例；相較於這裡綿長的歲月之流，我們這二、三十年的生命，也是短暫得微不足道。在這座巨大而威嚴的山門前面，我們有如微塵般被抖落。儘管如此，任何狀況下我們都徹底放棄抵抗，並且盡一切可能讓自己留在原地。

如此這般，每個人的問答都輪過一遍後，客行徐徐走到山門中央站定，指著左右兩邊的柱子。

「你們中間，有人會讀這山門的對聯嗎？」

所謂「聯」就是左右成對吊掛在牆壁或柱子上，雕刻了書法或繪畫的細長木版。永平寺山門的對聯乃文政三年（一八二〇年）當時的住持博容卍海

（Hakuyo Mankai）所作，從朽壞的程度可以感覺其歷史的久長，但另一方面，師父的精神與氣魄直到今天看起來，好像那些字還會化為溫熱的墨滴在我們眼前飛散，可以教人充分感受到強大能量的一副精彩對聯。

「首先右邊的聯是『家庭嚴峻不容陸老[26]從真門入』，意思是永平寺的家風非常嚴格，即使是擁有財富、位高權重或聰明絕頂的人，如果不是真正發大心的話，任何人都不許踏入這道門一步。

「其次左邊的聯是『鎖鑰放閑遮莫善財進一步來』，意思是說永平寺的山門就像這樣沒有門扉，永遠都是對外開放的，如果懷抱求道之心前來，隨時都可以走進這道門。

「因此可以踏進永平寺山門的，僅限於那些抱著必死的覺悟以生命挑戰修行的人。你們再問自己一次，確定已經抱持這樣覺悟的人請脫下草鞋。」

---

25 永平寺位於日本北陸地方福井縣的山區。

26 「陸老」或是指唐南泉普願禪師（七四八～八三四）之在家得法弟子宣州刺史陸亙大夫（七六四～八三四）。

我們的周遭瞬間陷入一陣深沉的靜默。過了好一會兒，也不知道是誰開始的，同伴們陸續脫下了草鞋。

當所有人都脫下草鞋後，我們再度排成一列，將行李與網代笠擺在自己面前，然後朝正前方的佛殿行到達之拜。

每一拜都要額頭著地，將自己的身心毫無保留地交出去。這時整個人不知為何精神一陣抖擻，彷彿籠罩樹林的霧靄在晨光照射下突然消失般，感到身心都輕快了起來。

到達之拜結束後，終於能夠跟隨客行踏進山門之內。我們在迴廊中左彎右繞，逐漸進入永平寺的核心地帶，並且朝更深處移動。微暗的伽藍內部，不管走到哪裡都寂靜得教人感到不安，觸目所及的一切都發出沉鬱的幽光，以莊嚴簡潔之姿各安其位。

旦過寮

迴廊盡頭懸掛著墨書「接賓」兩個大字的木版，我們在那裡左轉進去，即是以紙門為隔的兩個相連的房間。這個房間是進入山門的修行者首先落腳、名叫「暫到到著所」的臨時住處。

我們被帶到裡面一間，將行李從肩上卸下在壁櫥上放好，即刻面壁正坐，等待下一個指示。小巧的壁龕「床之間」掛了一幅書法。一個房間約八畳[27]大，八個男生緊閉雙唇，不發一語，面壁而坐並壓低呼吸聲。

或許經過了有一個鐘頭吧，突然紙門被拉開，發出很大的聲響，好幾個雲水走了進來。房間的空氣霎時變得緊繃。

「喂，這是什麼地方你們應該都很清楚吧？這裡可不是娑婆世界哦。如果想在這裡渾水摸魚，絕對二話不說趕出山門去。知不知道？」

我們對這些突發狀況完全不知所措，只能屏息以待。就在這時，一聲「你

27「畳」為日式漢字，既是榻榻米，也是面積的單位，基本上一畳即一張榻榻米大小，等於一・六二平方米；兩畳為一坪（三・三平方米）。

是怎麼坐的」，鄰座的同伴被一名雲水從後面抓住衣領直接往外拖出去。

「剛才說的話你到底有沒有在聽？如果連這種程度的正坐都無法忍受，根本沒資格在這裡修行。你是不是想放棄，喝！」

由於領襟被緊緊抓著一直往外拖，他發出悲鳴般的叫喊試圖抵抗。雲水看他這樣，就踢他一腳然後放了他。同伴急忙回到原位把坐姿調好。

「你們其他人也一樣，剛剛的話給我好好記住了。」

話聲剛落，紙門又砰的一聲被用力關上，留下一陣教人難受的氣息在房間飄蕩。錯愕不已的我們被晾在那裡，唯有繼續默默地正襟危坐。

突如其來的古參雲水之一喝結束後，總算又有一位客行出現，依照他的指示，我們在偌大一本記錄簿上寫下各自的履歷。那是一本留下無數前輩筆記的厚重簿子。我們都仔細填寫以免有錯。

花費了不少時間才完成全部的履歷填寫，接下來和在地藏院時一樣，每個人分配一湯一菜的餐點。但這時既沒有餓的感覺，美味與否的分別也在意識之中消失。還沒弄清楚這一湯一菜到底吃到哪裡去了，我們又迅速扛起行李，跟在客行後頭離開了暫到到著所。

我們從剛才掛著「接賓」木版的地方通過眾寮[28]側邊廊道，在僧堂前面沿階梯往下走。此時伽藍境內依然像被鉛板包覆住一樣，不管哪個角落都瀰漫著沉重的靜謐。

走下階梯後右轉，接著又是往窄仄迴廊的深處走去。大概是在猶如複雜迷宮的微暗迴廊和階梯忽左忽右、忽上忽下的緣故，我們到底正朝哪個方向前進腦中一片空白。對此不安一邊抱著困惑一邊跟著隊伍往前走，最後客行在寫著「旦過寮」的掛版之前停下腳步。

原來這就是傳說中的旦過寮嗎？旦過寮一如字面所示，本來是提供那些傍晚脫下草鞋掛單過夜，到了日晨——亦即清早穿鞋離去的行腳僧過夜的房間，如今其意義稍稍有點變動。

28 「眾寮」是配給初到永平寺修行者的寮舍。

作為新來雲水最初落腳的地方這點沒變，但如今一方面在這裡試探上山修行者的決心，同時也是用來調伏俗世的習氣、我見[29]，以及將今後修行生活所需遵守的規矩、儀節徹底熟習的場所。旦過寮停留期間通常是七天，每天從起床到就寢為止大部分時間都用來面壁打坐。

話說這旦過寮本來就是接待天亮就離去的行腳僧用的，所以我們雖然住了進來，卻還不能算是永平寺的雲水。經過在這邊七天期間苛酷的試煉之後，才能夠踏出作為永平寺雲水的第一步。

進入裡面一看，不過是平整地鋪設了榻榻米此外什麼也沒有的空間。靠裡邊則是比我們早好幾天上山的九個人正靜靜地面壁而坐，身體一動也不動。不禁感到彷彿凍結的空氣之銳利。客行首先指定我們的坐處，坐處決定後即分配每個人兩冊經典以及修行生活中所需的用品。必需品包括：名牌兩枚、鞋子一雙、毛巾兩枚、白抹布兩枚。鞋子以黑色塑膠材料為底，在腳趾甲位置上方有兩片皮帶交叉以固定腳掌，基本上很像拖鞋。話說皮帶有兩種顏色，我們這些新到為白、古參為黑，以資區別。

這些東西中，名牌當然是寫了我們的名字。在永平寺，雲水不稱姓，只叫名字，而且全部音讀而不訓讀[30]。比方「雅廣」不念 Masahiro 而是 Gako，「克明」不念 Katsuaki 而是 Kokumyo。但是如果發音正好和開祖道元一樣是 Dogen，或者與古參雲水發音相同，以及名字的發音比較不方便時，則會另外取一個名字。

他們給了我一個名字叫「魯山（Rosan）」。名字實在是個奇妙的東西，本質上只是用來區別他人與自己的一個記號而已，可是名字一旦變為其他的發音，儘管人還是同樣一個，卻好像變了另外一個人似的，帶著一種有趣的新鮮

29「我見」（巴利語 atta-diṭṭhi、梵文 ātma-dṛṣṭi 漢譯），佛教術語，為佛法中認定的錯誤知見，以為我（ātma）乃是實存、常住不變；類似用語為「我執」。「我見」一般亦引伸為世俗（相對於出世）的見解。

30音讀取漢字的發音，分為南朝傳入的吳音、唐宋傳入的漢音，以及較晚期傳入的唐音；吳、漢、唐皆指中國，與朝代無關。訓讀則取該等漢字之日本固有同義語彙讀音，只借用漢字的形和義，不採漢語的音。

感。

客行確認各式用品都已經分派完畢後，接著即教導我們依照規定的方式正確放置、收納的方法。比方將小扣鉤扣好依法摺疊的足袋要收納在什麼和什麼之間，該朝什麼方向放置，或是兩冊經典中，哪一冊擺右邊、哪一冊擺左邊，還有袈裟摺疊好之後，放置時和其他物品的上下關係等等，我們仔細接受指示，不留一絲縫隙將所有物品漂亮地歸定位。

「不會再教各位第二遍哦。明天開始如果有東西沒收好放好，即使只差一點點也要全部沒收，知道嗎？接著開始面壁打坐！」

客行說完就離開了。

於是依照昨天在地藏院脫草鞋的順序，大鑒、天真、融峰、圓海、喜純、眺宗、童龍，加上我總共八個人並坐面壁，展開旦過寮為期七天的生活。

到底能不能好好坐到最後、順利學會種種儀節和規矩，其實心裡充滿了不安。但這時的我充分感受到嶄新的人生帶來的刺激，懷抱著從此時此地出發讓自己再一次面對試煉的決心，整個人激動得不得了。

總之就是把自己全部豁出去。如果全力以赴的結果，途中還是免不了失敗而掉隊，我覺得也沒關係。那就是自己真實的高度與深度，即使只弄清楚自己的極限在哪裡都值得。

我把坐蒲團拉近，盤好腿，然後做一個大大的深呼吸，靜靜地面壁而坐。

東司

坐了半晌，來了一位和暫到到著所時見到的前輩神色相近的雲水。這時我才恍然大悟他們同樣都是負責旦過寮事務的雲水。他們專門負責在旦過寮指導新來的雲水有關叢林——也就是禪宗修行道場中所有的規矩和作法（儀節、形式）。

道元禪師對叢林生活中行住坐臥的一切都定下了規矩，嚴格守護此一規矩並且加以實踐即是修行，在實踐中所表現的一舉手一投足皆是佛法。

也就是說道元禪師所呈現的修行，既不是超能力或特殊的冥想，也不是高難度的磨練或苦行，而是在每天的言行中體悟、發現。此外不可將目的與手段當作兩件事。不應該為了開悟而修行，必須理解專注於修行本身即是悟。從而這一切都不能委之於他人，一定要通過自己的心與身來完成。

「威儀即佛法，作法是宗旨」，永平寺的修行，一概遵從這個由開祖道元所定下的原則，直到今天綿延相續。

我們也要從現在開始，在旦過寮負責的雲水指導下，日常生活的一舉手一投足皆要努力追隨先人的行履。

其中，我們從旦過寮雲水最早學到的，是東司的規矩儀節。

所謂「東司」就是廁所。為了從日常的一言一行發現真理而制定的作法，在道元的教導中，即使連排泄這種行為也不例外。關於大小便的規矩，道元禪師在《正法眼藏．洗淨》卷中綿密描述了其作法（譯者按，每段白話引文後附小字為《正法眼藏》原文，下同）：

前往東司，必須攜帶手巾。將手巾摺疊成雙重，搭掛在左臂衫袖上。到了東司，即將手巾掛在竿子上。搭掛的方法和放手臂上一樣。若是穿著袈裟而來，袈裟可以並放在手巾之旁；不要隨手拋掛，以免沒掛好掉到地上。……

到東司之法者，必持手巾。其用法者，摺手巾摺成雙疊，搭在左臂衫袖上。已到東司，則將毛巾掛於淨竿，掛法如掛臂。若著九條、七條等袈裟而來，則應與毛巾並掛之，使其不掉落，莫倉促拋掛……

衣服脫下來掛在手巾旁邊……將手巾和衣服纏結在一起……朝衣服合掌。其次以束衣袖的帶子搭掛兩肘。

脫褊衫及直裰，掛在手巾之旁……次將搭在淨竿上之手巾兩端彼此交叉纏結……或向直裰合掌。次取絆子搭於兩臂。

接著到盥洗處以水桶盛水，以右手提水前往廁所。水桶中水不要太滿，以九分滿為限。到了廁所門口要換穿香蒲葉編成的便鞋，將自己的鞋子脫下放在廁所入口，是謂換鞋……

遂到淨架，於淨桶盛水，右手提之而登淨廁。淨桶盛水之法者，莫滿十分，以九分為度。須於廁門前換鞋。穿蒲鞋，自鞋脫於廁門前，是謂換鞋……

進入廁所後，以左手闔門。接著將水桶裡面的水倒少許於便器中，然後把水桶放在正面置水桶處。這時要站著朝便器彈指三下。彈指時左手握拳貼附在左腰上。

到廁內，用左手掩門扇，次將淨桶水瀉少許於槽裡。其次將淨桶安置當面之淨桶位置。復次，須立姿向槽彈指三下。彈指時，左手握拳，貼左腰上。

接著提起衣服的下襬，兩腳跨在便器兩邊，面向廁門蹲下來方便。不要拉歪了弄髒（便器外）兩邊與前後。方便期間必須保持靜默。不可與隔壁談話說笑，不可高聲吟詩、唱歌，也不可以亂甩鼻涕、隨地吐痰，更不可以心急過度用力。不許在壁上寫字，也不要拿廁籌[31]在地上塗鴉。

次將袴口、衣角收束，面向門，兩腳踏在槽唇之兩邊，蹲踞而屙。莫穢污兩邊，勿染污前後。其間，須默然。莫與隔壁語笑、舉聲吟詠，莫涕唾狼藉，莫怒氣卒暴。不得在壁面書字，莫持廁籌畫地面。

方便之後，以廁籌清理；也可以用紙清理，但不可以用太舊或上面寫了字的紙……

屙屎退後，須使籌。又有用紙之法。莫用故紙。寫有字紙，亦不可用……

用廁籌或紙去穢後，清潔（方便處）的方法，是以右手持水桶，沾濕左手後，將手掌握成杓狀接水，先清洗小便處三回，再以同樣方式清洗大便處。依照這樣的方式清洗乾淨，使之恢復清潔。清洗過程不可手忙腳亂以致桶子歪斜，

31 廁籌是大便後用來拭穢之薄木片或竹片，日文漢字或作「蓖」。

讓水潑灑出來……

使籌、使紙之後，洗淨之法者，右手持淨桶，左手善打濕後，左手做掬狀接水，先洗淨小便，三次。次洗大便。洗淨須如法，使其淨潔。其間，莫粗亂使淨桶傾斜，將水散滿在手外……

清洗完畢，將水桶放好，再用廁籌或紙將方便處好好擦乾，接著用右手調整衣服下襬。之後用右手提水桶走出廁所，脫下蒲草鞋，還穿自己的鞋子。接著去洗手台，將水桶放回原處。

洗淨畢，淨桶置於安桶處，次須取籌拭乾，或用紙。大小兩處，須善能拭乾。次用右手調整袴口、衣角。右手提淨桶，出廁門時，脫蒲鞋，穿自鞋。次返淨架，安淨桶於本所。

接著要洗手。右手拿裝灰的匙具，取灰置於瓦片或石板上，以右手滴水於灰上，然後搓洗接觸過大小便的（左）手。搓洗時要像在砥石上研磨生鏽的刀一樣。如此以灰洗手三次。接著取土，以水滴濕，同樣搓洗三次。再以右手拿皂莢（豆科植物）果實磨成的粉末，浸水沾濕後揉洗兩手，包括手腕，徹底洗淨。清洗時務須出之以誠心，以求徹底潔淨。灰三次、土三次、皂莢一次，合共七次。

次須洗手。右手持灰匙，先舀灰置瓦石面上，以右手點滴水，洗觸手。當瓦石搓洗也，比如當砥石磨鏽刀。須如是用灰洗三次。次須放土，點水洗三次。次右手取皂莢，浸小桶之水，合兩手揉洗，乃至手腕，善能洗淨。須住於誠心，殷勤洗之。灰三、土三、皂莢一也。合以一七為度。

接下來用大桶來洗。這時不需小豆粉、土或灰，只要水或溫水來洗即可。洗過一次後，將水倒進小桶，再加入乾淨的水，然後兩隻手一起洗……拿杓子一定要用右手。使用時不要讓桶子、柄杓磕碰作響發出噪音。不可讓皂莢粉散落、使水潑灑，弄濕洗手台附近。總之不可心急，切勿製造髒亂。

次用大桶洗。是時，不用面藥、土灰等，只用水或溫水洗。經一番洗淨後，將其水移小桶，再加入淨水，洗兩手……持水杓則必用右手。其間，莫使桶杓作響，起噪音。莫使水灑出，使皂莢漫散，打濕水架周邊。大凡莫倉卒，勿狼藉。

接著拿共用的手巾擦手，用自己的手巾亦可。手擦乾後，到掛衣竿前，取下束帶掛竿子上。之後合掌，解手巾，取衣服穿上。然後將手巾搭掛左手肘，以香塗抹。竿上有共用的香，是以香木雕成寶瓶之形……放在兩掌中揉擦，其香氣自然薰染於兩手上……

次用公界之手巾拭手，或用自己之手巾。拭手畢，到淨竿下之直裰前，脫絆子掛竿上。次合掌後，取手巾，著直裰。次將手巾搭左臂，塗香。有公界之塗香，作香木為寶瓶形……兩掌合揉之，則其香氣自薰於兩手……

如此作法，乃是為了清淨諸佛之國度、莊嚴諸佛之國度，所以必須慎重為之，不可倉促慌忙！不要一心想趕快結束、早點回到僧寮而應付了事。可以心中觀想「東司上不說佛法」[32]的道理。

如是為之，此皆淨佛國土也，莊嚴佛國也。宜審細，不可倉卒。切勿計早完而可急返。可竊思量「東司上不說佛法」之道理。

我們在負責旦過寮的雲水帶領下，走過窄仄的微暗迴廊，前往東司。東司內部不管壁板或柱子全都被用心地研磨過，在唯一的小電燈泡照射下，呈現深棕色的反光。

東司主要分為兩個房間。進去的第一個房間，正如道元所寫的那樣，牆上架設了掛衣服的竿子，亦即所謂脫衣場。此外這個房間的正面奉祀著守護東司的烏芻沙摩明王[33]，背後的壁上則掛著寫了《正法眼藏．洗淨》卷部分內容的牌匾。

邊邊上是裡間的入口，裡面房間的各項設施基本上和一般廁所沒什麼兩樣。

負責旦過寮的雲水讓我們排成一列後，開始對大家說明使用東司的規矩。

32 意思是上東司（廁所）本身即是佛法，故不需更說佛法。

33 烏芻沙摩明王（Ucchuṣma），或作「烏樞沙摩」、「火首金剛」、「穢跡金剛」等，為禪宗、密宗護法神，經典中稱其不畏污穢，有轉「不淨」為「清淨」之德，故常被奉祀於伽藍東司。

進入東司以後，首先要對正面奉祀的烏芻沙摩明王合掌低頭，默念〈東司之偈〉[34]。東司在七堂伽藍當中，和禪堂、浴室同為三默道場之一，禁止在裡面發出聲音（譯者按，引用偈文的場合，原文置於前，白話譯文以小字附於後，下同）：

左右便利，當願眾生，蠲除穢污，無婬怒癡（行大小便時，發願回向眾生：拋棄染污，排除貪婬、嗔怒、愚癡）。

之後脫下外衣，依照規定方法摺疊雙袖，掛在牆邊的竿子上。如果是小便，要用腰際所捲名為「手巾」的細編繩將衣服在竿上綁好。若是大便的場合，衣服只要疊好掛在竿子上，手巾則像繫衣袖的帶子一樣交叉打結於後背。

接著就是換鞋。將自己的鞋子脫下來在牆腳擺好，穿上東司專用的拖鞋。

若要小便，直接走到裡間靠牆的小便溝槽前。溝槽是沿著牆壁所挖，前面有高出一截的踏板。在踏板前要朝溝槽彈指三下，其專有名詞即是「彈指」，具有一種清淨、除穢之作用。

彈指過後，右腳先、左腳後踩上踏板，左手要抓著牆上的扶手，但抓扶手只限定小指和無名指。因為小指與無名指稱之為「不淨指」以與其他手指區別，禁止用在神聖的東西上。所以在不淨的場所東司裡面，自然要使用不淨指。

接著在踏板上蹲下來小便。即使是小便也不可以站著。

完畢後也是右腳先下，同樣彈指三響。

如果是大便的話，首先要到裡間的洗手台拿裝了水的桶子。桶子為不鏽鋼材質，和大型計量杯差不多大小。以不淨指持水桶，走到廁門前，輕聲敲門，若無回應即可開門進去。

走進廁所，將水桶置於指定場所，朝便器彈指三下，然後蹲下方便。

方便結束，默念偈文，仍然依照道元禪師所教導程序以水桶的水進行洗淨，

34 偈文，梵文作gatha，漢字音譯為「偈陀」或「伽陀」，乃佛典中讚頌佛之教導與佛、菩薩功德的韻文。

不過今天的永平寺已經不再使用廁籌。

已而就水，當願眾生，向無上道，得出世法（以水洗淨的同時，發願回向眾生：走上追求無上真理之路，得到超越俗世煩惱的智慧）。

洗淨完成後，再度默念偈文，以水沖排泄物，同樣彈指三下。

以水滌穢，當願眾生：具足淨忍，畢竟無垢（以水沖洗污穢時，發願回向眾生：懷抱堅忍之身心，使之徹底清淨無垢）。

接著持水桶走出廁所前往洗手台，將水桶裝滿，置於原來的檯子上。如此這般完成大小便的例行公事後，就在洗手台將雙手洗淨。洗手台有一只裝了稀釋甲酚（cresol）消毒液的臉盆，將手消毒後再以水沖洗，然後用旁邊掛的公用毛巾擦手。

之後回到外面的房間，換上自己的鞋子，穿上衣服，將服裝儀容整理好，再度朝烏芻沙摩明王合掌俯首，然後走出東司。

宋長蘆宗頤所撰描述叢林規矩的《禪苑清規》中寫道「欲上東司應須預往。勿致臨時內逼倉卒」[35]，上東司方便時，不管任何情況都要從容不迫，不可慌慌張張、手忙腳亂。

一開始我不禁會想，如果情況很緊迫，卻還要照章行事一一完成規定動作，到底還能不能來得及；或者有時候情況不好比方拉肚子，按照規定動作是不是能夠徹底清理乾淨。

其實真正展開修行生活後才知道，或許是素食的關係，很幸運地不會發生什麼緊急狀況，而且糞便的樣態很接近草食小動物。

35長蘆宗頤為宋代淨土宗、雲門宗高僧，著有《禪苑清規》、《慈覺禪師勸化集》等；本引文出自《禪苑清規》第七卷〈大小便利〉章。

據說在道元禪師篇幅驚人的《正法眼藏》中，〈洗淨〉卷在他向僧眾開示的順序中排行第六。

道元禪師於安貞元年（一二二七年）結束在宋的五年修行返回日本，不久在興聖寺講了這段話：「山僧所歷叢林不多，只見天童先師於等閑，當下認得眼橫鼻直，人不能瞞，便空手歸鄉。」[36]我渡宋在先師座下修行，識得眼睛是橫的、鼻子是直的，此外經典、佛像一無所求，空手回到故國來。「眼橫鼻直」當然說的是一個人本來的模樣。

說了這段話之後沒多久，道元禪師即開始撰寫〈洗淨〉之卷。不可否認，特別是關於排便這件事，人們一般並不喜歡拿出來公開談論。但是儘管飲食有多麼尊貴重要，但是生理上吃過東西如果沒有排便發生，要維持個體的生命是不可能的。這是極為理所當然的現象。

作為一個人極為理所當然的事，生命存在本身全部含蘊著真理，職是之故，為了萬物存在所需的調和才能獲得確保。這樣的想法，在開始撰寫〈洗淨〉之卷的年輕道元心中，一定勢不可遏、噴湧而出。

面壁

我們一動也不動地坐著：交盤雙腳，脊背挺直與地面成直角，視線停駐在眼前那塊壁面。此時此刻的我們，除了打坐以外，沒有其他需要分心的東西。

仔細想想，之前的生活，總是讓腦和身體動個不停，而且為了忙著填滿空白的時間而汲汲營營。然而此刻卻是朝著完全相反的方向，腦子不再胡思亂想，身子如如不動，連「打坐」這樣的意識都捨棄，不進行任何思維活動，只管坐著。

話雖如此，但只管坐著這件事，對一直到前天為止都還浸泡在社會舒適圈的人而言，卻沒有想像中容易。越是叫你不思不想，你腦子裡面越是雜念紛飛。

36 道元返日在一二二七年或二八年；興聖寺位於宇治，全名「觀音導利興聖寶林禪寺」。

問題是如果只有腦子裡雜念紛飛也就罷了，坐久了兩隻腳的骨頭就像被碾壓一樣開始發痛。而且這疼痛逐漸從骨頭侵蝕到筋肉，到最後痛到顧不得什麼雜念不雜念了。更因為不知道這樣的劇痛狀態還要持續多久，以致疼痛感不斷加碼。

可是盤著的腳不能放下。現在要解開雙盤的腳的確是極為簡單的事，但也想到一旦這麼做，好不容易腳下開始朦朧浮現的路標，將會如雲霧般瞬間消散無蹤。

這肯定會教我茫然自失。即使想要回頭，但已經被自己斬斷的過去，我不知道有什麼辦法將它們再度拉回自己身邊。

「別傻了，這種程度的腳痛，比起生死之苦差得可遠了。」我打從心底嘲笑自己的疼痛。

應量器

當負責旦過寮的雲水再度出現時，雙腳的疼痛已經達到了極點。他進來後，中斷我們的禪坐，要我們把疊放在走廊上的長條桌子搬進寮內排好。好不容易從劇痛中獲得解放的我們，一跛一跛地拖著麻痺的雙腳，很快地排好桌子。

桌子排好後，我們依照指示攜帶各自的應量器，坐在桌子前面。

所謂「應量器」，是指僧侶進餐時所使用的食具[37]。最大的「頭鉢」裡面依次疊放著四只一個比一個小一號的碗，一套總共五鉢。其中最小稱之為「鉢揲」的食具，與其說是鉢碗，其實更像是小碟，被放在頭鉢圓圓的底部，以免頭鉢傾倒。因此五鉢之中，實際當作食器來使用的只有四鉢。

通常這些食具都是木製漆器。本來按照規定應量器的材質是泥或鐵，木頭因為沾染污垢而被視為非法，但在木頭上面刷上生漆煉製的塗料即被當作合乎

37 應量器梵文原作 pātra，音譯為「鉢多羅」，比丘六物之一，材質有泥、鐵二種。

戒律，所以現在大都使用木製漆器。

應量器還有兩樣附屬品：一是為了防止沾了水的布巾等打濕榻榻米，於是將名為「水板」的板狀漆器放在應量器底下，二是名為「鉢單」的摺疊式墊板。鉢單一般是在厚紙板刷上漆料或澀柿提煉的塗料，摺成三疊。

此外還在名叫「匙筯袋」的袋子裡面裝了漆器材質的匙、筷與刷[38]。匙有細長柄，筷子為了防止滾動因而是方角狀，至於「刷」則是在餐畢後用來清除鉢中剩餘食物，洗鉢時則當作刮板，尾端纏著白布。

這些器具都依照規定的作法收納，和護膝毯、布巾一起，包在鼠灰色的棉紗包袱巾裡面。

所謂應量器，正式說來僅僅指的是尺寸最大的頭鉢，它不單是食器，而且具有特殊的存在價值。

道元禪師在《正法眼藏．鉢盂》卷中提到，此鉢乃是從佛陀以至於祖師綿延正傳而來，關於如何看待此鉢，他也舉了前人參學之例。

有的參學者認為此鉢是佛祖的身心，也有參學者以此鉢為佛祖之生命。此外有參學者認為鉢乃佛祖肉身所轉化，進而視鉢即佛祖，也就是說以鉢為佛法的具體表徵。

因此我們對此頭鉢，總要帶著虔敬之念，必須以兩手握持，但不管任何場合都不許讓不淨指接觸頭鉢。還有一點，就是禁止直接以口接觸頭鉢。

在叢林修行時，用餐叫作「行鉢」。因為使用鉢（應量器）來行使依法而食的傳統，故名。

叢林中的行鉢，並不是為了填飽空肚子而吃，也不是因為想吃而吃。進食是為了實現佛道，所以行鉢也是重要的修行。

道元禪師特別重視行鉢，他認為佛法與進食一如，依照佛法而實施的用餐儀節即是佛行。也就是說以正確的方法進食，不僅僅是行儀作法而已，本身即是佛法之威儀。

---

38 刷（setsu）是一種長條方形木製漆板。

與此同時，集體生活的叢林當中，所有僧侶集合於僧堂，為了能夠有條不紊且順暢地行鉢，嚴格的規矩與綿密的作法是不可或缺的。我們必須在旦過寮的七天期間完全熟習此一作法。這也是旦過寮最大的挑戰。

所以我們在這裡被教導的第二項作法，即是行鉢的儀節。

首先將應量器打開排列好稱之為「展鉢」。展鉢的作法，是先解開包袱巾的結，然後直到將所有的鉢都安放在所定位置為止，手順、動作必須正確而流暢。

將包袱巾解開後，布巾與匙筯袋排放在水板上置於膝前，接著攤開護膝毯覆在膝蓋上。

然後將摺疊的鉢單翻開鋪好，將疊放的鉢置於鉢單左端。之後頭鉢放在原處，取出中間的三鉢擺在鉢單正中。接下來也一樣，再將三鉢中的二鉢取出，重疊放在鉢單的右端。

所以這時鉢單上的鉢依照大中小從左開始排成一列：左邊最大的頭鉢裝飯，中間的鉢盛味噌湯，右邊最小的鉢則是放名為「香菜」的醬菜。

從匙筯袋依序取出匙、筷、刷，按照正確的方向放在鉢單上規定的位置。

整個擺放餐具過程，所有動作的順序全都有嚴格規定毫無例外，任何顛倒都不許可。此外動作的進行也不能有些許停頓，小大諸鉢都要迅速擺好，且不可發出聲響。

展鉢告一段落以後，開始教導我們受取食物的各項規矩。

僧堂上的行鉢，並不是自己將食物放進鉢裡，必須由負責服務、稱之為「淨人」的雲水來分配。受食前行禮的方式、受食當下如何持鉢、各種動作的時機、受食之後的行禮等等，所有的動作都有詳細的規定。

話說僧堂和東司、浴室一樣，為三默道場之一，所以和淨人之間的互動都必須在靜默中進行。因此當淨人向鉢中分配食物的時候，如果想表示打的飯菜分量夠了，則要伸長右手食指與中指輕輕上舉示意。

飯菜都打好之後，必須將筷子放在裝味噌湯的鉢上以示食物都已經分配妥當。

至於用餐的方式，基本上是輪流使用匙、筷與刷，持鉢全都要以雙手為之，但不可使用不淨指。手臂抬高、後背挺直，不可前傾或躬著背。吃東西的時候嘴巴不許發出聲音。此外，讓匙、筷與刷掉落被視為特別嚴重的禁忌。

還有在僧堂中的行鉢，會進行二度食物分配，即所謂「再進」，但僅此一巡；再進也只限於米飯與味噌湯。

再進開始後，需要的人先將筷子前端以手抹淨，然後將筷子前端朝右置於鉢單上。這是請求分配食物的信號。不需要的人則將筷子置於味噌湯鉢上，當再進的淨人來到面前時，伸長右手食指與中指輕輕上舉示意直到通過。

用餐完畢後，則是將筷子前端朝左置於鉢單上。這時會有淨人過來斟「香湯」，也就是熱茶，倒在盛裝米飯的頭鉢裡。將倒了茶湯的碗稍稍傾斜、轉動，一方面可以把黏在鉢上的飯粒泡軟，一方面也等於用熱水洗過一次頭鉢，之後再將茶湯依次倒在裝味噌湯的鉢和醬菜鉢，最後一飲而盡。

喝完茶湯立即拿起刷板，用纏在末端的白布，同樣依次抹淨飯鉢、湯鉢和醬菜鉢。

大小食器都抹乾淨後，接下來是分配稱之為「淨水」的熱開水，以頭鉢盛裝，拿刷板刮淨頭鉢內側。接著將熱水倒進湯鉢，然後持頭鉢橫放浸泡在湯鉢中，清洗其側面與底部，再拿布巾擦乾，放回鉢單左側原來的位置。

其次將匙與筷子放進湯鉢中清洗，以布巾擦乾，放回匙竹筋袋，之後與頭鉢同樣，依序將淨水從大鉢轉移到小鉢，清洗、擦乾，然後將較小的鉢疊放到較大的鉢中。最後清洗了最小的醬菜鉢，再以刷板刮抹乾淨，放進匙筯袋。

接著淨人提著名叫「折水桶」的小桶繞僧堂一圈，讓大家將醬菜鉢裡面的淨水倒進折水桶，只留一小口淨水各自喝掉。

同樣把醬菜鉢擦乾放好，然後將鉢單摺疊，和護膝毯、匙筯袋、水板、布巾依照規定作法收妥，最後用包袱巾包好，行鉢至此告一段落。

「喂！你們到底要做幾次才會記得？你們當中只要有一個人學不會，大家都別入堂，在旦過寮繼續待一個月、兩個月算了。每個人都給我好好學！」

寮內再度回響著怒罵聲。

將人類的進食行為中所有多餘的一切剝除，所剩下的純粹而本質性的東西，最後結晶為應量器的形態。正因為其純粹，伴隨而生的動作也必然極為簡潔，沒有拖泥帶水的餘地。手的變換、鉢的移動，也都是取其最短時間、至短距離，手與鉢在鉢單上都不會有無目的之交錯。

此外行鉢從頭到尾都在鉢單這個小小的墊子上完成。打開鉢單平鋪，排列大小諸鉢，分配食物，用餐，清洗，結束之後再度將鉢單摺疊好，什麼也沒有留下來，乾淨利落。

但也因為極度純粹、極度簡潔之故，要做到正確而熟練必須經過不斷的琢磨與修正。總之要讓整個流程變成身體的自然反應，有如身體的一部分。行鉢即是一切，對我們而言，它同時又是一切的開始。

晚課諷經

山間林隙的天光從玻璃窗透入，在不知不覺中緩緩地挪移，當房間就要開始轉暗的時候，我們披上袈裟，走出了旦過寮。

走廊在暮色中一片安靜，只剩下往來的腳步聲，彷彿一切都逐漸從現實遠離。

我們在這樣的氛圍中於走廊彎彎繞繞，最後抵達了佛殿。

「佛殿」相當於七堂伽藍的心臟部分，是奉祀釋迦牟尼佛的堂宇。永平寺的佛殿乃是帶著厚重感的全櫸木建築，內部地面則遵循宋代的樣式以石板鋪砌。中央的須彌壇[39]供奉著釋迦牟尼佛、阿彌陀佛、彌勒佛所謂三世佛[40]，天花板和門楣之間的立面則是以吉祥樹松、竹、梅為首，還有許多禪宗公案典故為主題的雕刻。

當我們抵達佛殿時，殿內已經有為數頗多的雲水整齊列隊，準備展開夜間的勤行[41]——晚課諷經。

39 須彌壇象徵世界之中心、眾神所居的須彌山（Sumeru），為佛堂中安置佛像之台座。

40 在大乘佛教的系統中，阿彌陀佛為西方之佛，與中央的釋迦牟尼佛、東方的藥師佛同屬空間上的三世佛；彌勒佛為未來佛，與現在佛釋迦牟尼佛、過去佛燃燈佛同屬時間上的三世佛。

永平寺在平日，一天有三次勤行：清晨的「朝課諷經」、中午的「日中諷經」以及晚上的「晚課諷經」。晚課諷經的場合，只要當天沒有遇上佛祖的忌日或其他法要，都會在佛殿舉行，而每天所諷誦的經文也各自不同。

逢一、六日誦《妙法蓮華經．小安樂行品》，逢二、七日誦《妙法蓮華經．觀世音菩薩普門品》，逢四、九日誦《妙法蓮華經．如來壽量品》，逢五、十日則誦《妙法蓮華經．如來神力品》；此外每逢三、八日因為有「僧堂念誦」的特別法要，晚課諷經暫停。

我們來到佛殿正面入口處，先在殿外所鋪設的板條踏板上排成一列。這時從佛殿側面入口突然跑出一個雲水，手上抱著有如書桌抽屜的「配經箱」。

他來到我們隊伍的最前面時，將配經箱向前端出，接著以極快速度前進。配經箱裡面放著當日要誦讀的經典。我們模仿站在排頭的旦過寮雲水動作，當配經箱通過自己面前瞬間，趕快將裡面的佛經取出。

因為寒冷而僵硬的手，加上帶著說不定會失敗的恐懼，差一點就沒拿到，還好最後一切順利。鬆了口氣後偷偷往旁邊一瞧，童龍好像沒有拿到，兩手空空在那邊不知所措。配經的雲水走到隊伍最後又往回走，臉上一副「笨手笨腳的傢伙」很不爽的表情，再次來到童龍面前讓他取出經典，旋即快步消失在佛殿之中。

很快殿內已經開始讀經，我們也把摺成蛇腹狀可伸縮的經典翻開，應和從開放的門扉傳出的聲音開始念誦。

問題是對我們而言，這些由純漢字所排印出來的經典，每個字到底要怎麼發音一點概念也沒有，沒辦法只好動一動嘴假裝在念誦，一邊仔細聽別人誦經的聲音。

周邊籠罩在猶有白日餘韻帶著曖昧藍調的幽闇中，佛殿裡暖紅的燈光與高昂的誦經聲從沉重木門的間隙流瀉出來。聲音之嘹亮，其莊嚴崇高叫人全身為之精神一振。

41 勤行指佛教修行的實踐德目，有每天舉行的日課（禮拜、讀誦），以及年中各種節慶之法要。

佛殿堅硬的石板與高聳的天井所營造出來的空間，彷彿具有可以將人聲昇華為一種靈性之音的力量。永平寺大大小小的伽藍當中，誦經聲最美的場所，首推大佛殿。

藥石

晚課諷經結束回到旦過寮後，我們馬上將坐蒲團抱在胸前，兩手捧著應量器，再度走出旦過寮，隨著帶隊的雲水前往下一個目的地，即僧堂的外堂。

走進僧堂正面入口的前門，先是一個稱之為「外堂」的空間。外堂是附屬於僧堂的緩衝空間，作為聖域的僧堂，就在外堂中央懸掛的門簾裡面。但是尚未被永平寺接納為正式雲水的我們，不許可踏入聖域一步。

外堂本身是緊鄰著僧堂形成的狹長空間，地面是精緻的三和土（tataki）[42]。沿著僧堂的壁面，是一排鋪上榻榻米、用來坐禪名叫「單」的台座。

單的邊緣鑲著寬二十五公分的木框，即「床緣」，為應量器展鉢、行鉢的地方。床緣亦被視為神聖之處，上單之際，嚴禁臀部、雙腳和不淨指碰觸。單的對面牆壁上，則是設了取光用的紙窗，紙窗下方裝了兩層可摺疊的棚架。棚架的用途，是行鉢時，從永平寺的廚房「大庫院」提過來的桶、盆放置的地方。

外堂的一端放置了僧堂外堂鼓（大鼓）與僧堂外堂鐘，另一邊則是由高高天花板懸吊下來的木雕巨大魚鼓「梆」。此外前門旁邊的柱子上也掛了一塊和山門同樣的木版，此處稱之為「僧堂版」。

來到外堂的我們，先將坐蒲團與應量器置於單上，然後慢慢地爬上去。上單之後，首先將坐蒲團拉到床緣的邊上，在避免身體碰觸床緣的情況下

---

42 由黏土、石灰、滷汁（自海水提煉的氯化鎂〔magnesium chloride〕）混合而成的古代建材，主要用於地面鋪設，硬度極高。

將蒲團放到臀部底下，接著兩手以不淨指以外的指尖抵著床緣來支撐身體，快速將雙腿盤起來。即使兩腳和臀部都沒有觸碰到床緣，也絕對不可以用跨腳的方式上座。坐姿方面，雖然是用餐，但這也是重要的修行，所以盤腿的方式與坐禪相同。

當我們手忙腳亂地以笨拙姿勢上單，好不容易將腿盤好坐定，面前的小門即被打開，手上提著桶子與盆子的雲水們魚貫走了進來。

雲水們默默地將壁上的棚架拉出來，排好桶子與盆子，三和土地面上小台也排好後，他們熟練地在靜默中進行每一個動作。

當大家專注地看著雲水們的動作時，突然僧堂版敲響，藥石的行鉢開始了。所謂「藥石」就是晚飯。本來佛教僧侶用餐的次數，在印度是定為一日一食。在此情況下必須在正午以前結束用餐，所謂過午不食。這項規定還特別嚴格，一過了中午，連殘留牙縫的飯屑菜渣或是唇舌間沾黏的油脂等，都禁止和唾液一起吞下肚子。

直到佛教傳入中國，叢林用齋才改為早、午兩頓，晚上則用加熱的石頭貼在肚子上來止饑，稱之為藥石；到了後世唯存其名，叢林的晚餐即名藥石。

但是藥石再怎麼說都不是正式的餐點，為了彰顯其非正式的性質，因此不會使用神聖的頭鉢。也因為這樣行鉢的儀節自然與早餐、午餐有異。這些規矩我們雖然在旦過寮演練過幾遍，但實在太複雜了，晚上的行鉢要如何如何、早上與中午的行鉢要這樣那樣，腦子裡一片混亂，加上緊張，只能說是狼狽不堪。我們就是在這樣的情況下面臨第一次的藥石。

在我們的單前，五、六個古參雲水雙手交叉抱胸，睜大眼睛審視我們的一舉一動。瀰漫著緊張、恐懼的陰濕空氣中，憑著一些隱微的記憶，我們慎重地開始展鉢。

「喂，是誰教你這樣做的！」

有人還沒將鉢排好就挨罵了。是坐在最邊上的大鑒。雙手抱胸的古參雲水們這一下全走到大鑒的單前，惡狠狠地瞪著他。

我呢總算沒有什麼大失誤地把鉢單打開鋪平，大小諸鉢也按照規定位置擺好。不過因為緊張與慌亂的關係，兩手變得僵硬不聽使喚。當我從匙筯袋中準備取出筷子時，差點就失手掉下去。

大鑒好像還沒完成展鉢。在古參雲水嚴密監視之下，他完全慌了手腳。

「錯了！只有你一個人還不會，嘿！」

話聲剛落，已經呆掉的大鑒立刻被賞了一個巴掌。這時的大鑒手足無措，合掌的雙手顫抖得很厲害。

「你到底在搞什麼鬼？大概到死都還學不會吧。在這裡不會展鉢的話，飯也別吃啦，記住了！」

在這樣緊繃的場面下，那些打飯菜的雲水照舊若無其事地做他們該做的事。

「不對不對！這樣不對，喝！」

隨著行鉢的進展，叫罵聲也越來越帶著一股殺氣，巴掌聲在堂內此起彼落。

「哦，你是不想吃飯是嗎？那就不要吃！」

鉢裡面什麼都還沒放，卻誤把筷子置於鉢上的天真，眼睜睜看著打飯菜的雲水從他前面走過去。

接下來則是相反，味噌湯已經添滿了，卻忘記如何示意停止的圓海，幾乎要崩潰似的看著湯汁一直往外流。

還有童龍，肚子挨了一拳的剎那，鉢脫手掉到了地上。

看著旁邊同伴的作法，好不容易也完成展鉢的大鑒，之後也是每做什麼就挨巴掌或吃拳頭，最後還被抓著衣領從單上硬拉下來。已經完全呆掉的大鑒當場被古參雲水們一陣拳打腳踢。

融峰、喜純和眺宗三人，儘管行鉢沒出什麼差錯，但也緊張得連眨眼的餘裕都沒有，張大眼睛、全身緊繃，每樣食物都大口塞進嘴裡，囫圇吞嚥下去。

到這次第，不管是吃飯、喝湯，根本吃下吞進的都是恐懼而已。

動作只要稍有差池，面前監視的古參雲水立刻一個巴掌下來。可想而知根本食不知味，完全沒有吃東西的實感。能夠勉強趕上快速行鉢的節奏，先想好接下來的動作，確認是筷子還是布巾等等就已經很不容易了。

實際上僧堂的行鉢本來就很快。米飯或味噌湯還有其他食物都派發完畢後，如果你想一口一口細嚼慢嚥，第二輪（再進）又過來了；若是急忙要求再進，卻不趕快吃，你還沒吃完已經開始倒香湯，緊接著是淨水。即使對完全熟練展鉢也習慣了行鉢的人而言，僧堂的行鉢畢竟沒有足夠讓你慢慢品味每一樣食物的時間。

慎重地吃每一口則會來不及，可是如果心太急了，卻又可能掉筷子或鉢。使用刷板來清鉢也是相當危險的作業。用熱水將鉢浸濕後，慢慢旋轉鉢以刷板清洗側面和鉢底，稍不注意鉢就會從手中滑落。之後擦拭、疊放食具的過程，只要一慌搞錯順序，應量器就沒辦法順利疊好、歸位。

當最後將包袱巾的結打上時，坦白說唯一的反應就是鬆了口氣，此外毫無其他感覺。

第一次的行鉢，就是在這樣緊迫的氛圍與令人喘不過氣的動作中，帶著極度緊張之後強烈的虛脫感，一眨眼間就結束了。

人這種動物，在退無可退的情境下似乎都會激發出不可思議的力量來，但這個力量的反面，卻是我們的頭腦，在這種時候除了極為本能的思考外，幾乎毫無作用。實際上由於極度的緊張與恐懼，有人真的瞬間腦筋一片空白，像個木頭人一樣渾然忘了即使是最簡單的反應。

我們就是這樣，不是用腦，而是在巴掌、拳頭交加下咬緊牙關，以自己的身體將這些簡潔卻又複雜的過程與動作記下來的。

夜坐

我們回到旦過寮，坐在自己的位置上，整個人彷彿都被搬空了似的意志消沉，沮喪得不得了。腦子裡完全沒有什麼令人振作的事物，連想一想接下來要怎麼辦也無能為力。

唯一鮮明地浮現腦海的，是覺得從今而後，能夠將此刻這種沉重而鬱結的空氣一掃而光，回到有如遙遠記憶的過去那些自由的時光，那種整個人一無疑問，唯有放心委身於時間之流的解放感，將永遠離我們而去了吧。

像是故意不給我們想東想西的空檔似的，剛剛才脫下來的袈裟又叫我們穿上，抱著坐蒲團，急忙走出旦過寮。

太陽早已掉到山後去了，伽藍全體籠罩在山谷的幽闇當中，唯有發出朦朧照明的電燈泡，用它的光讓神秘的黑暗無法完全遁形。穿過這些忽明忽暗的通路，我們最後來到了經行廊下。

「經行廊下」是緊鄰僧堂、就像字面所見那樣用來經行的走廊。所謂「經行」，指的是兩次坐禪之間，以規定的速度走路，但雖說是走路，卻不是一種休息，它也是坐禪很重要的一部分。

這片走廊，除了一邊的牆壁上設有一排臨時的單以外，看不到其他任何東西。因此之故走廊本身的存在更顯得特別。牆壁和地板都是由厚重的木塊組合而成，在高高天花板上吊下來的燈泡發出的微弱光線照射下，一切都帶著低調而迷人的暗褐色光澤。這無疑是滲染了人的一些什麼才形成的。

道元禪師在《正法眼藏．坐禪儀》卷中，詳述了修行的核心——坐禪，現在的永平寺依然遵照道元所定下的各項規矩，並嚴格執行：

所謂參禪，即是坐禪。

參禪者，坐禪也。

首先，坐禪時應選擇靜謐的場所。底下應該鋪個厚座墊。不要讓風、煙吹入，也不要讓雨、露滲漏。應該要好好整頓坐禪的空間……地方須溫暖明亮，晝夜都不會過暗。維持冬暖夏涼才是正確的。

坐禪宜靜處，坐褥須席厚。莫使風煙入，莫使雨露漏，須護持容身之地……坐處須明，晝夜不暗。冬暖夏涼為其術也。

應放下種種關係、執著，讓一切追求、競逐停止。不要落入善、惡對立的思考模式。坐禪既非思索，也不是一種冥想。不要試圖通過坐禪得悟，也應該放棄「坐」、「臥」這種很表面性的分別。

須放舍諸緣，休息萬事。善也不思量，惡也不思量。非心意識，非念想觀。莫圖作佛，須脫落坐臥。

飲食應該有所節制，也應該愛惜時間不可空過。就像頭上的火苗必須立刻移除一樣，好好把握時間，不要分心，專注於坐禪。

應節量飲食，應護惜光陰。須如拂頭燃而好坐禪……無別異之營為，唯務坐禪而已。

坐禪時應穿上袈裟，並以蒲團為座墊。不要整個人盤坐蒲團上，只有後半，亦即臀部就蒲團而坐。這是諸佛先師大德坐禪的方法。

坐禪時，須搭袈裟，須席蒲團。蒲團非席全跏坐，席於跏趺之後半……此是佛佛祖祖坐禪時之坐法也。

打坐的方法，分為結跏趺坐與半跏趺坐。結跏趺坐首先將右腳打彎置於左腿之上，接著再將左腳彎置於右腿上。腳底與雙腿保持水平，腳尖須與兩膝對齊，不可前後參差。半跏趺坐則是只有將左腳彎置於右腿上而已。

或半跏趺坐，或結跏趺坐。跏趺坐者，即右腳放在左腳之膝腿上，或左腳放在右腳之膝腿上。腳尖各須與膝等，不得參差。半跏趺者，即只左腳放在右腳之膝部上也。

應該讓衣服或袈裟保持寬鬆，但不可散亂。接下來將右手置於左手掌上，或左手置於右手掌上，然後讓兩手大拇指尖相抵。兩手保持這種姿勢擺在靠近身體的地方。

須寬繫衣衫，令其齊整。右手放在左手上，或左手放在右手上。兩大拇指相拄，兩手如是近身放之……

坐姿要保持挺直，不可左歪右斜或前俯後仰。必須讓兩耳對齊雙肩，鼻梁與肚臍保持一直線。舌尖抵著上顎，並以鼻孔呼吸，讓唇齒緊閉。兩眼必須張開，但不必睜得太大，也不要瞇得太小。

須正身端坐，莫左傾右斜，莫前躬後仰。必耳與肩對，鼻與臍對。舌向上顎，息由鼻通，唇齒相著。目須開，不張不微。

像這樣調整好身心後，做一次深呼吸。

如是調整身心，應欠氣一息。

如此端坐不動，超越一切有、無分別，將自己從理性思考的束縛中加以解放。這就是坐禪之道。

兀兀坐定，思量個不思量底也。不思量底如何思量？是非思量也。此即坐禪之法術也。

坐禪不是為了達成什麼目的而採取的手段。禪修本身即是證悟，此外無他。

坐禪非習禪，乃大安樂之法門也，不污染之修證也。

於是晚間的坐禪「夜坐」開始了。坐在單上的我們眼前，板壁壓縮了我們的視野，天花板吊下來的燈泡發出的光，從背後將我們自己的坐相映照在黑色板壁上。一切的一切都靜止下來。我們在儼然的氛圍中微微顫抖。

彷彿在半睡半醒之間遊蕩的幽闇中，堂內的空氣有如血液的流動般安靜無聲，卻逐漸燥熱了起來。人體內發散出來的熱氣也會教人感到如此悶熱嗎？身體變得僵硬的同時，手心都是汗。

突然坐在旁邊的童龍被古參雲水從後面拉著衣領，幾乎要將他扯下單去。

「嘿，你為什麼不結跏趺坐？」

永平寺的坐禪不允許半跏趺坐，一律要求結跏趺坐，古參雲水在坐禪巡堂之際，都會一一點檢衣服底下的雙腳有沒有正確盤好。

「因為以前曾經斷過腳，所以沒辦法盤腿。」

童龍緊張地小聲回答。

「什麼，沒辦法盤腿？這裡可是永平寺喔，沒辦法坐禪那是要怎樣？明天開始用繩子給我綁起來坐，聽到了沒？」

用繩子捆綁雙腳，到底是怎麼回事？明明腳曾經斷過，還非得這麼辦不可嗎？

我在這時才第一次體認到我是在**那個**永平寺修行。坐禪也好，其他修行課目也好，都不再是出家前所想像的那樣只存在虛構之中。我再一次被提醒，是自己想要挑戰需要帶著必死覺悟的修行境界而出家的，想到這裡，體內的血液瞬間沸騰，整個人汗流浹背。

時間在靜止的空氣中緩緩流逝，從幽暗的遠方開始響起大梵鐘的聲音，彷彿波浪般自地底擴散，傳送到了禪堂。鐘聲在寂靜中回響，留下悠長的餘韻，讓優美的寂靜添加了深沉之感。

禪坐前後四十分鐘稱之為「一炷」，大約等於燃一炷香的時間故名，永平寺的禪坐全部以此一炷為單位構成。當大梵鐘敲完最後一響，第一次的永平寺夜坐也告一段落。

結束坐禪後我們直接回到旦過寮，在喝罵聲中以最快動作取出靠裡邊櫥櫃收納的棉被在寮內並排鋪好，就寢的時間到了。

熄燈後突然一片漆黑的寮內，依稀可以聽到開枕鈴的聲音逐漸遠去，最後完全消失在夜色中。

在永平寺內迎接第一個夜晚。今天發生了許多事，彷彿以驚人的態勢穿身而過。慌張不知所措的我們，到這時身心都已經潰不成形。如果說有什麼悔恨的話，那就是常常不聽使喚的腦袋，還有變得遲鈍的手、腳。唯一能做的，就是又深又長的歎息了。

一次又一次大聲的歎氣，在棉被裡翻來覆去。突然和睡在隔壁的童龍四目相接。

童龍是東北地方一座寺院出身的長男，今年春天剛從大學畢業。昨天永平寺上山之日，他從老家附近的機場搭飛機過來，之後他並沒有直接來永平寺，而是住進福井市區的旅館。他完全搞錯，以為隔天才是上山的日子。發現錯誤的家人急忙打電話到旅館，他連行李都還沒放下立刻轉搭計程車直奔地藏院。

儘管第一天就發生那樣的波折，但最後一個抵達地藏院的他，不要看個頭很小，卻天生大嗓門一個，很容易就追過第三早抵達的我，率先脫下了草鞋。

他有些僵硬地一笑，然後開始和我小聲交談起來。

「這地方還真嚇人啊。」

我一下不知道如何接話，只能對他笑一笑。

「明天會不會從一大早又要這樣？」他問道。

「嗯，我想免不了吧。大概接下來都會是這樣的日子。」

雖然兀自這樣回答，內心深處其實希望自己是錯的。

「對哦，永平寺好像也沒有什麼禮拜六、禮拜天，接下來大概一直都會這樣。」

沒有禮拜六也沒有禮拜天。像這樣的生活，如果幾天之後就會有像禮拜六、禮拜天那樣的假日，那麼總覺得每天的緊張與痛苦還是撐得過去。然而現在才第一次想起，永平寺是沒有休假的。想到未來還長得看不到盡頭，而我們僅僅度過其中的一天，突然覺得心情沉重、呼吸困難。

「一個認識的朋友告訴我，旦過寮期間雖然很嚴厲、很苦，但真相是，離開旦過寮之後才叫吃不消。」

「吃不消，到底是怎麼回事？」

「哦，這個我倒沒繼續問下去。」

更加吃不消。簡直都快喘不過氣來了。雖然告訴自己不要胡思亂想，但腦子裡卻不斷浮現可怕畫面像跑馬燈跑個不停。

「嘿……」

很想再多跟童龍打聽他朋友到底還說了些什麼，但他的側臉已經開始傳出輕微的打呼聲。到這種時候，竟然可以輕易睡著，真是幸福的傢伙，我愣了一下，在黑夜中只剩自己一個人醒著的孤獨感很快包圍了我。

「接下來都會這樣嗎……」

捨棄了一切，而得到的卻是這樣的生活嗎？這就是我所追求的東西嗎？這樣的生活到底能帶給我什麼？不知道。

唯一可以確定的是，事到如今，想那些有的沒的根本一點幫助也沒有。

不要再想了，早點入睡才是真的。這才是我現在最應該做的事。我這麼告訴自己，闔上了雙眼。

第二章　作法即禪

朝課諷經

凌晨三點半。通知起床時刻的刺耳振鈴聲讓我睜開了眼睛。與眼睛睜開同時，就寢時間也就結束了，今天這一天正式宣告開始，這麼一想身體不禁一陣抖索。

沒時間多想，與振鈴通過同時出現的旦過寮雲水一陣怒罵，我們趕快跳起來，把棉被放回原來的櫥櫃中，穿上衣服，然後被催著前往經行廊下。

雖說是三點半，但外頭不管怎麼看都算不上是清晨，想必還有不少人這個時候才鑽進被窩準備要睡覺吧。

到達經行廊下後，看到雲水們陸續進入僧堂，準備進行即將開始的晨間打坐「曉天坐禪」。每個人都緊閉雙唇，不發一語靜靜地走在微暗的廊下，以致空氣中飄漾著一種異樣的緊張感。

一般永平寺的坐禪規定要披袈裟，唯有曉天坐禪例外，袈裟只要裝在袈裟袋裡面帶過來就好。所以我們也將帶來的袈裟慎重地在單上放好，然後和昨天晚上一樣，盤起腿來開始打坐。

不久廊下的腳步聲消失，僧堂的鐘和大鼓突然交替敲響，當最後一響敲下時，鐘樓的大梵鐘聲也開始在僧堂中迴盪。聲音與聲音以完美的間隔配合得滴水不漏，讓殘夜的空氣一片肅然。

半睡半醒的朦朧感還殘留在身體每一個角落之際，將腰、背挺直盤腿而坐，特別有一種難以形容的颯爽。與自沉睡中醒轉的大氣同時，每個人都察覺到自己體內細胞也開始慢慢恢復了感覺。

這時堂內逐漸籠罩在溫熱的沉默中，唯有警策[1]打在肩背上的尖銳拍擊聲偶爾劃破寂靜，那種緊張的壓迫感令身體僵直緊繃。

1警策在漢傳佛教稱為「香板」，為扁長形木板，握把處為圓形，略如寶劍，上刻「警策」、「精進」等字。禪堂打坐時，由值堂僧持警策巡堂，對分心、瞌睡者敲打其肩或背，以示警惕策勵。

曉天坐禪通常為時一炷香。時間一滿，傳來遠處大庫院的雲版聲，告知曉天坐禪結束的大開靜[2]響徹僧堂。大開靜以悠緩的節奏斷續敲打，而禪坐時極度緊繃的堂內氣氛也徐徐回復原本的狀態。

大開靜打完之後，接著立刻敲一聲放禪鐘，我們將摺疊著的袈裟放在頭頂上，然後合掌唱誦〈搭袈裟之偈〉。將近百名雲水的聲音，由於僧堂空間所形成的回響，有如水盤中晃動的清水一樣擴散開來：

大哉解脫服，無相福傳衣；披奉如來教，廣度諸眾生（神聖偉大的袈裟，讓煩惱得以解脫，遠離一切色相執著，孕育難以計量的功德；只今在此修習如來的教導，願能廣泛濟度世上之眾生）。

唱誦〈搭袈裟之偈〉三遍後，在原地穿上袈裟，即從單上下來。

下來後我們排成一列，跟在從前門走出去的雲水隊伍最後，來到迴廊。

曉天坐禪開始之前，仍然被夜色重重包圍的伽藍，現在則從黎明的淡藍色光之底部浮現，由夜晚移轉到清晨的瞬間，那些不可思議顏色的樣相在伽藍的陰影之中飄浮變幻。

隊伍沿著微暗的迴廊，一級一級往山上走。迴廊一直線往斜坡上延伸，在暗影的深處，與潺潺流水聲同時，好像用天鵝絨的棒槌敲打金屬球所發出的神秘鐘聲也傳入耳中，令人不禁屏息。

當我們走到迴廊最高處來到法堂入口時，才知道那是職務名稱為「殿行」的雲水所敲打的法堂鐘。法堂鐘從入口附近的天花板上垂吊下來，彷彿與時間的流動逆勢而行似的，每一響都間隔得很長。我們在這樣的法堂鐘聲中，於入口一側脫下鞋子，依序進入法堂裡面。

所謂「法堂」，是一山的住持開示說法，以及許多法要、儀式舉行的地點。

2 清晨三時半鳴鐘、擊鼓後敲雲版，稱為「小開靜」，此時，香燈和大寮行者先起床；當雲版與諸堂板齊鳴，為「大開靜」，全寺住眾皆起，開始一天的作務。

永平寺的法堂鋪了三百八十張榻榻米，最裡邊的中央是一座巨大的須彌壇。須彌壇上供奉聖觀世音菩薩，靠著須彌壇的階梯左右蹲踞著一對白獅子。法堂的天井承襲宋代的式樣，懸掛著鑲嵌了八面鏡的天蓋。

須彌壇前方是寬闊的大禮堂「大間」，大間的兩側稱之為「東序」和「西序」。入堂的雲水以大間為中心，分別列隊於東序與西序彼此相向。

當我們在已經列隊的雲水最後方排好後，不久侍者引領住持入堂，清晨的勤行——朝課諷經隨即展開。

朝課諷經首先在住持導師拈香的同時，所有雲水對著須彌壇的聖觀世音菩薩三拜開始。「三拜」即是合掌俯首禮拜三次之意。

行三拜之禮時，先將摺疊成細長條掛在左手腕上的墊子「坐具」在腳下打開鋪好。站著合掌低頭後，在坐具上跪下、俯身，手掌與額頭觸地，接著掌心向上舉高至與兩耳齊。這個動作叫作「佛足頂禮」，意思是將佛足托在手掌上，舉高表示對佛陀的一種崇敬之意。

三拜是重複三次同樣的動作，穿著還沒穿慣的衣服，寬袍大袖的，上面還要披一領大袈裟，一下站起來，一下跪著額頭觸地。我們單單要跟上旁邊雲水們的動作就已經很吃力，跪拜時袈裟一片狼藉，起身時踩到袖子，一不小心放在胸前衣袋中的經典還會掉出來散亂一地。整個禮拜的動作根本談不上什麼虔敬。

手忙腳亂的三拜總算結束之後，當即坐在鋪好的坐具上開始誦經。我們將衣袋中的經典取出，同聲唱誦。

經典主要是以梵文唱誦的「梵讚」，與唐音、宋音等中國音唱誦的「漢讚」，以及用日語唱誦的「和讚」等共三種類。此處經典用「唱」的，或許乍看會覺得很奇怪，但佛教界的讀經，和基督教的聖歌一樣，都是典禮音樂。我們揣在胸前口袋帶來的經典，雖然每個字旁都加上假名注音，但剛開始接觸時覺得那些字非常陌生，連閱讀都有點吃力遑論唱誦，不好好練習根本沒辦法從容地發出聲音。

我們被教導「以耳誦經」。翻開經典，不是一逕埋頭念誦，而是一邊聽周遭同修的聲音，然後將自己的聲音也融入其中。人類的聲音，即使沒有使用特別的聲樂性發音，一旦聚合的聲音密度增高，就會形成超乎想像的音波，衝擊著聽者的內心。唱誦也沒有特別講究節奏和韻律，卻因為聲音本身是如此純粹，以致每個人音質的微妙差異可以激發出一種神秘的和聲，成為美妙無比的泛音。

諷誦經典有兩重意義：一是接觸祖師的思想，這個部分基本上接近經典研讀；一是為了獲得精神性的功德，這時只要專注於經典的唱誦，關於經文的語義和內容的理解則是次要的，因為經典唱誦本身即被視為功德之故。朝課諷經之類的讀經，主要的意義在後者。

朝課諷經通常從唱誦《妙法蓮華經．觀世音菩薩普門品》開始，接著依序唱誦《摩訶般若波羅蜜多心經》、《參同契．寶鏡三昧》、《大悲心陀羅尼》[3]、《妙法蓮華經．如來壽量品》、《消災妙吉祥陀羅尼》。

整個過程都是依照既定的順序連續不斷地進行，所有的雲水完全心領神會自己應有的位置，徹底發揮各自的作用，不多亦不少。在這裡面沒有任何縫隙可以攙雜私人的情緒，充滿了一種崇高而肅穆的美感。

行粥

朝課諷經結束回到寮房，還沒時間喘口氣，旋即拿著應量器與坐蒲團又走出旦過寮。

「行粥」，也就是早餐的時間到了。我們還是一片慌亂，一無所知地被一個接一個的行程追著跑，既無暇回頭細想，也不能停留原地，唯有默默地朝外堂走去。

同樣的行鉢又開始了。大家帶著各自的陰影重新面對。尤其是昨晚藥石的時候被修理得很兇的同伴，想到即將降臨身上的折磨，無不帶著悲壯的表情。

抵達外堂後，從大庫院傳來莊重的雲版聲。當我們像昨晚那樣剛笨拙地在

3 陀羅尼（dhāraṇī）即真言、咒語。

單上坐好，垂吊在我們前方的梆子也開始敲打了起來。

乾澀的木板以一定的節奏時快時慢地敲擊，發出嘹亮的聲音，打過之後，緊接著就是大庫院的雲版和僧堂的外堂鼓，我們就在昨晚的藥石所沒有的嚴肅氛圍中展開行鉢。

早晨的行鉢正如「行粥」所指出的，叢林的早餐是粥、香菜與胡麻鹽[4]。此一作為正式餐點的行粥，與昨晚非正式餐點的藥石之間，有許多不一樣的地方。

首先，要向僧堂供奉的文殊菩薩獻膳；其次，使用藥石所沒使用的頭鉢；還有，隨著行鉢的進行，使用雲版、梆子與鼓，與各式偈文配合唱和。

清晨的行鉢，開始敲打梆子的同時，負責打飯菜的雲水（淨人）拿著「淨巾」進入僧堂，動作齊一地擦拭床緣。當梆子敲過，與之呼應的大庫院雲版即打起下鉢版。所謂「下鉢版」，是用來通知大家將應量器置於床緣的信號。一聽到下鉢版聲，外堂鼓即刻大擂，並進行對文殊菩薩的獻膳儀式。大擂在獻膳終了時結束，我們也在這時齊聲唱誦〈展鉢之偈〉：

佛生迦毗羅，成道摩揭陀，說法波羅奈，入滅拘稀羅；如來應量器，我今得敷展，願共一切眾，等三輪空寂（佛陀誕生於迦毗羅國，在摩揭陀國開悟後，於波羅奈國展開說法，最後入滅於拘稀羅；佛陀所示現的應量器，我們在今天得以鋪展開，但願與所有生靈、施者、受者和所施之物，同時自執著獲得解脫，以無心而得無我之境地）。

唱誦完畢，解開應量器的包袱巾，開始進行展鉢：

仰惟三寶，咸賜印知，仰憑尊眾念（尊仰佛、法、僧三寶，並確認此心乃一真實心，大眾一同景仰、感念尊貴的佛名）。

4胡麻鹽是將炒過的黑芝麻與食鹽依一定比例混合而成的調味料。

展鉢告一段落後，擔任「堂行」的值班雲水即帶領大家念誦〈十佛名〉：

清淨法身毗盧遮那佛、圓滿報身盧舍那佛、千百億化身釋迦牟尼佛、當來下生彌勒尊佛、十方三世一切諸佛、大乘妙法蓮華經、大聖文殊師利菩薩、大乘普賢菩薩、大悲觀世音菩薩、諸尊菩薩摩訶薩、摩訶般若波羅蜜

念誦結束，接著由堂行唱誦〈粥時咒願〉：

粥有十利，饒益行人，果報無邊，究竟常樂（粥有十種利益：一、讓身體氣色佳，二、增加氣力，三、延年益壽，四、防止腹脹，五、潤喉，六、助消化，七、不染風寒，八、止饑，九、消渴，十、大小便通暢，是故可以帶給修行者許多好處，其果報無量無邊，以至於達到安樂的境地）。

在唱誦時，淨人開始依照粥、香菜、胡麻鹽的順序分配眾人，分配完了隨

著堂行拍擊戒尺的信號，大家一起唱誦〈五觀之偈〉：

一、計功多少，量彼來處；二、忖己德行，全缺應供；三、防心離過，貪等為宗；四、正事良藥，為療形枯；五、為成道故，今受此食（一、好好想想眼前的食物是如何來自大自然的恩惠，並經過多少人的努力才得以擁有；二、今天獲得這些食物是為了達成修行的目標，反省自己是否努力精進而值得這些珍貴的食物供養；三、即使是喜歡的食物，也不可以帶著貪心，不合口的食物，也不可以厭惡，要去除對食物的貪欲，以離欲、無過患為戒；四、飲食非為貪求美味之樂，而是作為防止身體衰弱敗壞之良藥；五、我乃為成就無上佛道之大願而領受此食）。

當食物分配完畢，接著要唱誦〈擎鉢之偈〉時，我們將匙放進頭鉢、筷子放在香菜之鉢，然後雙手舉起頭鉢直到兩眼高度：

上分三寶，中分四恩，下及六道，皆同供養，一口為斷一切惡，二口為修

一切善，三口為度諸眾生，皆共成佛道（缽中所盛食物，上部供養佛、法、僧三寶，中部供養國王、父母、社會、天地自然四恩，下部供養天神、人、畜生、修羅、餓鬼、地獄等六道中之生靈。第一口願能摧斷一切惡，第二口願能修得一切善，第三口願能濟度一切生靈，讓眾生皆能成就佛道）。

〈擎缽之偈〉唱誦完畢，即刻食粥一口，接著將胡麻鹽撒在粥中，然後依序進食。

就像這樣，正式的行缽有別於藥石，從上單、展缽開始，連續好幾輪偈文的唱誦伴隨著各式動作，到實際上吃第一口粥為止，需要花費不少時間。

我們連昨晚藥石的行缽都還沒整理清楚，現在又來一套不一樣的東西，使得腦中更加混亂。一如以往古參雲水也是睜大眼睛盯著我們每一個動作，不容許任何錯誤。

一頭的大鑒又挨罵了；他旁邊的天真也是，行缽從頭到尾出錯，古參雲水瞪著他大聲喝道：「又是你，只剩下你還不會，嘿！」

和昨天晚上一樣，令人不舒服的巴掌聲在堂內回響。我們邊聽邊緊繃著身體行鉢。

行鉢時，我們的排列順序還是依據地藏院脫草鞋的先後。所以不管做任何事，第一個被叫去示範的，或首先被注意到的，基本上就是最早脫鞋的人。因此坐在最後面的我或童龍，可以趁大鑒或天真被臭罵的時候，在腦中複習一次接下來要做的動作。猶記得站在地藏院門外，一直沒能獲得允許脫下草鞋，到最後只剩下自己一個人時那種日暮途窮之感，現在想想，覺得落單真好。

再進也走過一遍後，開始以刷板清鉢。清晨的行鉢和昨晚的藥石不一樣，並沒有分配香湯。那是因為富含水分而鬆軟的粥與飯不同，不需要在使用後的鉢中注入香湯將附著的殘渣泡軟的緣故。

刮除乾淨後，接著分配淨水洗鉢。做好後由堂行帶頭領唱〈折水之偈〉，我們立即加入唱和：

我此洗鉢水，如天甘露味，施予鬼神眾，悉令得飽滿，唵摩休羅細娑婆訶[5]（我這洗鉢之水，恰如天上甘露水，今天施予鬼神大眾，願身心皆能得飽滿）。

這時淨人提著折水桶繞行堂內收集淨水，大家將應量器一一回復原狀重新用包袱巾包好，淨人也再一次將床緣擦拭乾淨，最後由堂行唱誦〈後唄〉：

處世界如虛空，如蓮華不著水，心清淨超於彼，稽首禮無上尊（世界上的眾生，都可以如無垠晴空，或是像出污泥而不染的蓮花一樣；清淨自心是超越世上一切，無比重要的真理。我們在此誠心禮敬最為尊貴的釋尊）。

唱誦一結束，堂行同時拍擊戒尺，以示行粥終了。

「真是夠了，一點胃口也沒有。」

天真低聲地喃喃自語。雖然我沒說出口，其實也是心有戚戚焉。

依舊是這樣，左看右看、望前望後都看不見一點亮光。黑暗的程度，簡直連自己都要看不清了。在那樣的漆黑當中，滿懷恐懼地驅動手和腳，突然就一拳打過來。

不只行缽是這樣，禁止直視古參雙眼的我們，無意識地看古參一眼就會被賞巴掌，還有在迴廊擦肩而過時，只要禮數稍有怠慢立刻挨揍。進食的作法、走路的儀態、坐姿、講話的方式等等，所有一舉一動都存在嚴格的規定，稍一不留神，體罰馬上降臨。

每天從早到晚，沒有一分一秒可以放鬆隨便。我們就在這樣的情境下，在完全不是自我意識的地方，被超乎想像的力量所左右，隨波逐流。

5「唵摩休羅細娑婆訶」為唱誦偈文結束時所用真言咒語，源出梵文「o mahorase svāhā」，「o（唵）」為具有神聖力量之音，常用於咒起首，「mahorase（摩休羅細）」為「mahā（大）」與「urase（腹）」合體之字，可能是餓鬼的別名，「svāhā（娑婆訶）」則用於咒語結尾，有吉祥之意。

迴廊掃除

堂行打下行粥結束的戒尺時，佛殿的大鼓立刻敲起普請鼓。所謂「普請鼓」，就是迴廊掃除開始的信號[6]。

行鉢告一段落的雲水們，當即捧著應量器，以迅速但規律的秩序離開僧堂。我們也隨著走到外堂，快步回到旦過寮。說是快步，因為不管有多緊急，伽藍之內嚴禁奔跑，更別說手上捧著的是神聖的應量器了。

回到旦過寮後，首先將應量器放在規定的位置，然後迅速換裝。通常迴廊掃除都是穿作務衣，但是在旦過寮時期還不允許穿作務衣，只能穿雲水口中的「旦過寮風」裝束去工作。

所謂旦過寮風格的穿搭，是脫掉袈裟、上衣，只著內袍，加上腰帶束身，內袍的長度大約到膝蓋以上。以手巾為束衣、袖的帶子，將袍子下襬撩高，用帶子在背後交叉綁好，方便行動。手巾必須用力束緊，到一隻手指都插不進去的程度。底下當然是打赤腳。

「喂，你們在那邊扭扭捏捏、摸摸扣扣些什麼啊！」脫下來的衣物依照規定整齊摺疊了，在指定的位置上，以所教導的正確方式放好。全身上下也必須一絲不苟，卻又不能拖拖拉拉。每個人都是慌張地快步走出旦過寮。

禁止跑步的伽藍境內，只有迴廊掃除的時候准許用跑的。如果這時你優哉游哉地慢走，古參雲水馬上會給你一個飛踢。

儘管如此，迴廊掃除的時候還是有一個地方絕對不許跑步，那就是經行廊下。全速前進的雲水，一到了經行廊下立刻改為安靜慢走，等通過之後才又快跑如脫兔。

迴廊掃除從永平寺最高處的法堂側邊開始。全山的雲水手上拿著抹布，全速快跑到法堂，那種陣仗簡直充滿了殺氣。沒有一個人會慢條斯理地走。

6 禪林中集合眾人、上下合力出坡作務，名曰普請，有「普遍延請」之意。

我也是在長長的迴廊中拚命往上衝，等抵達法堂側面的時候，體力幾乎已經消耗光了，只覺得一陣頭暈目眩。但迴廊掃除現在才要開始。我們將抹布緊緊纏在手上，然後一口氣將從法堂側邊一直延伸到承陽殿的走廊擦拭一遍。

迴廊掃除的場合，並不要求大家花時間仔細擦到多乾淨。總之就是快速擦拭每一個角落；而且嚴禁膝蓋著地。

這邊結束後，接下來是擦拭從法堂下到佛殿的長階梯。這裡也是不准膝蓋著地，必須把腰臀抬高，兩隻手抓著抹布從左到右大幅度地移動，一階一階地往下擦，快速前進直到底下，然後又一口氣跑上法堂，再往下擦一次。旦過寮期間的我們就這樣被要求每次都得連續擦五、六回，只要速度變慢了立刻被罵、被踢。感覺心臟都快爆裂了。

之後我們又從佛殿擦到僧堂前，經過中雀門，最後直到山門前的長廊。這片長廊，我們就是來來回回一直擦個不停，直到古參雲水說「好了結束」為止。

最初擰過的抹布，中途不許第二次沾水，以致擦到這邊的時候，抹布因為乾燥而在地板上幾乎推不太動，儘管這時體力即將耗盡，卻反過來更加需要用力。即使每個人氣喘吁吁、兩腳發抖，卻一直等不到叫停的聲音。

膝蓋跪地，再也動不了的圓海，抹布被抓著往前拖。後來我才想到原來將抹布緊緊纏在手上還有這個作用。也有同伴被踢翻。

「啊，我也不行了，這次擦到底就放棄吧。」不知道這麼想過幾次。但這時心裡又有一個聲音：「你不是因為喜歡才來到這裡的嗎？如果為了這種事認輸、偷懶，那你到底又是為什麼上山的？」於是放棄這種念頭，繼續撐著。

前後總共來來回回多少趟呢？當聽到結束的指示時，儘管那是樹蔭下猶遍地殘雪的清晨，卻全身汗流浹背。

每個人呼出白色霧氣，搖搖晃晃地在山門前排成一列。

「聽好了，像今天這種程度如果已經受不了，那最好有所覺悟。這不過是小意思而已，了解嗎？」

什麼，這樣叫小意思？想到每天早上都會重複一次，不禁頭皮發麻。對這樣的訓示抱著一抹不安的陰影，我們又快步走回旦過寮。

威儀

迴廊掃除後腳步沉重地回到旦過寮的我們，想當然耳沒得休息，大家都忙著換衣服。

永平寺每天各項行事，對於不同場合的穿著都有詳細的規定。因此雲水的服儀除了要正確，動作也必須非常迅速。

雖然說要迅速，但脫、穿的順序和作法卻規定得極為嚴格，沒有想像中簡單。例如穿衣的時候，手要抓哪個部分，如何攤開，哪邊的袖子先穿，而每個動作要採取什麼姿勢等等，都規定得巨細靡遺。

永平寺的雲水通常穿白色內衣，上面搭半襦袢（短袍），再穿上無花色的外衣。

衣著的顏色，除了白色以外並沒有特別規定，可以隨個人喜好，鼠灰、棕色、藍色、黑色都可以。

外衣上面套著直裰。「直裰」（外衣）一般稱之為「衣（koromo）」，是由具有兩袖的褊衫與裙袍綴合在一起故名。褊衫與裙袍皆源自古代印度，褊衫是包覆上半身的胴衣，裙袍則是包覆下半身的腰衣。

直裰的袖子既長又寬。寬鬆的袖子不單是一種裝飾，「衣手（koromode）」——用袖子包覆手掌，處理不准直接以手接觸的東西時可以使用。另外在袖子內側，約當肩膀的位置縫了兩條帶子，只要將兩條帶子打結綁在脖子後方，寬大的袖子即可以收束到肩膀上。這種作法稱之為「玉襷（tamadasuki）」。

直裰的顏色，永平寺規定為黑，但關於素材則沒有特別指定。但基本上不能是絲質的，所以大都是薄毛料或化纖布。

穿上直裰後，接著在腰部綁上手巾。所謂「手巾」，是一段四公尺長細編繩的帶子。自古以來，禪坐時有一個在腰上綁條禪帶的習慣，經過歷史變遷而逐漸成為現在的樣子。綁帶子的方式，是在腰上纏兩圈，然後打上一個特殊的結。

這條手巾，不僅僅是繫在腰上而已，在東司大便時將它在背部交叉以提高衣袍下襬，稱之為「東司手巾」。另外迴廊掃除的時候為了行動方便也會這樣做，這時稱之為「迴廊手巾」。

還有坐禪或舉行法要、儀式時，直裰之上要披上袈裟。所謂「袈裟」本來是古代印度人平日的穿著，佛教則將之神聖化。

關於袈裟，道元禪師在《正法眼藏‧傳衣》之卷和《正法眼藏‧袈裟功德》之卷裡面，對其歷史傳承、功德、種類、材料，以及穿著方式、縫製手法、洗濯規定等都有詳細的說明。

袈裟是由師父傳給弟子作為佛法相續的印記，是謂傳衣。傳衣就是佛法正傳的象徵。道元於大宋修行期間，目睹僧侶將袈裟置於頭頂並合掌禮拜，其崇高、莊嚴之感令他法喜充滿，不禁落淚以致沾濕衣襟。

關於袈裟的製作，必須選用清淨的材料，其中以下十種所謂糞掃衣[7]，被認為特別清淨：

一、牛嚼衣（牛啃過的布）

二、鼠齧衣（老鼠咬過的布）

三、火燒衣（火燒過的布）
四、月水衣（經血沾染過的布）
五、產婦衣（婦人生產時用過的布）
六、神廟衣（遺棄在神廟的布）
七、塚間衣（丟棄在墳塚的布）
八、求願衣（為了向神祈願而遺留的布）
九、王職衣（國王、大臣所施與的布）
十、往還衣（覆蓋亡者的布）

本來袈裟的原型，似乎是僧侶撿拾遺棄的布片，收集並洗淨後加以補綴縫合而成，但道元禪師對此糞掃衣還做了進一步的詮釋（以下出自《正法眼藏・傳衣》之卷）：

7 依照《四分律》，糞掃衣（梵文pāṃsukūla）指撿拾被棄置在垃圾堆中的破舊衣物，洗淨、縫補後裁製而成的袈裟，一方面惜物愛物，同時遠離貪著。

撿拾丟棄的布片時，既有絲質也有棉質，但當拿它們來縫製袈裟時，即已非絲非棉，一律都是糞掃衣了。所謂糞掃衣，既非絲衣，也不是棉衣。

拾糞掃中，且知有似絹者，亦有如布者。用之，則不應名絹，不可稱布，當稱糞掃。以是糞掃故，糞掃而非絹、非布也。

例如若有人類化為糞掃衣，則他已非生物而是糞掃衣；若有松或菊化為糞掃衣，同樣它已非植物，而不過是糞掃衣而已。

縱令人天有生長為糞掃者，亦不應云有情，當是糞掃。縱令松菊有成糞掃者，亦不應云非情，當是糞掃。

當理解所謂糞掃衣，非絹非棉、亦非珠玉之道理時，即能理解糞掃衣，亦能得見糞掃衣。糾結於袈裟是絹或棉的人，畢竟無法理解糞掃衣。

知糞掃之非絹、布，遠離珠玉之道理時，則糞掃衣現成也，生逢糞掃衣也。絹、布之見尚未零落，則於糞掃，夢也未見也。

縱使一生敬謹地以粗布為袈裟，卻執著於布的外形或材料，則將永遠無法得到佛法之正傳。

縱令一生受持粗布為袈裟，而計執於布見者，則非佛衣之正傳也。

從人的欲望得到根本的離脫。亦即超越以物質的解釋來看待袈裟，袈裟才能夠成為佛法正傳的證據與表徵。

因此我們對袈裟與應量器同樣，都出之以極為虔敬的態度和心意。

關於袈裟的顏色，我們這些新到只限於黑色，之後隨著年資增長，則依據在宗門內的資格與地位，而著用黑以外的顏色。

穿搭袈裟的方法，是以露出右肩所謂「偏袒右肩」的形式著用。這是沿用古代印度的穿法，露出右肩表示對他人敬虔之意。又，穿袈裟時禁止站著，必須蹲下來面壁而行。

附隨袈裟的，還有使用同樣材質製作的坐具。所謂「坐具」是禮拜的時候鋪設在腳下的長方形墊子，起源於佛陀在世時，坐禪或橫臥的場合所使用的墊子。

禮拜以外的場合，坐具被摺疊成細長形掛在左手腕的袖子下，禮拜時才取出展開鋪於腳下。鋪展坐具的方法，端視禮拜的格式而有若干差別。

除了坐禪、法要、儀式外，平常是以絡子取代袈裟。所謂「絡子」即是縮小版的袈裟，有如圍兜般從脖子上掛到胸前。

至於兩腳，坐禪、行鉢以及日常生活基本上都是裸足，而法要或儀式時，則依據其內容或是裸足、或是套上無指的足袋「襪子」。

其他掃除或處理各種雜務時，身上穿的是作務衣。「作務衣」是最為非正式的打扮，有時為了容儀的緣故，會在上面加上絡子。

「哎呀，沒有袈裟。」

「我也是，坐具不見了。」

剛開始換裝沒多久，大家就一陣驚慌。

「嘿，魯山桑你呢？」

童龍瞧瞧我的行李問道。我一聽趕忙檢查一下行李，還好都在。

「還好，我的東西都在。」

「咦，到底怎麼了，我的袈裟、坐具還有經典都不見了？」

同修們為意想不到的失物事件而你一言我一語時，突然客行走了進來，我們趕忙排成一列。

「我昨天說的事你們給我全都忘掉了是不是？我應該有教你們行李正確擺放的方法，然後我想我也有告訴你們如果擺錯了就會沒收吧。隨便打混是不行的。如果想取回你們的東西，一個一個到我那邊來拿，知道了嗎？」

客行說到做到，沒有按照規定擺放的行李真的都被他沒收了。

東西被沒收的同修，想到等一下又要被修理，一個個臉色黯然，拖著沉重的腳步走出旦過寮。

洗面

「非只除垢膩，乃佛祖之命脈也。曰：若不洗面而受禮、禮他者，皆有罪。」

道元禪師談到關於洗面的目的，不僅僅是去除污垢或油膩而已，而是行為本身乃佛祖正傳下來的命脈。如果臉沒洗乾淨而接受禮拜或向人禮拜，都是不可原諒的罪過。道元在《正法眼藏．洗面》之卷中，對洗面的作法做了詳細的說明：

洗面時應著僧衣，攜帶手巾前往洗面處。手巾為一片布料，其顏色不可為白，白色是被禁制的。

洗面之時節……著裙褊衫，或著直裰，攜手巾而赴洗面架。手巾者，即一幅布……其色不可白，白者制。

使用手巾時，當遵守以下之規定。將手巾對半摺疊，掛在左手腕上。手巾的一面擦手，另外一面擦臉。不可擦鼻孔和鼻涕，也不可以擦腋下、後背、肚臍、大腿或小腿。如果手巾因為擦了油膩或污垢而變髒，即應當洗濯乾淨。手巾如果濕了，即應火烤或日曬使乾。此手巾不可用於沐浴。

當持手巾時，須如是護持。將手巾摺成兩塊，放左腕，掛其上。手巾者，一半拭面，一半拭手。謂不可拭鼻涕者，即不可拭鼻中及鼻涕也。脇、背、腹、臍、腿、脛不可用手巾拂拭。手巾若垢膩污染，則須洗浣，濕者則烘於火，或當於日下曬乾。沐浴時不可用手巾。

僧堂的洗面處在後架。前往洗面處時，應將手巾中段掛於頸上，接著將兩端從左右腋下繞到背後、交叉，左端從右方、右端從左方繞回胸前並打結。這麼一來衣袍下襬被手巾包覆，兩袖也被手巾提高，露出手肘以下的腕與掌。這就像綁了束帶一樣。

雲堂之洗面處（在）後架也……到洗面架，將手巾之中部掛於頸，兩端白左右兩肩向前出，用左右手將手巾之左右端由左右脅向後出，於背後交叉，左端向右來，右端向左來，

> 於胸前繫上。如是則編衫襟為手巾所覆，兩袖被手巾所結上，由臂舉上，肘以下手、腕。掌則顯露，比如繫絆。

若是在後架，則提洗面桶到大鍋提一桶熱水，置於洗面台上。如果是在後架以外的地方，則持水桶取熱水倒進洗面桶裡。

> 若是後架，則取面桶，到釜旁，取一桶熱水，返回置於洗面架上。若在其他處，則將打熱水桶之熱水放於面桶。

接著應當使用楊枝[8]。如今大宋國各寺院關於楊枝的使用方法早已廢棄不傳，但永平寺依舊使用楊枝。其使用方法，以右手持楊枝，將較粗一端嚼細……

> 次當使用楊枝。今大宋國諸山，嚼楊枝之法久廢不傳……然今吉祥山永平寺，則有嚼楊枝之處……先須嚼楊枝，取楊枝於右手……其粗端，須微細嚼。

但不可嚼超過其長度三分之一。嚼過之後仔細刷磨牙齒正面、裡面，使其潔淨；這個程序應該重複幾次。牙齦也需要按摩、刷淨。齒間同樣要清理乾淨。最後要一再漱口使口腔清潔。

嚼頭不得過三分[9]。須善嚼，如刷洗齒上、齒下。須常常刷、洗。齒根肉上須善磨洗。牙齒之間應善攪磨、洗刷。常常漱口，則清潔透明。

接著要刮洗舌苔。刮舌有五點要注意：一是不可超過三次，二是舌頭若出血則必須停止，三是不可動作粗魯以致弄髒了衣服或雙腳，四是用過的楊枝不可丟棄在走道上，五是必須丟在不顯眼的地方。

如是之後，則應刮洗舌頭。刮舌有五事，一者不得過三返，二者舌上血出當止，三者不得大振手，污僧伽梨衣若足，四者棄楊枝莫當人道，五者常當屏處[10]。

8 楊枝又名齒木，為有驅蟲、滅菌功能的印度苦楝（Azadirachta indica, 俗名Neem）樹枝，乃印度古來潔牙用品。使用前泡水變軟，然後嚼其一端成刷毛狀，以此刷毛摩擦牙齒、牙齦，最後將其撕咬成兩半，可用來刮舌苔。

9 此句引自《三千威儀經》。

10 刮舌五事亦出自《三千威儀經》。

所謂不可超過三次，意思是口中含水、刮舌三次，不是往復刮三次。特別要注意舌頭若刮出血來則要即刻停止。

謂刮舌三返者，即將水含於口，刮舌三返也，非三刮。須領會血出當止。

經常要漱口。嘴唇內面、舌頭下方以及兩腮，用右手第一指、第二指、第三指之指腹去清洗直到光滑為止。若吃過油膩的食物，則可以使用皂莢粉加以清洗。

常常漱口，唇內、舌下，乃至腮，用右手第一指、第二指、第三指之指肚等吸除至滑如。若近日食過油脂物，則須用皂莢。

楊枝使用過後，應當丟棄在不顯眼的角落。丟棄楊枝後，要彈指三下。後架有裝用過楊枝的容器，其他地方則丟棄於角落即可。漱過口的水必須吐在洗面桶外。

楊枝用畢，則須棄於屏處。棄楊枝畢，須三彈手指。後架當有盛棄楊枝之斗，在別處，則須捨棄於屏處。漱口水，須吐於面桶外。

接著開始洗臉。兩手掬洗面桶裡面的熱水，從額頭開始，包括眉毛、眼睛、鼻孔、耳朵、頭顱和兩頰都要一一清洗。先將熱水打在清洗的部位，然後慢慢摩擦、抹洗。不可以讓淚水、唾液和鼻涕落入洗面桶中。清洗過程不可浪費熱水，不要讓熱水潑灑在洗面桶外導致不夠用。

次當洗面。兩手掬面桶熱水，從額至兩眉毛、兩眼、鼻孔、鼻中、耳中、顱頰，遍洗之。須先打好水，然後再刷洗。莫將涕唾、鼻涕掉入面桶。如此而洗時，莫過度費水，將灑落在面桶之外而不夠用。

要將污垢、油脂清洗乾淨。耳朵裡面也不要忘記清潔，但慎防進水。眼睛裡面也要洗乾淨，以去除塵沙。必要時也要洗頭髮、頭頂。這些都是佛祖所傳威儀之法。

塵垢、膩物，洗至殆盡。須洗耳裡，以著水不得故。須洗眼裡，以著沙不得故。或洗至頭髮、頭頂，即是威儀也。

臉洗好後，將洗面桶的水倒掉，然後彈指三次。

洗面畢，棄面桶水後，須三彈手指。

接著以手巾擦臉，擦過以後必須晾乾。最後將手巾取下，對摺之後搭掛左腕上。

次當以手巾拭面，拭後須晾乾。然後將手巾如本脫取，摺成兩片，搭於左臂。

宜私自默默觀想：雖然生於末法之世且身處偏僻的海島，卻由於累世善根不絕之故，得以正傳古佛之規矩，不受染污而修行得證，應當珍惜並感到歡喜。

當竊觀想，生於後五百年[11]，雖身處邊地遠島，宿善不朽而正傳古佛之威儀，不污染而修證者，當隨喜、歡喜。

走出永平寺僧堂的後簾，有一個地方稱作「後架」。洗面即是在此後架。後架設有很大一個洗面台，木製洗面桶疊放在棚架上。不過這裡沒有道元禪師所說燒熱水的鍋子，現在永平寺都是以冷水洗臉。

到了洗面時間，我們先將洗面手巾中段掛在脖子上。所謂「洗面手巾」是一條長約三公尺的深灰色布，將這條布如道元所說，左右兩端分別經由兩腋在背後交叉，再繞回胸前打結有如束帶。接著將手巾搭在手腕上，手持洗面用具，走向後架。

這裡另外還有一件事和道元所說的方法不一樣：現在的永平寺已經不使用楊枝，而改用牙刷了。

道元禪師渡宋，遍觀諸山諸寺，無一處知曉楊枝的事，以致僧俗大眾的口

11 一般認為佛陀滅度後第一個五百年為正法住世的時代，之後得佛法正傳者即不多，即所謂末法時期。此處「生於後五百年」意謂生於正法住世的年代之後。

氣都很臭，隔著遠遠說話口臭還是衝鼻而來，令人難以忍受，因而悲歎楊枝作法遭到忘失。

像這樣楊枝的使用方法被廢棄的情況下，雖也有少數知道漱口的人，但他們將馬尾毛切成一寸多，鑲嵌在由牛角所切割的長方形柄上，有如馬鬃，用以刷洗牙齒，但這很難拿來作為僧侶的用具。這是擦鞋、拂塵的道具，也是梳髮的道具，雖然大小稍微有別，卻都是不淨（不合法）的道具。

若問著楊枝法，則失色失度……雖有才知漱口者，然（彼等）只將牛尾切成寸餘，將大約三分之牛角作成方形……作如馬鬃形，以之洗牙齒，難謂僧家之用器……彼器者，俗人、僧家皆用之拭鞋塵之器，梳時亦用也。雖有些許大小，然是一也。

看這裡即可知道，對禪家而言楊枝這東西，具有俗人所不能明白的特殊價值。此外在《正法眼藏．洗面》之卷中，也引用了以下的話：

佛陀餐畢嚼楊枝，用過棄於地上，楊枝即長成一棵高與天齊的大樹，枝葉蔽天如雲；很快又開出大如車輪的花朵，也長出巨大的果實。根莖、枝葉輝耀猶如七寶[12]，其光亮甚至蓋過日月。果實味美勝於甘露，香氣瀰漫四方。當風吹枝葉，即發出典雅的樂章，彷佛聆聽尊貴的佛法敷演。

佛受嚼竟，擲殘著地便生，蓊鬱而起，根莖湧出，高五百由旬[13]，枝葉雲布……漸復生花，大如車輪。遂復有果……根莖枝葉，純是七寶……隨色發光，掩蔽日月。食其果者，美逾甘露，香氣四塞……香風來吹……枝葉皆出和雅之音，暢演法要，聞者無厭。

道元還說了不少關於佛祖與楊枝的傳說，他認為「嚼楊枝是諸佛菩薩及佛弟子之必所持用」，清楚楊枝的使用方法，即是理解佛法的佛道修行者，「見

12 七寶指佛經中常提到的七種珍寶，但名目各異，依照《佛本行經》，七寶是金、銀、琉璃、硨磲、瑪瑙、珊瑚、頗黎（水晶）。

13 由旬（yojana）為古代印度計算長度的單位，有說即公牛走一天的距離，也有說是帝王行軍一日之里程。

楊枝者，即見佛祖也」。如果有人問此間意義何在，他甚至說，可以回答這個人「幸值永平老漢嚼楊枝（有幸目睹道元禪師嚼楊枝）」。

我們抵達後架，即走到洗面台前，將手上拿的牙刷、牙粉放到前面的棚架上，然後將搭在左腕上的擦拭用手巾掛在打結於胸前的洗面手巾上。這樣一來擦拭用手巾就好像圍兜一樣。

接著取木桶，轉開自來水龍頭，靜靜地將桶子裝滿。洗臉用的水，限定只有一桶。這時要默唱偈文：

手執楊枝，當願眾生，心得正法，自然清淨（手上拿著楊枝，發願回向眾生：內心依止正法，自然得清淨）。

偈文默唱完畢，拿起牙刷、沾上牙粉，再度默唱偈文：

晨嚼楊枝，當願眾生，得調伏牙，噬諸煩惱（清晨嚼楊枝，發願回向眾生：得調伏諸惡的牙齒，粉碎一切煩惱）。

然後開始刷牙。這時應當將頭放低，盡量不發出太多聲響。牙刷好後，以單手從桶中舀水，清洗牙刷。洗乾淨的牙刷置於棚架上，再默唱偈文：

澡漱口齒，當願眾生，向淨法門，究竟解脫（將口齒刷洗乾淨，發願回向眾生：心向清淨法門，獲得究竟解脫）。

然後是漱口。以兩手掬桶中水，輕聲漱口，並將漱過的水吐在排水口附近，以免弄髒洗面台。

完成潔牙程序，再度默唱偈文後，即開始洗臉。

以水洗面，當願眾生，得淨法門，永無垢染（以水洗臉，發願回向眾生：得清淨法門，永不受污染）。

後架由於位在僧堂後方，在伽藍中是一個特別安靜的所在。挑高的天花板，高高的紙窗。從紙窗透進來的柔光下，以初春山中湧出的冰凍刺骨清水洗臉。

本來以為只是這樣而已，但桶子裡面滿滿的水卻給人尊貴之感。我俯下身子，以雙手自桶中掬水。手因為水太冰冷而失去感覺，閉上雙眼，不顧一切開始洗臉。彷彿肌膚被整片削掉一樣，在如此嚴峻的感覺下一次又一次掬水洗臉。

冰冷的清水沿著頭部曲線往下，到經由雙頰滴落前，整顆頭周邊已經無聲浮起白色霧氣，最後消失在沉默的陰影之中。

道元禪師所傳授的洗面，是包括洗身、洗心，將一切都清洗乾淨的方法，只要心身都能得到清淨，則圍繞此身體周遭的世界也將變得清淨。這裡所謂洗淨，不是說有染污即洗，無染污則不洗也沒關係。能夠超越淨與不淨，這才是洗面的真正意義所在。

偈文

「遵命，應該是 Niyanni-、sanpo-、ansu-insi-、niyanpin、sonsyu-niyan 這麼念。」[14]

「好極了，下一個。圓海你念念看！」

「是！」

在旦過寮坐禪的我們，又有新課題交付下來——偈文背誦。

所謂「偈文」是以詩句的形式組合而成類似短經的東西，就像〈展鉢之

14 此即〈展鉢之偈〉：「仰惟三寶，咸賜印知，仰憑尊眾念」的發音，此發音傳自大宋國禪堂，其音讀與日語慣用發音差異極大，一般日本人也念不來，必須努力背誦。

偈〉、〈洗面之偈〉、〈東司之偈〉一樣，在每天各種行事的場合唱誦。

每一件大大小小的行事都存在各自的偈文，如果不能唱誦這些偈文，在永平寺是沒辦法吃飯、洗臉甚至上廁所的。所以我們必須將所有這些偈文背誦下來。

我來到這裡，才開始擔心自己有沒有辦法將那些偈頌全部背起來。從來沒有像現在這樣，對自己已經三十歲這件事感到如此不安。

身邊的雲水們多半是剛從大學畢業的年輕人，和他們比起來，我的記憶力肯定比較差。何況他們都可以說是「門前的小僧」[15]，對他們而言，偈頌就像懷念的搖籃曲一樣殘留在記憶深處，雖然不是全部，但相當程度的偈頌是熟悉的。所以從各方面看來，我都落後他們很多。

更不要說這些偈文主要都是依據唐音或吳音的發音方式，不僅數量龐大，一堆難以理解的發音實在令人吃不消。

偈文的點檢，由負責日過寮的雲水每天好幾次拿著筆記本進來，讓我們一個個輪流念給他聽。每次的結果都記在本子上，務期每一個新到都能正確發音並默記下來為止。

偈文的點檢，我們之中表現最優異的是眺宗。

前來永平寺出家的雲水，大半是剛從宗門所開設的大學畢業的傢伙，從某個角度看來，差不多就像把大學的課堂直接搬到永平寺來而已。

不過即使都出生於祖傳寺院，每個人受教育的情況卻不盡相同，其中有些人在完成義務教育升上高中的同時，也以雲水的身分進入被稱之為專門僧堂的寺院，一邊從事雲水的修行，一邊在高中讀書。

眺宗的經歷就是這樣，現在只是一個剛從高中畢業的十幾歲男生。所以對他來說，這些基本的偈文早就難不倒他，不僅如此，連各項儀節作法也都非常熟練。

15 意思是出生在祖傳寺院中的孩子，不必特別教導也能因為耳濡目染而自然學會唱誦。

但是光在那邊羨慕人家也不是辦法。我一邊在旦過寮坐禪，一邊也找時間翻開經典中的偈文部分，一段段在腦子裡複誦、默記。

午時

人類所做的思考中，「為什麼」這樣的提問佔有特別重要的位置。「為什麼」這樣的提問在產生人類稱之為進步的事物上所發揮的巨大功能，應該是無可置疑的。

但是在永平寺這裡，每天所執行的各項儀節中，「為什麼」這樣的提問幾乎沒有意義。如果在做任何事情的時候都要一一問「為什麼」，反而會讓事情窒礙難行。在這裡最重要的，就是如實接受所教的規矩法度，然後將它們完整而正確地做出來就好。總之沒有主觀想法存在的餘地。

問題是我們的潛意識裡面有一種本能的衝動，對所有事物都想要找出它們的意義或目的，因此要全盤接納伽藍生活中一切規定並非易事。內心只要有一點胡思亂想的空隙，馬上會跑出「為什麼要做這件事」或「這到底是要怎樣」的念頭並且感到懊惱。之後就會被一些沒有答案的謎團糾纏不休。

這種無法釋然的心情，加上一天比一天嚴重、躲也躲不掉的腳痛，導致打坐時偶爾會一陣意識昏瞶。

上午難免會陷入這樣的狀態，到接近中午時，我們又穿上袈裟前往佛殿。這時佛殿正要展開日中諷經。我們和晚課諷經時一樣，在殿外鋪設的板條踏板上排成一列，應和著殿內傳出的讀經聲開始念誦。

日中諷經也和晚課諷經同樣，只要不是遇上佛祖忌日或其他特殊的行持，都在佛殿舉行；日中諷經諷誦的是《佛頂尊勝陀羅尼》。此經極短，卻是音聲清妙而令人感到無比愉悅。

中午的佛殿，雖然還不是很明顯，但初春的陽光確實一天比一天明亮，從老杉高聳的葉梢間隙照射進來。

那種暖意教人驚訝。我已經渾然忘記陽光也可以這麼溫暖了。回想自從踏進永平寺山門以來，我們所經歷的地點全都遠離陽光。旦過寮也好、經行廊下也好，外堂、後架還有東司，無一不是位於屋簷深處或是隔著厚厚的牆壁，彷彿冷氣灌注的深淵，既暗且冷。

「啊，這就是所謂天然的暖氣嗎……」

我再度對自然的恩賜充滿敬意，也想祈求這種舒服的感覺能夠一直持續下去。

然而舒服的時刻總是過得特別快，日中諷經一下子就結束了。歸寮的我們馬上又拿起應量器走向外堂。中午的行鉢時間到了。

在外頭的日常生活，對於用餐幾乎不曾帶著特別的感覺而吃。反正是餓了就吃，吃飽了就停止。要說會想些什麼的話，充其量就是想吃點美味的東西並為此而傷一下腦筋罷了。

但是在這裡，吃可是非常重大的一件事。問題並不在餓或飽、好吃或難吃，而是怎麼吃。真可以說「法等於吃、吃即是法」。

道元在《赴粥飯法》中，認為吃就是法，因此詳細地寫下正確的用餐方法。

不可只挖鉢中央的食物吃。沒罹患什麼病不可另外要求飯菜。不可把菜埋在飯裡面而索取更多的菜。不可以瞧鄰座的鉢以比較分量多寡。

不得挑鉢盂飯中央而食。無病不得為己索羹飯。不得以飯覆羹更望得。不得視比坐鉢盂中起嫌心。

應當全心全意吃鉢中食物。不可將飯捏成一團吃。不可將飯捏成團塞滿嘴。不可將掉在地上的飯撿起來吃。不可以嚼飯出聲。不可發出吸食粥飯聲。不可以用舌頭舔食物。

當繫鉢想食。不得大摶飯食。不得摶飯擲口中。不得取遺落飯食。不得嚼飯作聲。不得噏飯食。不得舌舐食。

吃飯時手不可搖來晃去。不可以將手肘搭膝蓋上吃飯。不可以用手攪拌飯食像雞一樣。不可以用髒手取食。不可以將飯菜混攪並發出吸食聲。不可以將食物在鉢中堆滿如蓋碗型佛塔。不可以將湯汁倒進頭鉢的飯裡攪拌。不可以將菜蓋在飯上攪拌而食。不可以像猴子一樣含一大口飯然後慢慢嚼食。

不得振手食。不得以臂拄膝食。不得手爬散飯食……猶如雞鳥。不得污手捉食。不得大攪及歠飯食作聲……不得作窣都婆形而食。不得將頭鉢盛濕食。不得將羹汁頭鉢內淘飯。不得旋菜羹而盛頭鉢內和飯喫。不得大銜飯食。如獼猴藏而嚼。

不可自己太快吃完，雙手交叉抱胸看他人。還不到再進的時候，就在那裡刷鉢吞口水做貪吃狀。鉢中猶有飯菜不得要求再進。不可搔頭令頭皮屑掉落食器中。雙手應當保持乾淨。

切忌太急食訖。拱手視眾。未喝再請。不得刷鉢盂食念吞津。不得輒剩索飯羹食。不得抓頭令風屑墮鉢盂及鐼子中。當護手淨。

不得搖晃身體、抱膝、立膝、打呵欠、擤鼻涕並發出聲音。如果要打噴嚏，應該以手覆鼻。如果要挑出齒間飯菜渣必須以手掩口。菜渣、果核應放在食器邊上，不要讓鄰座感到不舒服。若鄰座鉢中食物有剩，即使要分給你也不可接受。如果有什麼需求，必須默然表達，不可高聲索取。

不得搖身捉膝。踞坐欠伸。及摘鼻作聲。如欲嚏噴當掩鼻。如欲挑牙須當掩口。菜滓菓核。安鉢鐼後屏處。以避鄰位之嫌。如鄰位鉢中有餘食及果子。雖讓莫受……或有所須默然指受。不得高聲呼取。

鉢中如有食物殘留，以刷板刮取吃掉。不可張大嘴巴吃滿匙的食物，以致掉落鉢中，或讓匙上一片狼藉。含食物於口中時不可說話。咀嚼時不可讓舌頭、喉嚨發出聲音。不可吹氣呵暖食物，也不可吹涼食物。

食訖鉢中餘物。以鉢拭淨而食之。不得大張口滿匙抄食。令遺落鉢中。及匙上狼藉……不得含食言語……食時不彈舌而食。不囀喉而食。不吹氣熱食而食。不呵氣冷食而食。

一口飯的分量，原則上分三次舀。放進口中的分量不要太少或太多。以適切的分量為準。以匙就口，不可掉落。不可讓醬料、飯粒掉在布巾上。若不慎掉落，應該將之集中，交與淨人處理。

凡一口之飯須三抄食……食時不極小摶。不極大摶。圓整而食。令匙頭直入口。不得遺落。不得醬片飯粒等。落在淨巾上。如有遺落食在巾上。當押聚安一處付與淨人。

飯裡面如果還有未脫殼的米粒，以手去殼再吃。不可丟棄，也不可不脫殼就吃。若鉢中雜有不宜食用的東西，即不應吃，也不要讓鄰座的人得知。如果不小心吃了進去，不可像吐口水一樣吐掉。若有剩飯，不可保留，應當交給淨人處理。

飯中如有未脫穀粒者。以手去穀而食。莫棄之。莫不脫喫。三千威儀經曰。若見不可意不應食。亦不得使左右人知。又食中不得唾……如有餘殘飯食。不得畜收。須與淨人。

用餐完畢即不要再有貪食之心。不得吞嚥口水。不可用匙、筷刮擦食器發出聲響。莫刮擦使食器光澤褪色。不可口含湯水出聲。不可吐湯水於鉢中或其他地方。布巾不可拿來擦臉、頭與手。但凡用餐時，應時時念及一粒米亦不可浪費的道理。這就是所謂法等於吃、吃即是法的真義。

食訖作斷心。不得咽津。不得用匙筯刮鉢盂鉢鐼作聲。莫損鉢光……不得口銜湯水而作響。不得吐水於鉢盂中及餘處。以淨巾不得拭面頭與手矣。凡有所食。直須法觀應觀不費一粒之道理。洒是法等食等之消息也。[16]

結束在大宋國修行回到日本的道元，目睹當時建仁寺[17]吃飯時景況，大歎「直如禽獸」，於是有了《赴粥飯法》的寫作，並成為日本佛教飲食作法的重要依據。

裡面所寫的，表面上看來幾乎都是今天日本人的常識。但我們很快就體會到將文字的描寫如實做出來是怎麼回事了。

---

16 道元原文「凡有所食。直須法觀應觀不費一粒之道理。洒是法等食等之消息也。」接在「不得咽津」後，此處配合作者將之置於最後。

17 建仁寺位於京都東山地區，為道元入宋前師事榮西禪師大弟子明全和尚的道場。

午時的行鉢大致上和早晨的行鉢沒什麼差別。不一樣的地方，首先是行粥時堂行所唱誦的〈粥時咒願〉變成〈齋時咒願〉。齋意思是午飯。

三德六味，施佛及僧，法界有情，普同供養（合乎輕軟、潔淨、如法三種美德，齊備苦、酸、甜、辣、鹹、淡六種味道的食物，不只供養佛與僧，同時也遍及世上一切生靈）。

接著依照飯、味噌湯、醬菜的順序分配，最後加上一碟別菜。所謂別菜指的是裝在小碟子上面的小菜，本來是放在大盆裡面，捧到每個人前面再分裝。打飯、打菜都完成後，和早上一樣一起唱誦〈五觀之偈〉，但中午的行鉢接下來要進行生飯[18]供養。

所謂「生飯」，意思是將自己的食物也分給惡鬼、幽神享用，這時要一邊唱誦〈生飯之偈〉：

汝等鬼神眾，我今施汝供，此食遍十方，一切鬼神共（諸方鬼神啊，我現在以此食供養，一切鬼神啊，都請一起享用）。

開始唱誦時須先合掌，然後將右手食指指尖浸入味噌湯中，接著用此食指沾濕刷板前端，在上面放七粒左右的飯粒。放好後，食指再浸入味噌湯，然後以布巾擦拭。之所以將刷板前端以味噌湯沾濕，是避免飯粒黏著在刷板上。

生飯在行過再進之後，就看到淨人手拿有如木製小畚箕的生飯器與一把鍬形的東西，繞行堂內收集飯粒。收集完畢，即拿到僧堂後面，撒在那裡設置的生飯台；撒在那上面的生飯，最後多半是納入群集而來的野鳥肚子裡。

中午的行鉢，看似只比早上的行鉢增加生飯供養儀式，但對我們而言可沒有那麼簡單。一如往常，在恐怖的氣氛下，手忙腳亂地行鉢，不管吃什麼都沒

18 生飯（saba）發音或源自唐音sanpan（漢字又作「散飯」、「三飯」或「三把」），指施食予鬼神、餓鬼和眾生。

有時間好好咀嚼回味，只能一口氣囫圇吞下。

宋的大學者程明道拜訪定林寺，看到行鉢的莊嚴光景，不禁正衣冠而讚歎道「三代之禮樂盡在於此」。至於我們這些新到的行鉢，雖沒有慘到「直如禽獸」，但離「三代之禮樂」也還很遠很遠。

警策

眼前立著不知透過多少人的手、歷經多少年的歲月默默擦拭過的板壁。木板的年輪猶如羸弱衰頹的老人背上的脊骨一樣，堅硬地凸顯出來。

我沿著年輪的紋路不知道用視線描摹了多少次。就像墜入沒有出口迷宮的自己一樣，不管怎麼走，很快都會回到原點。或者有些時候，突然來到板壁的邊緣卻無路可走，在一個點上進退失據。

這個時候突然往窗外一看，外面群樹的枝椏，正沐浴在初春的暖陽中。與其相反，我們所在的地方寒氣逼人，空氣簡直像凍結了一樣沉重低垂。端坐不動的話，手腳即緩緩失去感覺。

偶爾試著將衣袍的長袖覆蓋在盤著的腿上，但想要冰冷的兩腳回溫，袖子也未免太單薄了。想念陽光。只要能夠打開眼前的玻璃窗想辦法爬出去，身心馬上就會被包覆在那溫暖和明亮之中。我在這樣的衝動支配下打坐。

但是雙腳的疼痛一天天加劇。有時痛得將腳趾甲用力擠壓腿肉，只差沒有流出血來。但對於劇痛中的腳而言，這樣做不過就像用指腹肉在厚布上撫按罷了。兩腳已經變成不斷折磨自己的可怕怪物。

旦過寮期間，我們就是被肉體的痛苦和恐怖、不安的精神痛苦兩方面毫不容情地折磨。個人情感介入的餘地徹底被排除，不管你同不同意用各種規矩作法將你束縛得動彈不得，最後讓你捨棄所有的執著。那樣的日子，是從早到晚不容你有一瞬放鬆的時間、教人意識恍惚彷彿永無止境的一天。

但那樣的日子還是會一天、兩天流逝，終於來到最後的第七天。雖說是第七天，可是過著既沒有日曆，也沒有報紙、電視和廣播的日子的我們，其實對於今天是第幾天這樣的感覺已經消失。因此第七天和其他日子也沒有什麼不一樣，也同樣有黎明，也有正午。

但是到了這天傍晚，客行突然出現，告知我們今天是旦過寮的最後一天，明天早上要舉行入堂之拜。

所謂入堂之拜，就是到目前為止只能在外堂活動的我們，獲得允許進入永平寺的聖域——僧堂，為踏出成為永平寺雲水的一步而舉行的儀式。

回想過去七天，在旦過寮暫住的我們雖然充滿了許多恐懼與不安，但需要學會的每一種儀節作法基本上都已經熟練，而看起來天書般的一段段偈文現在也都背得差不多了。

這七天時間，無可諱言就是臭罵、毆打、蹴踢的連續，但沒有這種緊迫感和恐怖感，短短七天時間肯定沒辦法記得這麼多東西。此外還有一項助力，就是同甘共苦的同伴之存在。

每個人對於終能通過旦過寮階段苛酷的考驗，看著彼此，無不露出欣慰的笑容。那樣的表情，充分表達了大家一起咬緊牙關、攜手完成一件大事之後的滿足感。

其後，我們仍像平日一樣，在外堂吃藥石，於經行廊下打坐。

但是這天的夜坐僅一炷香即結束，我們很快又回到旦過寮，在自己的位置面壁而坐。不久客行手持警策出現。他緩緩走到我們背後，警策在手，徐徐說道：「你們來敲永平寺的大門，然後開始在旦過寮打坐至今，七天的時間已經過去了。對此前在娑婆世界過著自由自在生活的你們而言，旦過寮的每一天想必都令人痛苦不堪吧。但這裡是永平寺。你們好好告訴自己，這一切都是理所當然的。

「來敲門的不是別人，是你們自己。既然是自願前來，那就拋棄投機偷懶的念頭，專心一意接受修行的考驗。永平寺是禪的根本道場。對於叩門的人，我們自然也會認真對待、全力以赴，你們必須有心理準備。如果不改掉娑婆的習氣，馬上會被趕出門去。

「最後還有一點要提醒諸位。雖然你們在旦過寮的生活於今天告一段落，但如果以為從此可以安心放鬆那就錯了。旦過寮的階段其實一切都還沒開始。旦過寮結束才是真正的開始，了解嗎？現在從邊上第一位開始，大家輪流就自己在旦過寮的體會，做一個反省。」

客行說完走到最前面的大鑒背後。大鑒稍微想了一下，發表了簡短的反省。客行聽了之後，也說了幾句話回應，即以手上的警策在他右肩用力一板打下。堅硬的直紋木棒在肩上彈震出來的尖銳聲響，瞬間讓堂內空氣緊繃。之後依序是天真、融峰、圓海、喜純、眺宗、童龍，最後才輪到我。我深深吸了一口氣，開始回顧這悠長的七日間。

「旦過寮期間所接觸的一切，都是我有生以來第一次經驗到的東西，只是想好好學會就夠吃力的。那些教下來的東西，越是想做好卻越力不從心，才終於醒悟到自己的無能。」

「為了自己而受苦是非常好的事。接下來也請繼續受苦吧！」

我聽了客行的話立刻合掌低頭，就在這一瞬間，警策重重地在右肩打了一記。一陣爽快的振動傳遍全身。

旦過寮最後的夜晚從客行口中說出的「為了自己而受苦」這句話，之後在永平寺修行生活中不時浮上心頭，每次總能讓放逸鬆懈的自己再度振作起來。

明天早上終於要入堂了。這個晚上，又一次像七天前一樣翻來覆去無法入睡。既有即將入堂的喜悅，也有相當程度的不安。不過最令人開心的，是七天時間的流逝。不管當下有什麼遭遇，時間的腳步卻從不停留，我竟然為這麼理所當然的事而開心不已。但也是此一單純的事實教我特別感到寬心。

「天無絕人之路！」

這晚毫無睡意的我望著窗外深邃的夜空，一個人這麼想著。

第三章　在黑暗中凍結的孤獨

入堂

入堂之拜，就緊接在早晨行鉢之後，於僧堂上舉行。

這天早上，當我們前往外堂時，除了應量器和坐蒲團，同時也攜帶了襪子和坐具。一如以往的行鉢結束後，下單之前趕緊穿上襪子，將坐具搭在左手腕上排好隊。

客行對整列完畢的我們，一一確認了每個人的臉，然後在最前面手持線香的大鑒前導下，終得以穿過前簾步進僧堂。我們排成一列，跟在大鑒後頭。

總算走進了永平寺的聖域——僧堂。它與外界隔著兩重的板壁，裡面寬廣而微暗，但空氣卻帶著異常的透明度。一切的排列都簡潔得令人感到迷惑，而瀰漫其間的深度沉默，彷彿隱含著重大的意義。

當我們抖擻精神站定位置，大鑒一個人向前，將線香安放在僧堂中央聖僧龕的香爐中。叢林中每逢行持儀式，都會點各種不同的香，而每種香也各自代表不同的意義，像今天入堂之拜所點的線香，帶有一種盟誓之意。

大鑒安好線香後，我們一起展開坐具，行三拜之禮。每當我們跪下、上身平伏於地時，僧堂中的冷冽空氣傳遍全身，讓人特別有一種莊嚴之感。

之後我們又排成一列，合掌彎腰低頭，以聖僧龕為中心，順時針方向在堂內繞一圈。這種順時針方向繞圈的行為，是古代印度的禮儀，對神聖或尊敬的對象以此方式表達最高的敬意。另外在這樣的場合，右邊代表東方，之後再經過南方。自古以來東方代表生命的根源，南方代表光明的太陽。所以右繞的行為同時也有朝向生之起源與光明而走的意思。這時僧堂中整齊排列的雲水們也朝我們合掌低頭為禮。

僧堂中的入堂之拜，就在一片嚴肅靜默中完成，我們再度走出前簾，經過前門回到迴廊上。

大放光明。在剛升起的太陽照耀下，眼前的一切都閃閃發光。佛殿前老梅樹的花蕾，肯定在姍姍來遲的春陽下蠢蠢欲動了。

我們一方面在陽光充足的屋簷下感受到雙腳的暖意，一方面隨著客行沿著迴廊的階梯往上走。迴廊盡頭左轉，經過白山水之井[1]，來到承陽殿前。

所謂「承陽殿」，是奉祀開祖道元禪師靈骨的廟堂。

在重重高聳林木深處的承陽殿，正門面向山谷中錯落的伽藍，入口擺了一口名叫「定盤香爐」的巨大香爐。這是正式到承陽殿上殿的場合，於淨水盤漱口、洗手之後，必須先在香爐上薰衣袍。定盤香爐中，抹平的香灰被按壓出矩形的溝槽，溝槽裡面是燃燒中的深綠色香粉，時間在薰煙裊裊中靜靜流逝。

走進殿裡，首先是稱之為「下段」的拜殿，這裡也是宋代樣式的石板地面。光滑的石板反照著從紙窗透進來的幽光，使得微暗的殿內顯得因為淨化而更加崇高之感。

正面的楣上掛著明治天皇御筆的「承陽」匾額，其下的來迎柱後面，是光線微弱的空間，可以看到莊重的朱紅色台階，台階的最上層，即是奉祀日本曹洞宗開祖道元禪師靈骨、名為「御上段」的本殿。只有特殊資格的人才得以走進御上段，那裡彷彿飄漾著一股充滿神秘氛圍的靈氣。

在入口前面排好隊的我們，與在僧堂時一樣，由手持線香的大鑒為首，魚貫進入殿內。當大鑒插好線香後，大家一起行三拜之禮，承陽殿的入堂之拜也就順利完成了。

入堂之拜乃是在旦過寮學習了各式修行生活所需的儀節與規矩之後，獲得許可進入僧堂的修行人，向開祖、祖師以及本山的諸位導師、雲水行見面禮的儀式；雖說進入僧堂，但我們仍然不算永平寺正式的雲水。直到認證正式雲水的「新到掛搭式」結束之前，我們依然是被稱之為「暫到」的準雲水之身。

我們拜過僧堂與承陽殿兩個地方之後，接著就開始巡拜坐落在全山各處的寮舍。首先拜訪的，是位於承陽殿旁邊孤雲閣裡面的侍真寮。

「侍真寮」是負責承陽殿的雲水待命的寮舍。進去後首先在玄關擺設的香爐前面拈香三拜，同時全員齊聲說道「暫到請多指教」作為見面禮。然後由客行輪流報上我們的名字之後即結束。

1白山位於日本北陸地方白山國立公園內，最高峰標高二七〇二公尺，與富士山、立山共稱日本三名山（亦稱三靈山）。永平寺修行者飲用來自白山之水，因緣極深。

走出侍真寮後，接著是法堂、永平寺住持的居所「不老閣」、永平寺總負責人監院的居所「監院寮」，然後是知庫寮、大庫院、直歲寮、祠堂殿，從山谷高處一路向下拜去。當我們最後完成聖寶閣的入堂之拜時，時間已經接近中午了。

話說伽藍裡面的寮舍很多，我想每一處寮舍都有不少雲水吧。不管哪一處寮舍，在其中活動的雲水每個人所呈現的緊迫感，有一種奇妙的美，但也有些可怕。

這天，當我們滿山行入堂之拜時發生了一件事。

記得是離開不老閣前往監院寮途中，大約正通過光明藏的時候。這時的我因為儀式不斷重複，原先的感動已經越來越稀薄，只知道默默追隨客行前進。

那時與我們的方向相反，有一行人正從監院寮前往不老閣。那是一群已經有相當歲數的女性朝山客。看到我們的隊伍，她們立刻讓到路兩邊，當我們經過時，每個老婦人都誠心合掌。就是這樣一個畫面。

這一刻我第一次感覺到自己已經是一個僧侶。剃髮、穿上僧衣。如果只當它們是一個行為，其實一點都不難。剃刀刮頭、兩手穿過袖子罷了。

但是看到老婦人對我們合掌的身影時，我才驚醒剃髮、著僧衣意義之重大。想到在旦過寮期間，為一些瑣碎的事而心生動搖，一點壓力就覺得受不了，實在令人羞愧不已。

最後與一位老婆婆四目相接，看到她滿是皺紋的雙手合十，臉上露出至福的笑容，我忍不住流下淚來。

「加油吧。總之只有拚命向前了。」

心裡唯有這樣一個念頭。我為此而激動不已。

僧堂

結束旦過寮並正式入了堂的我們，從此展開以僧堂為中心的修行生活。

「僧堂」是叢林修行的根本堂宇，永平寺僧堂完全遵照宋代正規的樣式。

正面入口稱為「前門」，兩扇上邊設有採光紙窗的厚重大門往左右推開。走進前門，即是我們到目前為止行鉢所在的外堂。

進入外堂後，僧堂正面入口有個「前簾」。前簾是由厚毛料所縫製的布幔，要通過時將它像簾子一樣往上捲，然後搭在一個金屬掛鉤上。

在僧堂另一面，與前簾相對應的位置上也有一片「後簾」。不過要從後簾進出時並不像前簾一樣往上捲，而是通過兩旁的縫隙。基本上前簾是行持等正式場合進出時使用，而後簾則是在其他情況下使用。

走出後簾，即是洗面的後架，設有寬闊的洗面台。此外僧堂左手邊一牆之隔即經行廊下，同樣右邊則是名為「北面間道」的窄仄通路。

僧堂內部正中央安置了「聖僧龕」，奉祀的是頭結五髻、右手持慧劍、左手持青蓮的聖僧文殊菩薩。

聖僧龕前方的桌案上擺著供養佛菩薩的三具足——香爐、燭台與花瓶，桌案再過來則放置跪拜用的台座「禮盤」。

聖僧龕的四周擺放相當數量的單。僧堂裡面的單，和外堂的單不一樣，後者緊接板壁橫放半張榻榻米，前者則是面對板壁直鋪一整張榻榻米。僧堂的單和外堂的單相同，都有展鉢、行鉢用的床緣，而板壁上有上下兩層附外蓋的「函櫃」。櫃子裡面上層安放經典和應量器，下層用來收納棉被。

俗話說「站坐半疊，躺臥一疊」[2]，我們每個人在僧堂所擁有的空間就一張榻榻米大小，此即雲水的天地了。永平寺僧堂的單總共為八十二張榻榻米，也就是說可以收容八十二名雲水。

入堂之拜結束後，僧堂的單之板壁上，掛著以毛筆寫了每個人名字的木札「單牌」，各自的位置都是固定的。我們分配到的，是經行廊下那個方位的下間長連單榻榻米。

道元禪師在《正法眼藏．重雲堂式》[3]之卷中對此僧堂的規矩有著極為詳盡的規定。我們遵照他所定的規矩，從今而後在此一張榻榻米之上打坐、行鉢

2意思是一個人生活中需要的，睡覺時一疊、起床後半疊即充分夠用，應知足不可貪求分外之物。

3雲堂即僧堂，當叢林修行僧增加，原有僧堂容納不下，乃增建僧堂，稱之為重雲堂；重雲堂中修行生活的規定即重雲堂式。〈重雲堂式〉之卷只收於晚出的九十五卷本《正法眼藏》中。

以及睡覺。

惟具有道心、願捨棄名利者可以入此堂。無真心者不可入。若有這樣的人進來，則詳細評估後逐出可也。大家應該知道，若能自己發起道心，即刻就能從名利的束縛獲得解脫。

於僧堂中，人人應如水乳交融般相處，互相激勵向道之心。今日或許還是老師與弟子的關係，但未來大家成佛都是一樣的。以是彼此應把握此難得機緣，不畏辛勞努力精進，勿忘真心。此即佛祖的身心。畢竟成佛、必定作祖。堂內之人，皆已離家辭鄉，託身於雲、水之間，當互相照顧、扶助道業。這樣的恩德，勝於父母之恩德。父母是有生有死的親人，然而堂內之人，卻是永遠的佛道同伴。

不應到外面四處遊逛。往昔修行人，皆卜居深山，選擇偏遠的森林中修行。不僅與世俗保持距離，也拋捨諸緣。當如此隱身、斷跡以修禪攝心。現在正是摒除邪念之時。這種時候徒然為世間俗務而起雜念，實在是可歎之事。世間一切盡皆無常，變動不居無時或已。生命有如朝露，隨時可能散落道旁的草葉之間。多麼令人哀憫。

於堂內，縱是禪書亦不可將其視為文字。當於堂內深明道理，一心修行佛道。在明窗之下，以古教返照自心。一寸之光陰亦不可鬆懈虛度。應專心一志充分思考這些道理。

他人的爭訟壞事不可插手。不要帶著憎惡之心去看別人的缺點。不要有太多是非分別之心，自然能夠上下和敬。此外亦不可跟著他人學做壞事，當好自修德。佛雖說要制止他人之非，但不應有憎惡之心。

發生紛爭的兩個人都應該驅逐出去。因為這不只妨礙自身的佛道修行，也會妨礙他人。又，若有人見到紛爭而不制止，也要受到同樣的處罰。

事無大小，都應該先報告堂主。師父與弟子間的禮儀若失去規矩，將會導致主、客界限不明。

不可任意外出。若有外出，或許就是此生結束那一天。悠閒遊蕩之時也可能突然命終。果真如是，必然悔恨遺憾不已。

不可攜酒進入堂內。醉酒者亦不許入堂。若有人忘記而犯過，當禮拜懺悔。又，吃過韭、蔥而帶著氣味者不可入堂。

早晨和中午行鉢時，若將應量器掉落地上者，須依照叢林規則而予以罰油[4]。

堂內不可大聲擤鼻涕或吐痰。會這麼做的人，就是還不懂得佛道修行，實屬可悲。時間在不知不覺中流逝，佛道修行的生命也會被一起帶走，當知愛惜光陰。常常以小水溜中游泳的魚之處境自戒。

凡是佛祖所規定的戒律，不可不遵守。應將叢林的規矩刻骨銘心記住。

當以一生安於參禪辦道為願。以上各條都是古佛的身心，當敬謹遵守為要。

發願修禪，乃是將一個人肉體的要求壓縮到最小限度，而將精神引向更高的活動領域。其鑽研的過程，則凝縮在此一僧堂的空間之中。

無欲。多麼無欲的空間。每個人所擁有的一張榻榻米整齊排列，背後的棚架上則收納了一組寢具與食器，如此而已。

斷絕一切社會上的聯繫，捨棄財富與地位，最小限度必需品之外一無所有，剃光頭，身披墨染衣，抹滅自我意識，默默背對娑婆世界而坐，用餐、排泄、洗臉、刷牙、掃除、抹地，以及祈禱。

有時想想，人真是奇怪的生物。將想要擁有某種東西的欲望，轉而朝著完全相反的方向，以尋找不希望欲望得到滿足的另外一個自己的方式，來獲得不同次元的充實感。多麼複雜的思考機制。

這或許是因為人類與其他動物不同，一方面長於驅使滿足欲望的方法，一方面又有一種本能的思考，用來防止欲望的過度膨脹。

在同一個星球上，作為同樣的生命體存在，人類擁有比其他生物遠為複雜的思考能力，既是一種幸福，但在某個意義上，也可以說是一種不幸。

當我第一眼看到這個空間中排列整齊得近乎恐怖的榻榻米時，彷彿可以感受在一張張榻榻米上忍受著身體疼痛、咬緊牙關戮力參究的前輩們沉重的呼

4參見第四章〈罰油〉一節。

吸，整個人突然籠罩在一陣無來由的複雜悲哀裡。

鐘灑

在永平寺過著修行生活的雲水將近兩百人，他們都隸屬於名之為「寮舍」的組織，並被賦予該寮舍專屬的職務。

離開旦過寮的雲水首先配屬到眾寮，而被分配名叫鐘灑的職務。鐘灑主要的工作就是撞鐘與掃除。擔任我們指導的，也從負責旦過寮的雲水換成叫作講送的雲水。

「眾寮」位於僧寮後方，本來是禁止在僧寮過目任何文字的雲水用來閱讀佛典或禪師著作的地方。

構造與僧寮相當，也是以前簾、後簾當作出入口，中央同樣安置神龕。只不過這裡奉祀的不是文殊菩薩，而是觀世音菩薩。四周也和僧堂一樣羅列著單，但是單的大小與外堂無異都是半張榻榻米；靠板壁的地方並沒有函櫃，而是以閱讀用的小書桌取代。

配屬於眾寮後，我們就將原來放在旦過寮的行李搬到眾寮來。和旦過寮一樣，我們也要謹守被分配的位置。行李擺好後，我們隨講送走出眾寮，從後架邊上微暗的階梯下去，前往眾寮當番所[5]。

這間房屋內部鋪著地板，最裡邊擺了一座大爐子，此外還有古老的熱水器、棚架、長桌等雜七雜八的東西隨意放在房間角落。牆壁上則是貼了以大小紙張所寫的各種規定和聯絡事項，感覺相當繁雜。

進到裡面，講送指示我們將長桌排好；我們分頭合作，很快就排好了。等我們在長桌前面坐定，講送即發給我們每人一本筆記、紅色與黑色原子筆各一支，然後他拿著一本加了厚厚封面的資料簿開始說明。

「各位今天早上完成入堂儀式，配屬到眾寮來。這是一本眾寮的公務手冊。

---

5 當番即值班。

永平寺稱呼寮舍中所做的事為公務，這裡面寫了各位在這裡要執行的公務。首先各位要將公務手冊全文抄寫在分發給你們的筆記本上。接下來就是將所有的公務事項背下來，背好了之後我會一個個查驗。在每個人都通過查驗之前，你們即使在執行公務中，也只是半個正式雲水的身分而已。

「就算沒有通過查驗，明天起大家也都要開始輪值公務。你們如果沒有做好，將會影響全山，甚至導致全山的活動停止。各位要把這點放心上，執行好公務。公務在身的人必須於振鈴之前兩個小時起床，所以大家好好把握時間，熟記公務手冊的內容，知道嗎？」

振鈴之前兩個小時起床。早上三點半振鈴，所以一點半就要起來，天啊，不就是深更半夜嗎？不管怎麼看都不像是起床的時間。這太恐怖了。這樣的日子到底還要持續多久啊。想到這裡突然眼前一黑。

不過大家很快就覺悟沒什麼商量的餘地，儘管心中狐疑，但大家還是開始抄寫講送留下來的眾寮公務帖。

公務帖上將各式公務詳細分類並加以說明。我們慢慢打開筆記本，開始抄寫講送離開前告訴我們的第一個查驗項目——「打擊樂器」。

所謂打擊樂器，指的是每天的修行生活中所要敲打的各種樂器。以沉默不語為原則的永平寺，都是透過這些打擊樂器宣告一天的開始與結束。此外每天各式行持也都是以敲打這些樂器做通知，並作為進行各項儀節的信號。因此在伽藍內如果不懂這些打擊樂器，就無法推動每天的修行生活。

我們按照指示，首先將這些自早到晚依序敲打的名稱背誦下來。雖然只是名稱，但種類實在太多了，既無法望文生義又不知道長什麼樣子，加上那些陌生的發音，比想像中還要困難。

振鈴　洗面版　止靜　更點　曉鐘　更點　小開靜　大開靜　殿鐘　放禪鐘

更點　曉鼓　長版　梆　下鉢版　大擂　普請鼓　雲版　佛殿鼓　齋鐘　長版

梆　下鉢版　大擂　雲版　雲版　僧堂版　迴廊版　昏鼓　更點　昏鐘　經行鐘

抽解鐘　止靜　更點　僧堂版　定鐘　放禪鐘　開枕鈴

這是永平寺一天之中所要依序敲打的樂器。除此之外，還有放參、大放參等特別的日子，敲打的順序又不一樣，當然除了硬著頭皮背誦別無他法。

我們一邊抄寫一邊重複默念那些古怪的發音，進展非常緩慢。

那些發音還記得七零八落，藥石的時間就到了；藥石過後，很快又是夜坐的時刻。

不過我們這天不去夜坐，而是去領取上山之前郵寄到永平寺的行李。除了上山當天隨身的袈裟行李、後附行李和坐蒲團之外，其他必需品都是事先寄送到永平寺來。

寄送的品項也都有詳細的規定，包括：棉被兩床、枕頭、膠底布襪或布鞋、長靴、木屐、黑色無花紋的作務衣、內衣褲等換洗衣物、書法用具一套。

上山之前永平寺寄來的上山須知，除了隨身行李、郵寄行李、上山當日裝束、進退應對等規定外，還有一項「上山後家屬須知」：

一、除了緊急狀況，不准外出。
二、請勿寄糖果、餅乾之類。
三、會面一律不准。
四、電話等聯絡只能透過間接方式。
五、來信、回信基本上禁止。
六、錢用不到請勿攜帶（涅槃金一千圓除外）。
七、上山後本人若有任何要求，將透過維那聯繫。
八、若是在本山罹患急病，會送到醫院診療，並依照醫生指示回診或住院，也會悉心照顧，請勿擔心。
九、若有宿疾者，請經過充分治療之後再上山。又，再度發病的話，為了檢查、治療，將會立刻請下山，敬請諒察。

在這些注意事項、須知之後，以底下一項作為結束：

十、也許會有許多不放心之處，但過分方便反而會讓本人吃更多的苦，尚祈暫時忍耐為要。

說明如上，希望每一項都能夠確實做到。又，健康管理方面我們會充分注意，請勿擔心。

惟，習氣若還是像在學校或社會上一樣而觸犯規則者，將依山規處以嚴重的罰則，謹此告知。

我們跟在講送後面，在夜暗的靜謐迴廊不斷往下走。

行李堆放在伽藍最下方的通信部。我在那一大堆行李中，好不容易才找到自己的，拿在手上的瞬間，突然充滿一種難以形容的懷念之感。

這些行李，是在窗邊一個陽光普照的溫暖午後打包的。在行李包上寫下自己名字時，媽媽在旁邊還是不斷提醒我注意不要落了什麼，我則是一如以往回她說我已經不是小孩子了。媽媽看著我那稚拙的筆跡說，字寫得比小孩還差呢，然後兩個人一塊大笑起來。行李上自己所寫的難看的字、打得牢固的結，都還是和那天下午一模一樣。

我們各自扛起自己沉重的行李，沿著剛才的長長迴廊往上走回眾寮。

抵達眾寮後，將各人的行李放在各自的位置前面，然後開始檢查行李。這次檢查和當初在地藏院時一樣，除了規定的品項以外全部沒收，裝在寫了自己名字的塑膠袋裡面。

就在天真的行李開始接受檢查的時候。

「你是怎麼了！到底在想什麼啊！」

講送一邊苦笑，一邊很無奈的大聲罵道。定睛一看，棉被中間還有行李的空隙塞滿了巧克力、餅乾、豆餡餅、羊羹等零嘴。本人似乎完全不記得有做這件事，顯得非常緊張，我們也努力壓制自己不要笑出來。不過這一看就明白，肯定是希望自己孩子不要在永平寺挨餓受凍的父母心。

的確天真教人感覺就是那種集父母之愛於一身，於自由放任的環境長大的男孩。他的老家，是他們那一地區不管規模、形制都相當可觀的寺院，而他是家裡的次男。永平寺上山的雲水大半是寺院的繼承人，也就是長男，但偶爾也會有次男、三男等非繼承人身分者。

我有一次問天真，既然不是繼承人，為什麼還要來永平寺上山。

「也沒什麼特別的理由。大學畢業後不知道要做什麼，當個朝九晚五的上班族好像壓力也挺大的，爸爸媽媽說，要不就上永平寺吧，於是就來了。」

非常簡單的答覆。除了天真之外，我在永平寺接觸過的次男、三男身分的雲水，以差不多的理由上山的人很多。對他們來說，與其去上班，似乎永平寺的修行生活還輕鬆些。

講送似乎氣消了，將天真行李中的零嘴一一取出，收到塑膠袋裡。

等所有人都檢查過了，僧堂的夜坐也告一段落，不久就聽到告知就寢時刻的開枕鈴在迴廊開始響起。我們抱著檢查完畢的棉被，回到僧堂自己的單上去。從今晚開始，我們也要在僧堂的這一小片單上過夜了。

在僧堂睡覺，也有很多必須遵行的規定。道元禪師在〈弁道法〉[6]中也說明了寢臥之法。

睡覺時必須右側臥而眠，不可左側臥睡。臥時當頭部朝佛。今在禪堂頭朝床緣，即自然成為頭向聖僧而臥。

臥必右脅而睡。不得左脅而睡。臥時當以頭向佛。今以頭向床緣。頭向聖僧也。

不可俯伏而臥。不可高舉兩膝仰臥。仰臥亦不可交叉兩腳。不可兩腳併攏伸直而睡。不可將衣袍捲上來睡。不可裸睡，不成體統有如無賴漢。不可將腰帶解開了睡。

不得覆臥而睡。不得豎兩膝而仰臥。不得仰身交腳而睡。不得雙伸兩腳而睡。不得卸衫裙而睡。不得赤體無慚。如外道法。不得解帶而睡。

依照上述規矩睡覺時，心中應當觀想一點的光明之相。

6「弁」此處可視為「辨」或「辦」的異體字，有努力精進之意。〈弁道法〉收錄於《永平清規》中。

夜臥當念明相。

在永平寺，就寢稱之為「開枕」。這是古代的叢林使用木製摺疊式枕頭的遺緒。將木枕翻開而眠，現在已經名存實亡。開枕時間是晚上九點，以開枕鈴作為通知。開枕時刻快到時，大家即前往僧堂，先站在自己的單前，朝安奉於中央的聖僧行三拜之禮，接著向自己的單一拜，然後上單。

將身上的袈裟脫掉，依照規定方式摺好放到函櫃上。話說永平寺並沒有穿睡衣這回事，平常穿什麼就直接和衣而眠。

接著從函櫃中取出棉被鋪好，不過永平寺並沒有使用墊被。我們使用兩床棉被，但又不可超出一張榻榻米的範圍，方法是將兩床棉被對摺，然後交互重疊成筒狀；為了不讓棉被散開，就用兩條布巾將棉被圈綁起來，然後從腳開始慢慢鑽進筒中。最後在胸部附近再綁一次，右側臥而眠。右側臥而眠，就是佛陀入涅槃時的姿勢；仰臥而眠叫「屍睡」，俯伏而眠叫「淫睡」，都是受禁制的。

僧堂的夜晚，在高高的天花板底下，冷冽而黑暗之中閉上了眼睛。深沉寂靜得可怕，只聽到掛鐘輕輕的鐘擺聲提醒時間的流動。教人討厭的聲音。很快就是十點的鐘響了。明天開始一點半就要起床。想要早點入睡的心情令人更加焦慮，使得鐘擺聲聽起來越來越響，不管怎麼做都躲不掉。

道元在寢臥之法的最後，以「心中應當觀想一點的光明之相」作結，那個「一點的光明」到底指的是什麼呢？這晚的我，積澱在心底的幽闇中，即使有什麼光亮輝耀的東西，我也完全沒有將之視為光而加以接受的餘裕。我想我要理解道元在結尾所說的「光明」的意味，那就要像今晚一樣，接下來還需要更多更多的不眠之夜。

振司

感覺才稍微打了個盹，突然被人搖醒。睜開眼睛一看，周圍的一切和鑽進棉被時一模一樣；黑暗也仍然徘徊不去。

「這麼快就一點半了……」

我們都沒有看對方，默默地將棉被收進函櫃裡面，然後快速穿好衣服走出僧堂。漆黑的走廊上點著燈泡發出微光，不知道為什麼有種不舒服的感覺。一邊這麼想一邊走下階梯，發現眾寮當番所早已燈火通明。

裡面有一個雲水正忙著引燃木炭，其他早起的雲水都圍著火爐取暖。

我們和昨天一樣，坐在寮內的長桌前，開始抄寫公務帖。雖然已無睡意，但想到這樣的生活不知道要持續多久，眼前彷彿一片黯淡，心情沉重得完全無法浮現什麼正向的畫面。周圍的雲水們，有的打開筆記本在背誦公務手冊，有的小聲地交頭接耳，也有人窩在地板上繼續睡覺。

寫了一個鐘頭左右，我們將長桌收好，回去眾寮。今天早上我們要跟隨負責振鈴通知大家起床的雲水，巡迴全山，記下整個路線。

抵達眾寮時，振司已經著裝完畢，我們也忙著換衣服。振司的裝扮，首先要穿上布襪，再以腰帶將衣袍下襬攏到膝蓋附近。接著用束帶將寬大的袖子束起來，然後就像迴廊掃除時一樣，再拿手巾將束帶綁緊。

等大家都穿好後，即一起前往佛殿旁邊的階梯轉角。永平寺的振鈴，由於伽藍範圍較大，所以由兩名振司以僧堂為中心，分為上巡迴與下巡迴兩條路線。今天我們要記住的上巡迴路線，振司即是從佛殿旁邊的玄關開始振鈴。

站在無遮蔽的玄關，深山夜晚的寒氣刺骨，教人全身緊繃。被深夜的幽闇與靜謐所籠罩的伽藍，馬上就要從熟睡中醒轉了。兩名振司將要以僧堂的外堂所敲打的一聲洗面版為信號，同時展開振鈴。我們默默傾聽，帶著些許興奮，等待喚醒伽藍的一打。

「梆——」

清澄的洗面版聲響徹夜暗的山間。與此同時，我們沿著迴廊往上一口氣跑到法堂。振司搖著響亮的振鈴聲，在伽藍的板壁間跳躍回響。上到迴廊盡頭，我們直接穿過法堂，通過延伸到不老閣的通天迴廊，在妙高台前面轉彎。接著經過光明藏側邊，穿過監院寮、菩提座，從那邊的階梯跑下去，經知庫寮前，再次下階梯，朝大庫院前進。抵達大庫院後，從它的大黑柱右轉，徑直跑向山門。

我們從洗面版的一打開始到山門為止，都是以最快速度在幽暗的伽藍中奔跑。問題是試著不要掉隊就已經使盡吃奶的力量，根本沒有餘裕去記住所有的路線。

振司在抵達山門後，面朝正前方的佛殿用力振鈴。聽到振鈴的同時，洗面版打下第二響，振司即將手上的鈴放在自己腳前，向佛殿三拜。之後不再振鈴，快速返回僧堂。

感覺從出發到結束只是一瞬間，但心臟噗通噗通跳得好激烈，彷彿要破裂似的。

第二天我們則是走下巡迴路線。下巡迴的振鈴是從東司旁邊開始，我們也是和前一天一樣，洗面版一打就開始全速衝刺。

從東司邊上出發後，一口氣沿著迴廊跑下祠堂殿，在殿內的木魚右轉出殿，又回到迴廊。接著通過傘松閣前往吉祥閣，於大講堂前右轉，沿著階梯一直跑到平地。之後在小庫院的菜頭寮前面右轉，爬上階梯，最後在總受理處用力振鈴。

第二天由於是往下巡迴，我們以為一定比前一天往上巡迴來得輕鬆。沒想到下巡迴反而更吃力。當我們使盡全力抵達總受理處振鈴之後，快跑回位於高處的僧堂，其迴廊之長，教我們跑得幾乎要斷氣。

振鈴的過程，途中有一個地方不可振鈴。那是上巡迴時，穿過法堂來到通天迴廊起點開始，直到通過監院寮為止這一段。

通天迴廊地面鋪著紅色毛氈，而過了監院寮後，地面開始鋪的是藤墊板。既不知道通天迴廊也不曉得監院寮的我們，在陰暗的伽藍中全速奔跑，只能靠地面鋪設物材質之不同來加以判斷。

對我們眾寮的雲水而言，法堂也就罷了，通天迴廊到監院寮這一段較高的路線之前完全沒有去過。意思是說，這兩天所走的路線，想再一次以自己的雙眼來加以確認是不可能的。

於是我們合力回想這兩天的記憶：從哪裡轉彎之後走廊通道分為兩股，或是哪邊哪邊的確有一根柱子等等，提出來給大家複習。

接著翌日開始，我們就一個一個輪值振司的公務，而且是正式的。結果每個人都發生超乎想像的失敗。轉錯彎結果走到完全陌生的地方而迷路，或是走進死巷進退不得；還有在不可振鈴的地方發出鈴聲，在木魚處轉彎時滑倒，至於階梯踩空那更是多不可勝數。

其中，喜純的失敗很複雜。他擔任下巡迴的振司時，振鈴途中鈴舌掉了，以致發不出聲音。

喜純也和其他許多雲水一樣，是人學剛畢業、出身寺院的長男，也許教養得特別成功吧，有著與野心無緣的無欲性格，或許是這個緣故，交代給他的任務都認真執行到簡直異常。這樣的他，因為害怕沒有振鈴會遭到嚴厲指責，於是一路模仿振鈴的聲音大叫，在旁人眼中真是滑稽爆笑得很。

但大家都非常認真。夜色依然重重包覆，滿天星星閃爍的凌晨三點半。永平寺的一天，就在穿過伽藍全速奔跑的振司彷彿要撕裂什麼似的鼓動中揭開了序幕。

鐘點

天色還沒有一點破曉的感覺，四處一片漆黑，在幽暗的最深處，點點雨滴自老杉木的葉尖垂落，化為長長的銀絲，鑽入地衣的縫隙中消失。

「下雨真是傷腦筋啊……」

我一邊喃喃自語，一邊朝鐘樓走去。鐘點，是我今天分配到的公務。

眾寮的公務全部共十一項，所有的分配都是一日為限，用意是讓寮員都能平均分配到每一項公務。十一項公務分別是：

「振司」　振鈴通知大家起床。

「鐘加番」　敲擊各式樂器，主要是敲打掛在大庫院的雲版。

「前日鐘加番」　同上，主要是敲打僧堂外堂鼓或佛殿鼓。

「直堂」　一整天在僧堂值勤，管理僧堂大小事務。

「直堂加番」　直堂的助理。

「直寮」　一整天在眾寮值勤，管理眾寮各項事務。

「直寮加番」　整天在眾寮當番所值勤，處理各項雜務。

「送供」　在大庫院做行鉢的準備，主持僧堂的行鉢。

「前日送供」　送供的助理。

「喝食」　進行本飯台的特別行鉢時，一邊執行一邊高聲告知堂內行鉢進展。

加上我今天所分配到的「鐘點」共十一項。鐘點要執行的公務，就是敲打鐘樓的大梵鐘。鐘點的早上，是從打曉鐘開始。

永平寺的鐘樓位於山門下方，依照厚重的鎌倉樣式鑄造。中間吊掛的大梵鐘口徑一・五公尺，高三公尺，重約五噸。上面有陽刻的花鳥草木紋樣，是一座有著和緩曲線的優美大鐘。

在永平寺敲打各式樂器，並不是依照規定方式敲打即可，連敲打時的裝扮都有詳細的規定。因此隨著敲打的樂器種類，也必須換穿不同的衣服。鐘點要敲打大梵鐘時，必須上披袈裟、下著布襪做最高等級的裝束，同時要攜帶坐具與手錶。

敲打曉鐘的場合，必須振鈴之後馬上前往鐘樓，所以我在振鈴之前即著裝完畢，待振鈴通過時立刻出發。

走到鐘樓的梵鐘前面，站在撞木底下時，如同在僧堂的聖僧龕前一樣，有一個跪拜用的禮盤。鐘點須先走上禮盤，鋪好坐具，行三拜之禮，然後唱誦〈鳴鐘之偈〉：

三途八難[7]**，息苦停酸，法界眾生，聞聲悟道**（斷絕各式苦難辛酸，願世上眾生，

7依照佛教說法，「三途」指地獄、餓鬼、畜生三惡道，見《華嚴經》。「八難」指遇八種障難的有情眾生不得見佛、聞法，見《中阿含》等經。

聞此鐘聲，得入覺悟之道）。

曉鐘的第一聲，必須在僧堂的外堂所打的更點結束同時撞下去。趕巧不巧，偏偏這天卻下起雨來。越是注意傾聽，滴落在枝葉上的雨聲，還有谷底清流拍擊岩石的水聲，都形成連續不絕的音波阻斷我的聽覺。

但這是每天每天都要敲打的鐘，下大雨、刮大風也是一樣，不會只有今天聽不到更點聲。雖然這麼告訴自己，但這畢竟是第一次啊。

雪上加霜的是，今天負責更點的，是天真那個傢伙。個性隨和溫吞的他，之前輪到在大庫院敲打坐禪結束的雲版，不知道為什麼他竟然在禪堂打坐。結果明明時間到了卻聽不到打版聲，察覺不對的古參雲水於是慌忙跑去大庫院敲打雲版。即使到那個節骨眼，天真都還不知道自己出了紕漏，一直跟其他人一樣坐到打版。想到他會不會今天又出狀況，不禁有些慌張。

實際上直到清楚聽到更點的大鼓與鐘聲從遠處穿過雨聲傳來為止，感覺簡直生不如死。

終於隱隱聽到天真開始敲打更點，並在他打完的同時，我抓著撞木上的引繩，使盡全力往後拉，然後一鼓作氣向前撞過去。鐘聲壓過黑暗中無數雨滴與水流聲，悠悠的餘韻有如梵音的巨浪，晃動了黎明前的伽藍。

一撞一拜。每撞一下即平伏於禮盤上跪拜。這時總覺得有一種被梵鐘的威力徹底擊潰之感。

曉鐘總共要撞十八下，而每一聲與下一聲的間隔定為一分五十秒。這時就需要手錶了。此外禮盤上也並排了十八顆小石子，每做一撞一拜後即移動一顆為記，以免撞擊次數有誤。

又，曉鐘的十八聲中，第十四聲為小聲，第十七、十八聲則是小聲、大聲的連續。第十四聲的小，是各寮舍開始各式公務活動的信號；第十七、十八聲的小－大，則是曉鐘結束的信號。

一如上述，其他各種公務也是同樣，所有公務進行之間彼此都有一些連帶關係。如果外堂沒有打更點的話，鐘點就沒辦法開始撞曉鐘。如果鐘點在曉鐘的第十四聲沒有正確地小聲撞，等待這個信號的雲水就無法展開公務。因此公務的失敗不僅僅是個人的失敗，而是會影響到全山，讓相應的活動被迫中止。正因為這樣，不許有任何失敗發生。

其實這個小聲要撞的時候不能掉以輕心。本是用來發出巨大聲響的東西，到這裡卻要刻意放輕。但輕歸輕，如果聲音小過了頭導致無法傳抵僧堂，則一點意義也沒有。若聲音大得和其他無法區別，結果還是一樣，也就是失敗。

我撞完第十三下，看著手錶，等到要撞第十四下的時刻到了，我心慌地往後拉引繩，有些不確定地，彷彿祈禱一樣將撞木推了出去。鬆手後引繩隨著撞木而去，而撞木則慢慢朝著鐘面撞去。最後撞木在模仿蓮花形態的圓形撞座上輕輕彈回，靜靜的餘韻在四周轟響，總算成功了。

撞大梵鐘的場合，必須發出小聲時麻煩在一分五十秒的間隔。

秒針在「12」的時候撞一聲鐘，下一響當然是秒針走過一圈，然後再次指向「10」的時候撞下。而再下一響，則是秒針又走完一圈，等它再次指向「8」的時候撞下。

雖然道理都明白，實際做起來卻很容易亂掉。如果只是注意手錶的秒針倒還簡單，但因為不能失誤而帶來的緊張壓力，使得心念失去平靜，一下想秒針是不是已經走完一圈，一下又不確定上一次撞的時候秒針是指的哪裡，常常會瞬間腦子一片空白。

不止如此，一撞一拜之後理應移動一顆小石子，可是有時認真一想，又馬上失去自信。只要心一動搖，接下來撞的是第幾下又忘得一乾二淨。

總之一開始思考，頭腦反而更加混亂，導致情況無法收拾。一個人在離天亮還遠的夜暗的鐘樓，全神貫注於秒針的移動，還要努力捕捉由於緊張而不斷逸失的記憶，最後總算撞完曉鐘的十八聲，我再度三拜，離開了鐘樓。

鐘點撞過曉鐘後，接著要去佛殿打更點和曉鼓。我在僧堂側邊低頭送走為了朝課諷經而去法堂集合的雲水，即拿著手錶前往佛殿。

佛殿中央須彌壇的後面有佛殿鼓和佛殿鐘。佛殿鼓是和僧堂的外堂鼓一樣的大鼓，佛殿鐘則是口徑三十七公分左右的小鐘，即所謂「半鐘」是也。

更點就是報時，小時名「更」，以大鼓表示，分鐘叫「點」，以鐘表示。小時不分午前午後，一點鐘稱之為一更，打大鼓一下，五點鐘的話稱之為五更，打大鼓五下。至於分鐘，一個小時分成五十分到下個二十分為止的三十分，以及二十分到五十分為止的三十分，以前者為一點，鐘敲一下，後者為兩點，鐘敲兩下。簡單說，更點所表示的時刻最小單位是三十分鐘。

事情會變得稍微複雜，是因為比方五點十分的話就是「五更的一點」，五點四十分的話就是「五更的二點」，這沒什麼問題，但五點五十五分的時候，並不是「五更的一點」，而是要進到下一更，成為「六更的一點」。

鐘點必須在把握這些基本原則的前提上，配合法堂正在進行的朝課諷經所敲的引磬，聽到引磬敲出第一聲，立刻用佛殿鼓與佛殿鐘將正確時間敲打出來。更點重複敲打三回，接著以佛殿鼓擊打曉鼓。

曉鼓是告知天亮的大鼓，全部打完需要三十分鐘，為時甚久。曉鼓分為「一會」、「二會」、「三會」，每一會的擊打方式都有詳細到以秒為單位的規定。

首先以五秒為間隔，打一趟「小—小—中—大」，再隔四十五秒之後，開始打「一會」。

「一會」開頭每一打間隔一分鐘，共打十二次，接著是三十秒間隔打兩次、二十秒間隔打三次，最後以轉疊方式用力擊打一分鐘作為結束。所謂「轉疊」的打法，最初間隔較大，然後逐漸縮短間隔，最後變成連綿的鼓點。

「一會」打完後，隔一分鐘開始打「二會」。「二會」前面七打每一打間隔一分鐘，接著的二打間隔三十秒，然後三打間隔二十秒，最後是「小─大─小─大」的轉疊一分鐘。

「三會」也是在「二會」打完一分鐘後開始，先是一分鐘間隔二打，接著三十秒間隔二打、二十秒間隔三打，最後則是「中─小─大」的轉疊一分鐘，曉鼓即告一段落。這樣前後正好三十分鐘。

總之不管是曉鼓、更點或曉鐘，還有其他要敲打的各色樂器，所有的打法都要默記起來。這不僅限於鐘點的公務，在遂行其他公務時也一樣，不允許邊做邊看公務帖或備忘錄。

因此要完美執行像曉鼓這樣瑣細而複雜規定的公務非常不容易。何況又不能事先排練，即使是第一次，也只能一個人硬著頭皮前往現場，憑著記憶直接上場。

更不用說打擊樂器發出的聲音如此響亮，錯誤很容易被察覺；而且打錯不能重來。你只有一次機會。

如果把這唯一的機會搞砸了，之後會有什麼下場，不用說每個人都心裡雪亮。

朝課諷經、行粥、迴廊掃除等上午一刻不停的行持結束時已接近中午，我為了敲齋鐘再度前往鐘樓。

在日中諷經之前五分鐘的十點五十五分，當大庫院的雲版敲三響、佛殿鼓打三下後，即立刻要接著撞齋鐘。齋鐘和曉鐘不一樣的地方，一是總共撞九下，每一撞間隔三十秒，另外曉鐘是一撞一拜，齋鐘則是一撞一禮。

打齋鐘的時候雨已經停了，因此鐘樓也不再是打曉鐘時那種黑暗而孤獨的空間。如今風穿過枝葉的聲音、遠近傳來的野鳥鳴囀聲取代了遮蓋鼓膜的討厭下雨聲。此外也不時聽到迴廊上來來往往的參拜者開心的笑聲，這些聲音令人懷念，也讓自己心情平靜。

齋鐘打過之後，一天也就過去一半，終於來到折返點了。我在輕快愉悅中撞下最後的「小—大」兩響。

度過漫長的上午，突然覺得時間好像走得快了些。鐘點的公務要等到傍晚，太陽消失在山頂後方，伽藍逐漸被深深的夜色包圍時再度展開。

我和擔任鐘加番的天真一起前往佛殿。我們準備用佛殿鼓敲打告知黃昏的大鼓「昏鼓」。昏鼓的打法和早上的曉鼓一樣，但鐘點只打「一會」，「二會」、「三會」則是由鐘加番繼續打。我們繞道佛殿後頭，從那邊的拉門進去。接著將燈泡點亮，然後等待打鼓的時刻到來。

「嘿，魯山桑，想不想看個好東西？」

天真突然將手伸到燈泡底下。

「哇，好厲害，這樣做可以嗎？」

天真的手掌上以原子筆寫滿了公務的備忘。

「沒問題啦。寫在紙上偷看很可能被抓包，這樣做絕對不會被發現。因為我不會把手掌攤開給人看啊。」

天真說著笑了起來。他這麼說也對。

「可是前不久帶小抄被逮到的傢伙，被講送又踢又打，想想如果遇到這種事，還是挺恐怖的啊。」

「知道啊，反正公務失敗也好、小抄被逮也好，後果都一樣是滿頭包，沒差啦。」

說來說去竟然還得出一個似是而非的結論。

不久打鼓的時刻到了，我打完「一會」，接著交給天真打，然後沿迴廊前往鐘樓。鐘點要在鐘加番打完昏鼓和更點後，在鐘樓的大梵鐘開始打昏鐘。迴廊開始慢慢地籠罩在靜默的暗影中，夜色正分分秒秒移轉它的樣相。遠方傳來天真擊打昏鼓的聲音，為黃昏增添寂寥之感。

昏鐘的撞法與曉鐘一樣，以一分五十秒為間隔共十八響，但第十四響不必小聲，與其他一樣即可。

這次昏鐘是我第三次打昏鐘，但緊張的情緒未曾稍減。反而因為想太多瞻前顧後的，所以還是在戰戰兢兢中打完。

打過昏鐘後，為了參加夜坐，急忙前往經行廊下。

夜坐的第一炷香已經開始，廊下由於威壓之感而充滿了教人窒息的沉默。話說鐘點這時不進僧堂打坐，是要避免鐘點為了執行最後的公務——敲「定鐘」而必須中斷夜坐到鐘樓去。僧堂從夜坐開始的信號——打「止靜」，直到結束的信號——打放禪鐘，之間完全與外界隔絕，禁止任何人進出。

公務帖規定鐘點在八點三十分開始念誦《普勸坐禪儀》到某個特定字句時下單前往鐘樓。我與堂內的雲水們一起念誦《普勸坐禪儀》，在適當時候慢慢下單，放輕腳步走向鐘樓。

抵達鐘樓之後，由於是一天中最後的公務，我用了較長時間虔敬地行三拜之禮。接著就是等僧堂誦畢《普勸坐禪儀》，外堂打起更點，接著僧堂版也打完規定的三會後，再開始撞定鐘就好。定鐘與齋鐘打法相似，以三十秒為間隔打九響。

三拜完看一下手錶，或許是我走得比較急，稍許來早了些。我鬆了口氣，無意間抬頭看一下天空，發現鐘樓正被滿天的繁星所包圍。

我應該從未看過如此高純度的星光吧。一粒一粒細碎的光點高掛漆黑的天幕中，彷彿隨時會發出嘩啦嘩啦的聲音掉落下來。目睹這種讓虛構與現實的界限曖昧難分的炫目星光，突然覺得很難想像我平生所住過的地方也是在同樣一片星空下。

如果那些是真實的，那麼此時此刻，被海與寧靜的山丘所包圍的逗子那邊，我所深愛的租屋處庭院也將一如以往，正好是流浪貓出沒的時候。還有，每天搭搖搖晃晃的電車上班的澀谷街上，想必也是燈火通明，放眼都是年輕人的喧嘩身影。昔日那些朋友們，會不會正為一些有的沒的八卦而開懷大笑呢？

啊，那麼爸爸、媽媽呢？當我離家準備前來永平寺，在玄關笑著送我出門的爸爸和媽媽。想到他們笑臉的背後，用力掩飾不安的另一張臉，眼眶不禁一熱。

從那天早上開始，他們每天大概免不了要為我而憂心忡忡。爸爸、媽媽就是那樣的人，我非常清楚。我很想告訴他們我已經成為一個正式的雲水，希望他們從此能夠放心，但我也知道那是不可能的。

想著想著，遠處的更點聲已經響起，接著僧堂版的「小—中—大」也打完了。

我用力握緊撞木的引繩，以渾身之力往後拉，然後一口氣往前撞過去，彷彿這樣就可以將鐘聲的音波託付星空傳到父母的心裡。

那天晚上，我抱著這樣的信念，用盡所有的力氣一下又一下擊響大梵鐘。不得不如此，在叫人忍不住要落淚的美麗星空下。

反省會

和清晨的振鈴那種有如要撕破夜幕般嘹亮的聲音相反，在夜暗中輕輕搖動發出「叮鈴鈴」響的開枕鈴，總覺得有一種寂寥之感。所有準備入睡者，對今天這一天的結束不得不抱著一些感慨，它響的就是像這樣的聲音。

我們這些眾寮的寮員，在開枕鈴通過的同時，全部到眾寮當番所集合。所謂反省，是回頭檢視自己的所作所為，今後我們將稱之為反省會，回顧今天一整天，報告自己所犯的過錯，並且加以清算。

反省會是每天晚上在眾寮當番所地板上正坐進行。沒有鋪毯或坐蒲團，只能直接坐在地板上。時間通常三十分，有時也會延長到一個小時。期間坐姿必須在地板上保持端正，坐到時間終了為止。

透過這個反省會，知道其他寮員所犯的種種錯誤，除了可以學到公務帖上沒有提到的實務經驗，同時也對自己在永平寺這個小社會中的位置，及其相應的行為有進一步的理解。

在眾寮這個單位中，第一個於地藏院脫下草鞋的寮員，首先被賦予寮長——「鐘點長」的職務。其次是「講送」，負責直接管理寮員。在他們之上的，則是管理全體雲水的「堂行」，必要的時候也會間接、甚至直接處理眾寮的事務。

反省會是在講送列席、鐘點長主持下進行。議程首先是發表出講送所決定的明天的公務分配，接著將議題轉到今天的反省點。

所謂反省點，並不限於公務的失敗，個別寮員所犯的即使再小的錯誤也要自動提出來檢討。雖說是自動提出，正確地說應該是不得不提出。我們眾寮的公務，從早到晚都在別人監視之下，任何失誤多半到反省會之前都會傳到講送耳中。

所有這些反省點都會由講送加以懲處。其中有的只是被警告，但大部分不是被臭罵，就是被打、被踢，絕無寬貸。如果有人執行公務出包卻又故意隱瞞，下場一定很慘。當然不許可辯解，更不准反駁。總之犯了錯就乖乖接受懲處，沒有二話。

永平寺是一個完全的縱型社會。不過必須先申明的是，這並不等同於什麼落伍的封建社會之類的問題，因為這就是永平寺。

首先，永平寺縱型社會的基點，在上山當日與地藏院脫草鞋的時候就已經設定好了。在地藏院脫草鞋的先後，一直到下山為止，都是決定雲水同士高低序列的唯一因素，不管在任何情況下都不會改變。基本上只要先後順序一確定，前輩、晚輩的上下關係立刻發生。永平寺雲水的上下關係，與年齡、學歷、地位、財產完全無涉。這就是永平寺的「平等」。不過在今天的永平寺，同一年上山的雲水同士之間已經很少存在上下關係；現在的上下關係，是以上山年份為單位而成立的。

叢林中這樣的縱型人際關係，類似將水從一個容器倒進另一個容器。水透過容器之間的上下關係，從一個容器移轉到另一個。佛法就是像這樣，涓滴不漏地從器到器傳承至今。

道元禪師對叢林縱型社會構造中人際關係的禮節要點，在〈對大已五夏闍梨法〉[8]一卷裡面做了詳細說明。所謂「大已」——大於己者，亦即長輩之意。

「五夏闍梨」指的是有五次以上安居[9]經驗，足以為人師表的人格者。

入大己房時，當從門的側邊進去，不可走門中央。
面對大己時，必須採取直立不動的姿勢。
大己未坐時，不可先坐。
大己還沒從座位上起身時，不可先站起來。
大己還沒吃東西時，不可先吃。
大己還沒吃完時，不可先吃完。
大己未入浴前，不可先入浴。
大己未睡前，不可先睡。

8 闍梨（梵文ācārya），為佛教與印度教術語，又譯阿闍黎或阿遮梨耶，意為軌範師，乃「教授弟子，使之行為端正合宜，而自身又堪為弟子楷模之師」，故又稱導師。

9 安居，此指雨安居（梵文varsa），為佛教術語，也稱為結夏安居或坐夏，原本是在印度雨季的三個月期間，出家人集結在一起修行的制度，期間僧侶不許隨意外出；漢傳佛教定為農曆四月十五至七月十五日。

在大己面前，不可抓癢、抓跳蚤和蝨子。

在大己面前，不可擤鼻涕或吐痰。

在大己面前，不可抹臉搔頭、擺手抖腳。

在大己面前，不可嚼楊枝、漱口。

在大己面前，不可剃頭、剪指甲，也不可換腰衣。

在五夏闍梨面前，不可張大嘴巴打呵欠，當以手遮口。

在上座面前，不可突然高聲大笑、做一些不知羞恥的動作。

在大己面前，不可大聲歎氣，當依照規定的方式恭敬應對。

受教或被警告時，必須禮貌恭聽，如法用心體會、反省。

對上座當隨時不忘謙遜。

有事上稟時，當口氣謙恭，不可想到哪裡說到哪裡。

沒有大己指示，不得對人說法。

大己質問時，當依照規定的方式回答。

隨時體察大己的臉色，注意不要讓大己失望或生氣。

與大己在一起時，苦差事當搶先做，樂活當禮讓大己。
遇到五夏、十夏的大己時，當自內心起恭敬之想，不可態度輕忽。
有機會接近五夏、十夏的大己時，可詢問經典的意義與戒律之主旨。
在大己面前，不可談論對他方高僧之好惡長短。
不可輕視大己，以輕佻的態度議論或質疑。
在大己面前，即使有需要責罵的人亦不應責罵。
注意到大己忘了什麼事，當殷勤對他提醒。
注意到大己犯了錯，不可大聲冷笑。
大己為施主說法時，當正身端坐而聽，不可從現場突然起身離去。
大己說法的場合，敬陪末座，不可論其是非。
對大己之師，要能好好加以認識，善盡一切禮節。
對大己的弟子時，亦要無保留如對師之禮；大己之中亦有上下關係，當好好記住，不可亂了套。
不可久遠無大己。自初次安居開始拜見大己，即使得佛果位（修行而得一定的證量）時也一樣拜見大己。

上述對大己五夏、十夏之法，此即諸佛祖師之身心是也。宜努力學習。若不學則祖師之道廢，清淨之善法亦將不存。這在三世十方世界中實在是難逢的尊貴之法。唯前世多植善根者而得聽聞，誠大乘法門之極致也。

無我——是自古以來叢林的修行生活中，修行者所面臨的最大課題之一。捨去我見——捨棄以自己為我的執念，專心讓自己徹入無的境地，恭敬長者、依循長者，默默地執行每天的工作。

儘管腦子裡想歸想，但是要把如此重要的自己捨棄談何容易？何況我們都是在近代西洋哲學的影響下受教育，認為一切的存在都是從自己的立場出發來思考。

在這裡就是要對被自己所束縛的人詈罵打踢，將「我」予以徹底粉碎。而這樣的人所緊抓不放的學歷、地位、名譽、財產甚至是人格，這一切至少要有一次將它拆解得支離破碎、沉入無底深淵，透過這樣以捨棄我執。

話說在旦過寮的時候，剛進入淺眠的瞬間，好幾次被超大的巨響驚醒。那是有人撞在裝了玻璃的木門上的聲音，之後總是有哀嚎般的叫聲透過板壁傳來。我每次聽到那樣的聲音，馬上心情一沉，嚇得全身顫抖。

聲音的來源，直到配屬眾寮第一個晚上的反省會上才曉得。不過每晚都有的反省會上的懲處，為了粉粹我執我見，乃是必要之惡。

在這裡不用翻閱禪宗的歷史，老師與弟子的關係從很早之前就惡名昭彰：棒打、腳踢、拿鞋子敲頭。

可是如果不假思索即批判它是「暴力」也未免太輕率了。將所有拳打腳踢都視為「暴力」之前，關於拳打腳踢，應該從出發點考察它的用意再加以判定。如此當即可以理解在禪修中，這些行為的目的應該不是為了傷害對方，或給予肉體的疼痛。而且不可忘記這是自肉體到肉體、以心傳心，為了真理的一脈相承而進行的修習與磨練。

作為一個人，如果自尊心和羞恥心都被抹消，自己緊抱難以捨棄的東西都被碎成齏粉，我覺得反而可以對事物產生冷靜的認知。

這樣的生活不斷重複的結果，我對之前人生中大部分造成自己困惑、煩惱的事物慢慢也就無所謂了。想想自己竟然為那些雞毛蒜皮的事情感到困擾、受傷。聳立在自己眼前、被頭撞過一次又一次的牆壁，只要稍稍冷靜凝視，你會意外地發現它不過是一推即倒的薄板，或者它旁邊根本就有一個洞開的出口。

每當我被揍被踢倒地不起時，整個人反而像人造珍珠的表面碎裂剝落了一樣感到輕快。之前是那樣費盡心力維護人造的表層，試圖讓它不要受傷、不會朽壞。然而也就是在剝落殆盡、無須維護的時候，你才醒悟到被層層剝落之後，最終殘留下來的正是無可置疑的自己。

當你看到那個微不足道的自己，即瞬間湧起一股難以言喻的安堵之感。

淨人

當我們被分配到眾寮時，已經有比我們早上山的三組人馬。這三組人加上我們八個，眾寮總共有三十四名雲水聚集。

由於眾寮的公務全部是十一項，所以其他的二十三人屬於非值勤者。這些沒有特定公務的雲水，平日主要的工作，就是參加每天的坐禪、勤行、作務，以及行鉢之際擔任淨人的職務。淨人就是行鉢時打菜打飯的雲水。

淨人是在送供的指揮下執行勤務，首先從大庫院的擊盤開始。

所謂「大庫院」，即是調理雲水食物，相當於廚房的地方。永平寺的大庫院是「入母屋造」[10]風格的壯麗建築，從玄關進去後，正面奉祀韋馱尊天，其右邊是大黑天，左邊則是歲德神[11]。

曉天坐禪結束或是行鉢之際敲打的雲版，就掛在大庫院前。雲版是青銅製

10 入母屋造（irimoyazukuri）即歇山式屋頂的日式說法，本為中國古建築屋頂樣式之一，在規格上僅次於廡殿頂。

11 韋馱尊天，或曰韋馱天（梵文Skanda），全稱護法韋馱尊天菩薩，為佛教護法神。大黑天（梵文Mahākāla）本是婆羅門教濕婆神（即大自在天）的化身，後成為佛教、尤其是藏傳佛教的重要護法神。歲德神乃日本陰陽道信仰中，職司當年福德之神。

的厚板，形狀一如其名，像是湧升的雲朵，據說它的聲音可以呼雲喚雨，因此掛在大庫院前面，祈求五穀豐穰。

所謂「擎盤」，是將大庫院調理好的食物分別裝在桶、盆之中以準備行鉢。

在大庫院中，粥、飯、味噌湯或是其他醬菜等一律在巨大的鍋釜中調理，淨人按照送供的指示排成一列，依序以桶子盛裝。此時要將桶子高舉到兩眼高度，大聲告知自己桶子的號碼，站在規定的位置，以規定的姿勢盛裝食物。這些桶子中，最前面的一號桶特別受到尊重，裝在這只桶子裡面的食物用來供奉僧堂中奉祀的聖僧。

這時大庫院的雲水合掌為禮，然後恭敬地將大鍋中的食物盛裝到桶子裡。但是如果淨人的聲音過小、站錯位置或是持桶的姿勢不正確，馬上被罵甚至毆打。

僅僅是將調理好的食物以桶盛裝，卻一點也不簡單。實際上擔任擎盤第一次踏進大庫院時，黑光賊亮的柱子與高聳天花板包圍下那種沉重的氣氛，以及此起彼落充滿殺氣的怒罵聲實在太嚇人了。

我是抱著對永平寺修行生活無非連香灰掉落聲都清楚可聞的靜寂中，如如不動、默默內觀的想像畫面而上山的。然而現實的落差忒大。平日生活的大半，都是在粗魯的語言和拳打腳踢的騷動中度過，和靜心專注持續內觀之類的生活相去甚遠，我上山後沒多久即有所覺悟。

而讓我徹底死了心的地方，就是這個大庫院。

待行鉢的準備告一段落後，即在韋陀尊天前面進行僧食九拜。所謂「僧食九拜」，就是對調理好的僧食，由大庫院的最高責任者——典座進行九拜。典座背對韋馱尊天站立，在前面的大廳擺一張桌案，中午的話上供麥飯、味噌湯、醬菜的第一號桶。淨人們在桌案左右面對面排好，配合典座的九拜，他們也一起合掌低頭九次。舉行僧食九拜期間，任何人都不能從前面經過，因此外面的迴廊也禁止通行。

對食物的敬意已經稀薄的現代，看到有人額頭觸地對食物跪拜，說不定會覺得不可思議。

實際上我上山之前的生活，雖然飯前會說「感謝賜食，開動了」，但對於說的時候同時合掌卻感到怪不好意思，心裡難免有一種抵抗感。那是意識到「宗教性」而產生的拒絕反應。

但將飯前的一禮單單歸為宗教性行為並不妥當。本來這個行為之出發點，並非將食物昇華為超越性第三者的賜予，且特別高舉施予者的存在，而是對此刻自己所吃的食物表示誠摯的謝意而已。此一謝意，乃是人與人，以及人與自然，為了在世上共存，每個人都應該具備的重要節度之一。

僧食九拜結束後，所有準備好的食物，即由淨人快速搬運到僧堂的外堂。

接著淨人在送供的指揮下隨著行缽的進行而順序分配食物。食物分配的要點，道元寫在《赴粥飯法》中：

分配食物的要領，首先如果分配太快，受食者也會慌張，如太慢，受食者會因延遲而不耐煩。

行食之法。行食太速者。受者倉卒。行食太遲。坐久成勞。

淨人派發食物時態度應當慎重。打湯、打粥應注意不要弄髒了僧眾的手或鉢緣。杓子舀取食物後，應在桶子上點兩三下，稍後才裝進食器。傾上半身，未持杓子的手當握拳置於胸前，順次分配食物。

淨人禮合低細。羹粥之類不得污僧手及鉢緣。點杓三兩下。良久行之。曲身斂手。當胸而行。

食物的分量應依照受食者的意願。不可垂手提著桶子。打飯、菜時如要打噴嚏或咳嗽，應當背過身去。

粥飯多少各隨僧意。不得垂手提鹽醋桶子。行益處如嚏噴咳嗽。當須背身。

提著桶子走動時，必須遵照相應的規定。

舁桶之人法。須如法。

僧堂的行鉢，沒有淨人是無法執行的。一如飲食乃重要的修行，打飯菜也是不可輕忽的修行。

正如上述，永平寺的修行生活中，執行任何一件事，都牽涉到許多雲水的各式公務才能完成。坐禪的場合亦然，並不是本人單獨進行而已，它的背後還需要很多雲水的配合始能完成。

而且這些場合，亦不能將各種角色二分，說何者為主、何者為從。所有的角色根本而言都是一個。

僧食

「須運道心，隨時改變，令大眾受用安樂。」

《禪苑清規》[12]中有如上一段話。調理飲食的時候，必須帶著道心行之，各種不同的季節材料，應該採用配合各式材料的烹調法，使得每天的菜色都有變化，用心讓眾僧都能愉快地行鉢。

永平寺雲水餐食的調理，是在大庫院總監、名為「典座」之職位的師父負責下，由「菜頭」職務的雲水來執行。也就是說，永平寺的飲食，並非由特別的專業調理人來準備，而是一切出自雲水自己的手中。

這就和飲食乃重要修行一樣的道理，調理食物也是修行的一環，而且也有培育眾僧善根之功德。因此淘米、切醃蘿蔔、煮蘿蔔都是修行，如同《禪苑清規》那段話所說的，不只是調理，它必須同時帶著深刻的道心去做。

此外材料或菜色也都經過細心的思慮。不同的季節，或是一年裡面各種各樣的行持也都得納入考量，而且必須遵守依據不殺生戒而成立的嚴格素食。這裡所說的素食，並不是所有的蔬菜都可以吃，一如「葷酒不許入山門」所言，葷食，亦即會發出強烈氣味的蔬菜，例如蔥、韭、薤、薑、野蒜、大蒜等都在禁止之列。

12《禪苑清規》是宋宗賾所編禪宗叢林清規著作，它上繼如今失傳的唐百丈懷海撰《百丈清規》，對宋元時期中國佛教寺院禮儀制度發展發揮了重要影響。作者所引出自卷三〈典座〉節。

正如叢林中早晨的行鉢稱之為行粥，早餐吃的是粥、胡麻鹽與醬菜。

粥基本上是玄米粥，但名為祝禱日的每月一日與十五日，傳統上提供的是白米粥。這一天除了例行的粥、胡麻鹽與醃蘿蔔以外，另加一個小碟，其內容因日子不同而適當地變化其組合，裡面放兩種配菜，但分量極少：梅乾、佃煮[13]海苔、佃煮昆布、鹽漬昆布、佃煮山蕗、味噌紫蘇卷、吉祥時雨煮等。所謂吉祥時雨，不管是味道或外形都像極了肉或貝類的佃煮，其實是大豆蛋白化身的幻影，很不可思議的食物。

此外偶爾隨著季節變化而提供各種口味的粥：七草粥、小豆粥、茶粥、大豆粥、梅粥、青菜粥、芋粥、海藻粥、昆布粥、銀杏粥、糯餅粥、豌豆粥、甜玉米粥等。

胡麻鹽是將黑芝麻炒到肌膚顏色程度，之後加上鹽巴在擂鉢中研磨而成。當然不是一次做很多貯藏起來，而是每天早上用同樣方法重新製作。

醃蘿蔔，亦即澤庵（takuan），都是在每年晚秋到初冬期間，假大庫院進行醃漬作業。將一年份的澤庵一次醃漬起來，使用的蘿蔔近八千根。製作程序是，將混攪了鹽巴和辣椒的米糠，與蘿蔔一層一層交互疊放在大庫院地下室的大甕中，再由穿上草鞋的雲水踩踏塞緊，最後在上面以大石頭壓著。每一甕的鹽巴比例都不一樣，從二月初開始依序開封食用。

中午的行鉢，是飯與味噌湯、醬菜，加上一碟別菜。飯基本上是麥飯——米、麥以六對四比例混合。此外偶爾會提供梅飯、昆布飯、銀杏飯、什錦炊飯、野菌飯、醃紫蘇飯等。

味噌湯一般使用三種食材。作為食材的主要有蘿蔔、蕪菁（大頭菜）、包心菜、馬鈴薯、甘薯、芋頭、茄子、南瓜、野菌、蘑菇、白菜、芹菜、菠菜、鴨兒芹、蘿蔔葉、海藻、蘿蔔絲、豆腐、炸豆皮、炸豆腐、麵筋、渦卷麵筋等。至於味噌種類並沒有特定選擇，端視材料而定。

---

13 佃煮（tsukudani）為日本常見烹調方式，以醬油、糖調味，將食材充分熬煮，湯汁濃稠，口味甜中帶鹹。

此外偶爾也有放了薄削豆腐乾、竹筍、海藻的湯品或建長汁[14]等。醬菜則與早餐的醃蘿蔔不同，以蕪菁、茄子、胡瓜、蕪菁葉、蘿蔔葉或白菜糅鹽巴放置一夜而成。

別菜則是以醋、味噌攪拌或熱炒之類，裝在小碟中。主要菜色諸如白味噌拌野菜蒟蒻、豌豆拌白芝麻、菜豆拌黑芝麻、納豆與金針菇拌蘿蔔泥、豆腐皮、漬菠菜、生薑醬油漬菠菜豆腐、蘿蔔絲與烤豆皮加茼蒿拌麻油、茄子甜椒和甜玉米炒紅味噌、白菜與蒟蒻冬粉炒豆腐丁、豆芽炒木耳、白菜與香菇與鹽漬昆布炒麵筋、包心菜與胡蘿蔔與青椒與甜玉米炒番茄醬、牛蒡與胡蘿蔔金平[15]、蓮藕與胡蘿蔔金平、羊栖菜大豆、芝麻牛蒡、澤庵煮等等。

晚上的藥石，內容是麥飯、味噌湯、醬菜，以及別菜兩小碟。其中麥飯和醬菜與中午的行鉢大致相同，味噌湯則盡量避免一天之中有重複的情況。

醬菜裝在名叫「平（hira）」的食器與小皿中分配。首先，「平」碟裡面通常有三種煮物，主要的食材比方有蘿蔔、蕪菁、胡蘿蔔、牛蒡、芋頭、馬鈴薯、甘薯、長芋、南瓜、茄子、竹筍、香菇、菠菜、蕨菜、山蕗、豌豆、花椰菜、青花菜、昆布、烤豆腐、高野豆腐、炸豆皮、炸豆腐、雁擬（gammodoki）豆腐[16]、粟麩蒸、蒟蒻等。烹煮方式並不限於和風，有時也會使用鮮奶油或人造奶油。除此之外，也有胡麻豆腐、湯泡炸豆腐。

其次是小皿，和中午行鉢時的小皿菜色有共通之處，但另外還有醋漬品以及煮豆。主要有醋漬細切胡蘿蔔與獨活（Aralia cordata）和蒟蒻、醋漬岩藻（Nemacystus decipiens）和胡瓜、芝麻醋漬車麩、竹筍與海藻與獨活拌味噌醋、胡瓜與海藻與粟麩拌辣味噌、通心粉沙拉、馬鈴薯沙拉、蜜豆、黑豆、甜豌豆、白花豆等。

14 建長汁（Kenchinshiru），以蘿蔔、胡蘿蔔、牛蒡、芋頭、蒟蒻、豆腐加麻油炒熟，經高湯熬煮，最後以醬油調味而成的湯品，據說原來是鎌倉建長寺修行僧所做故名。

15 金平（kinpira）為一種將食材浸泡麻油後，以酒、醬油、糖加辣熱炒的烹調法。

16 將豆腐攪碎，與胡蘿蔔或蓮藕、牛蒡混合，捏成圓餅狀油炸，在精進料理（素食）中作為肉類的替代品，名稱來源不明。

又每個月在道元禪師忌辰前一天的藥石上，麥飯變成茶飯，然後是很特別的辛汁。辛汁首先將馬鈴薯或胡蘿蔔、蒟蒻等食材放在各人的「平」碟中，然後就像用鉢領受味噌湯時一樣分配煮汁。辛汁的確也是味噌湯的一種，但和一般味噌湯稍有不同。它的作法是先將食材置於昆布高湯中熬煮，煮好後將食材撈起擺在「平」碟上，接著在剩下的煮汁溶入白味噌，並以醬油、味醂[17]、砂糖、鹽調味而成。

行鉢處本來應當都是在僧堂，但有時也會在各寮舍進行。前者稱之為「僧堂飯台」，後者叫作「各寮飯台」。

各寮飯台基本上在各寮舍的當番所舉行，一如藥石的展鉢，只使用頭鉢以外的食器，以簡化的程序用餐。雖不常有，但各寮飯台會供應僧堂飯台所沒有的食物。

首先，會有烏龍麵和蕎麥麵。兩種麵食都是大鍋煮，高湯、提味的蘿蔔泥和碎烤海苔以及白芝麻，再加上裹麵粉油炸茄子或甘薯、蔬菜等的天婦羅三品。

其次還會有咖哩飯與奶油焗飯。當然這兩種料理的場合，與市面上一般的咖哩飯、奶油焗飯不一樣，都是使用合乎戒律的馬鈴薯、胡蘿蔔、蒟蒻、炸豆腐之類的食材。然後咖哩飯正確而言其實該叫咖哩湯，完全被當作湯品，禁止淋在飯上一起吃。話說所謂奶油焗飯，到底也只是焗奶油湯罷了。

嚴格說來，這裡所說的咖哩或焗飯，縱使食材只用蔬菜，卻無法避免使用動物質的製品。永平寺煮咖哩飯或焗飯的場合，由於使用了市面上販賣的乳酪麵粉糊（roux），由動物性原料所萃取的湯汁已經包含其中。但是在這個部分，並不會被放大到視為破戒。

特別是重視戒律的上座部佛教[18]國家，比方以泰國為例，泰國的僧侶必須托鉢才能獲得食物，托鉢所得不管蔬菜也好肉類也好都一樣要吃。儘管如此，

17 味醂（mirin）是由甜糯米加麴釀成的含酒精製品，可去除食物腥味，為日本料理廣泛使用的調味料。

18 上座部佛教（巴利語theravāda），佛教宗派，今盛行於斯里蘭卡、緬甸、泰國、柬埔寨、寮國等地，特別尊奉早期佛典與戒律，又名南傳佛教，以別於漢傳及藏傳佛教。

卻未被視為破戒。

佛教戒律聖典《十誦律》中提到允許吃三種淨肉。所謂「三種淨肉」是指沒有親眼看到這動物是為我之故被殺，沒有聽說這動物是為我之故被殺，沒有懷疑這動物是為我之故被殺[19]。所以泰國僧侶托缽所得的肉食，只要是屬於三種淨肉，即使吃了也不算破戒。

重要的是不殺生的一顆心。世界上很多人只知道一味追求，卻迷失追求的目的或本質。那是因為世人覺得比起目的，驅使各種手段本身還比較有吸引力，也比較擅長吧。但遺忘目的、迷失本質的手段，其結果就像戰爭、鼓吹進步而進行的許多自然開發那樣，往往帶來大量過錯。

淨髮

如同現代社會以七天為一個禮拜，並以此為一切運轉的週期，永平寺則是以所謂「四九日」——每逢四、九的日子作為活動的週期。

四九日也叫作「放參日」，對叢林而言屬於一種安息日。每逢這樣的日子，起床時間延後一個小時，曉天坐禪、夜坐和作務全部暫停。取而代之的，則是剃頭、刮鬍鬚、剪指甲、入浴和衣物的縫縫補補。雖說是放參日，但與社會上的所謂假日有別，並不是擁有無法被剝奪的自由時間。遑論有公務在身的我們，依然要在振鈴之前兩個小時起床，也還不允許入浴。

沒有曉天坐禪的四九日早上，以朝課諷經開始。這一天的朝課諷經不做什麼特別儀式，變成所謂略朝課的簡略化形式，勤行很快就結束，接著就是每天例行的行粥。

但是平日在〈後唄〉結束的同時，由堂行與直堂加番兩個人交互擊打戒尺的儀式，四九日還加上在外堂由鐘點敲放參鐘，在後架由直寮以戒尺打淨髮析[20]。

19《十誦律》卷三十七：「癡人。我聽噉三種淨肉。何等三。不見不聞不疑。不見者。不自眼見為我故殺是畜生。不聞者。不從可信人聞為汝故殺是畜生。不疑者。是中有屠兒。是人慈心。不能奪畜生命。我聽噉如是三種淨肉。」

20「析」發音如拓，為古人打更所敲擊的木梆。

放參鐘是放參日到了的通知，淨髮柝是催促大家去剃頭的信號。只有在放參日敲打的這兩樣樂器，聽起來特別有一種愉悅之感。

淨指的是剃頭與剃鬚。道元在《正法眼藏・洗淨》卷中，關於剪指甲與剃頭髮，他寫道：

十指的指甲長了當剪。所謂十指，即左右兩手的指頭。此外腳趾甲也應當要剪。經書上說，指甲若長到麥粒般大小就是罪過。所以不能讓指甲過長。留長指甲是外道的習慣。當留意剪指甲的事。

應剪十指之爪。謂十指者，即左右兩手之指爪也。足指之爪同須剪。經云，爪之長若至一麥許，即得罪也。是故不可將爪長蓄。爪長者自是外道之先蹤也，故更須剪爪。

然今大宋國僧侶中，由於沒有參學之眼，留長指甲的人很多。其中有一寸、兩寸，甚至三、四寸長的。這些都是非法，不是佛法的身心。因為不學佛道，以致變成這等模樣。有道心的老師父不會這樣。

然則而今大宋國僧家中，不具參學眼之徒，多蓄長指爪，或一寸兩寸，甚及有三、四寸之長者，此非法也，非佛法之身心，因非佛家之功夫，故如是焉，有道之尊宿則不然。

又，也有留長髮的人，這也是非法。雖說這麼做的是大國的僧侶，但不可誤認是正法。先師對天下留長髮、長指甲的僧人曾嚴厲勸戒——「無法理解淨之需要的人，既非俗人，亦非僧人。也就是畜生。自古以來，有不剃頭的佛祖嗎？現在，不剃頭者，只能說是畜生」。

或有蓄長髮之徒，此亦是非法也。雖為大國僧家之所作，然莫錯認其全是正法。先師古佛深誡天下僧家之長髮、長爪之徒曰：不會淨，不是俗人，不是僧家，便是畜生。古來佛祖，誰是不淨者？如今不會淨者，真個是畜生！

須知留長髮乃佛祖所禁止的事，留長指甲則是外道所做的事。如果自認是佛祖子孫的人，不可愛好那些非法行為。保持身心清淨，即是指甲剪短、頭髮剃光。

可知長髮者，佛祖之所誡禁也，長爪者，外道之所行也。佛祖之兒孫不可好此等之非法。須淨身心，須剪爪剃髮。

這一天完成例行的迴廊掃除後，直寮即前往僧堂的外堂領取「淨髮」的榜牌。「榜牌」是在厚板子上篆刻「坐禪」或「點湯」之類文字的掛板，依據不同的行持準備有各式各樣的榜牌。當「淨髮」的榜牌掛上眾寮的前簾時，就可以開始剃頭髮了。

眾寮寮員的淨髮地點在經行廊下。直寮在經行廊下鋪上紅色毛氈，除了洗面器，還準備了裝滿熱水和冷水的水桶各一。

預備淨髮的人腕上掛著洗面手巾，攜帶擦手巾和安全剃刀前往經行廊下。接著在洗面器裡面倒進適溫的冷熱水，兩個人一組彼此剃頭。話說在永平寺剃頭，別說抹刮鬍膏，連塗肥皂都沒有，僅僅以熱水將頭弄濕即拿起剃刀開始淨髮。

剔除鬚髮，當願眾生，永離煩惱，究竟寂滅（刮除鬍鬚、剃落頭髮，發願回向眾生：永遠斷除煩惱，得入究竟解脫之境）。

淨髮時須默念〈剃髮之偈〉，安靜而專注地使用剃刀。只有剃刀的利刃在濕濡的頭上動作時發出的沙沙聲，在高高天花板覆蓋的經行廊下微暗的空氣中幽幽迴盪。

上永平寺前一天，我有生以來第一次剃光頭。

不過昔日的「剃髮」那些優美典雅的道具一件也沒有，我交腳坐在鏡子前面，最後再看一次自己的模樣，隨即拿起剪刀利落地剪掉劉海。並沒有像女生一樣對頭髮懷有一種特別的留戀，繼續喀嚓喀嚓隨意將其他頭髮剪下。腳下鋪的報紙很快堆滿黑色的殘骸，往鏡子一瞧，眼前是有個醜怪髮型的自己。

接著拿起電動理髮刀，從額頭往後頭部剃過去。沒幾下就把自己理成一個大平頭。這時再看一下鏡子，雖然不算醜怪，但總覺得已面目全非。

馬上調整心情，擠出一坨刮鬍膏抹在頭上，然後拿新買的安全剃刀刮著頭皮上那些白色泡沫。如果要說生平第一次剃頭的感覺，那就是接觸頭皮的刀刃之冰冷，其實令人充滿了潔淨愉悅之感。不過和平日剃臉上稀疏鬍鬚時的情況不同，必須慎重地下手，仔細避免造成刀傷。

如此這般，也沒有什麼戲劇性的狀況發生，除了留下兩三處刀痕，總算剃好了一顆嶄新的和尚頭。這時我端正自己的坐姿，好整以暇地凝視鏡子。

那時的感覺我至今記憶猶新，彷彿身體裡面的血液突然從背後被快速抽吸，陷入即將失溫冷卻的錯覺。鏡中映現的，早已不是過去的自己。

斷髮乃斷愛根也。愛根稍斷，本身即露。

道元的《出家略作法》中有這麼一段話。淨髮是為了確認自己遠離愛欲之心、斷除煩惱的意志。我剃光了頭，並且在鏡中看到另一個我的瞬間，第一次想到此前自己作為一個人所擁有的俗情，一切的一切至此都必須徹底拋棄，因而感到一陣錯愕。

古代淨髮當然使用和剃刀，受剃者手上托個名叫「盤」的板子舉至額頭高度，收集剃落的毛髮。最後將收集的毛髮煅髮，也就是燒掉。

只要是活著，剃了又剃也還是長個不停的頭髮，就像人的欲望一樣。燒掉的頭髮會發出惡臭。出家人聞著自己頭髮發出的惡臭，咀嚼自己無止境欲望的悲哀本質。

大鑒

大鑒是和我同一天上山，並第一個脫下草鞋的人。

年紀已經四十過半，屬那一年上山的雲水當中最高齡者。淺黑色皮膚包覆著瘦削的骨骼，儘管如此，總給人一種強悍之感，這大概跟他上永平寺出家前的職業有關。

他已婚，還有一個就讀初中的兒子，擔任一家貨運公司的卡車駕駛養家。這樣的一個人，卻剃了頭，穿上了僧衣。理由是他的妻子。

本來一家三口的平靜生活，一天由於妻子娘家的緣故產生急遽變化，三個人不得不一起回到妻子娘家。他的妻子是寺院住持的獨生女。因此作為丈夫的大鑒，必須卸下卡車司機身分，設法在下半生變成一名寺院住持。話說卡車司機如果改行從商也許還好，但變成寺院住持完全是兩回事。

作為寺院的住持，剃光頭、穿袈裟、誦經拜懺，可不是每個人都做得來的。

在現代日本，要成為寺院住持，必須持有宗務廳所定名為「教師」的僧侶資格，資格還有細分化的等級；此外宗務廳又有視寺院自身傳統或規模而制定的「寺格」。要成為住持，必須依據不同寺格，取得所定教師等級的資格。

關於資格，比方寺格較高的寺院，其子弟降生時並沒有自動獲得比出身較低寺格的小孩更高的等級資格，彼此都是平等無差別的。

但學歷社會的風潮還是浸透到宗教界，比起高中畢業即開始在僧堂修行，大學畢業才開始修行的人為了取得資格而修行的時間較短。也就是說，在大學畢業那一刻資格積分即自動獲得加分。此外自各宗門所設大學畢業者也可以比一般大學畢業生獲得更多積分，研究所畢業者亦然。

因此一邊讀高中一邊過著僧堂生活並前來永平寺的眺宗，為了獲得較高等級的資格，需要比其他大學畢業的雲水更長的修行期間。

另外像融峰，雖然完全沒有僧堂修行的經歷，因為出身宗門大學的研究所，於是成為我們八個裡面積分最高、取得資格的必要修行年限最短的一個。

至於大鑒，既沒有大學學歷，又沒有僧堂的修行經歷，如果想獲得住持的資格，需要相當長的時間。然而大鑒選擇的不是修行相對輕鬆的地方僧堂，而是修行極嚴的本山永平寺。理由是，獲得資格的必要修行期間，地方僧堂和本山不一樣，永平寺可以短些。

振鈴的兩個小時前，午夜一點半，大鑒總是比任何人早起，坐在眾寮當番所火爐邊，伸出粗糙的雙手放在開始變紅的木炭上烤火。

我很享受在火爐邊上聽大鑒談他所懷念的卡車生涯。在他口中的卡車，遠不是我們所以為的，只是載運貨物的車子，而是極為特別的、某種意義上接近家人或知己的感覺。或許應該說遠在這一切之上。

木炭越來越紅，開始吐出小小的火舌，大鑒的臉映著火光，談起坐在卡車駕駛座上那種舒服的安堵感，或是夜晚從車窗中流逝的陌生城鎮的燈光，以及手握方向盤走遍日本全國的一個又一個回憶，眼睛閃閃發亮。

「啊啊，好想坐在卡車的駕駛座上……」

我不知道在火爐旁聽他這麼說過多少次。大鑒也說，結束永平寺修行與家人團聚後，一定會買一輛卡車開著到處奔馳。那時我腦海浮現成為寺院住持的大鑒頂著一顆和尚頭握著卡車方向盤的畫面，差點忍不住大笑，但是我卻真的希望他能夠如願以償。

這樣的想法，在看著大鑒於寮內日益孤立，眾人對他不理不睬時更形強烈。

雖說禪的修行並非苦行，但對年紀較大的人而言，肉體上的挑戰還是有嚴酷的一面。加上沒有從小在寺院生活的經驗，像大鑒這樣的雲水如果一切都要從頭開始學起，畢竟記憶力的衰退會讓他們付出加倍的辛勞。

實際上，大鑒因為職業而培養出來的強健身體，在體力上並不會落後其他雲水，但關於記憶之類的功課，他無論如何就是需要年輕雲水兩倍甚至三倍的時間。不管是背誦公務帖，或是記得並理解關於公務的一些規定，總是讓他吃盡苦頭。

結果導致其他寮員因為受到執行公務老是出包的大鑒連累，最後大家都對他避之唯恐不及。

對大鑒而言，除了要忍受寮內冷淡的孤立感，每天還要被年紀小他兩輪以上的古參拳打腳踢，肯定是苦上加苦。但是大鑒為了翹首盼望的妻兒，在取得資格之前的一段時間，再怎麼難受也只有硬著頭皮忍耐下去。

一天早上大鑒循例坐在火爐旁邊。

看到對著打開的公務帖眉頭深鎖的大鑒，我問他今天公務帖背誦的狀況。

「哎，完全敗給它了，不管怎樣就是搞不懂。」

又是他的標準答案。但他又說，今天他拿不了解的地方問其他寮員，結果沒有一個人願意教他。

雖說公務是依照公務帖上寫的去做，但公務帖所寫的根本只是一個概要。因此一般都是前一天執行過公務的人，將公務帖沒寫的實際作法教給下一個接手的人。

我馬上找到上一個執行同樣公務的人，問他為什麼不教大鑑。

「很簡單，因為怎麼教他都記不得，根本浪費時間。我自己要忙的事情很多，沒時間去管他的事。」

他一邊忙著讀他的公務帖一邊說，慢慢顯露他對大鑑的輕蔑。

「嘿，你幹嘛只看到別人的缺點啊？」

我忍不住回他一句，空氣突然整個僵住。我察覺自己也說了不該說的話，覺得非常後悔。

一般人都會有的、沾染了名與利的事物一個個被拿走。結果被壓抑的欲望在沒有解消的狀態下，變成黏稠的團塊蓄積在體內，不久沒有出口的欲望開始搜尋細小的縫隙，又因為找不到縫隙導致精神狀態更加不安定。的確身邊的雲水們越來越顯得浮躁。即使只是雞毛蒜皮的事也會無端火冒三丈。

我們在那樣抑壓的集團生活期間，生而為人的快樂或喜悅的東西逐漸消失，突然察覺這種狀況時，就會把鬱悶的念頭轉成藉由傷害比自己低劣的人而獲得紓解。每個人都是這樣。

以幹嘛只看到別人的缺點之類義正辭嚴反問的我，其實也會在知道誰失敗、看到什麼人被拳打腳踢時，內心深處有一種幸災樂禍之感。

會不會那天的反問，實際上並非為了大鑒，而是偶然遭逢自己想要耍帥之欲望的機會罷了。

總之，當時的我們被逼迫到極限境地的結果，人最醜陋的東西即會露骨地顯示出來。

此外我也對大鑒握拳說「倒不了、絕對不能倒」的情景，到今天都印象深刻。

大鑒由於執行公務一次又一次犯錯，引起古參雲水特別的關注，而對他的罰則，大都是讓他一個人在走廊跪坐。有時懲處過當，甚至有一天不准他吃飯，一個人在冷颼颼的經行廊下罰坐。

如果是平常的生活，偶爾一、兩餐不吃倒也沒什麼大不了，但在食物分量只合乎最小限需要的永平寺，一餐不吃其嚴重性超乎想像。一天大鑒早上不給吃，直到中午行鉢時依舊沒有獲得豁免，只能一直坐下去。

我看大鑒那樣實在於心不忍，雖然知道不好，但還是在大庫院做行粥後整理時，趁其他人不注意，將剩下的米飯與別菜豆渣用紙包起來，到經行廊下偷偷塞進大鑒袖子裡。

「撐著點。」聽我這麼一說，大鑒用力地點頭，緊握的拳頭瘦骨嶙峋，置於細瘦的膝蓋上，只是一逕囁嚅著「倒不了、絕對不能倒」。

即使如此，大鑒的身體還是不到半年就垮掉，被送進了醫院。

饑渴

好像遠處有什麼發出呻吟聲，不自覺地從床上起身。

「難道是在做夢……」

短暫而珍貴的睡眠時間，卻被這樣的夢給中斷，委實有幾分懊惱，正想再度倒頭大睡，才注意到呻吟聲並非來自夢境。

睡在隔壁的童龍，棉被依舊緊包全身，額頭都是汗，不安地蠕動著。

「喂，怎麼了？」

聽到我的問話，童龍扭曲著一張臉，直說好痛好痛。這時眺宗也被吵醒，我們兩個將童龍的棉被揭開，發現童龍的膝蓋腫得很不尋常。

從我們被分配到眾寮之後，童龍已經是第三個了。

某個四九日的上午，淨髮結束開始剪指甲時，留意到雖然過了一段相當時間，但指甲幾乎沒有變長多少，才發現我們的體質正緩慢地轉化。這種轉化儘管彼此之間有所差異，但症狀基本上雷同。

首先是身體浮腫。嚴重者手腳鼓起，肌肉失去彈力，用指頭一壓即凹陷，久久不能恢復原狀。另外排尿次數異常增多，不管跑幾次東司還是尿意頻傳，導致時間較長的法要或儀式時，有的人因忍不住而失禁。

還有就是傷口不易復元。特別是長時間跪坐時，膝蓋和腳趾甲受傷的人很多，傷口很難結痂，其中有些人黴菌從傷口進入，水腫與劇痛更形嚴重，還發高燒被緊急送醫。童龍也是立刻住院。

這些症狀幾乎都是因為碳水化合物的過度攝取以及維他命B_1缺乏所引起，一般稱之為腳氣病。在永平寺雲水的場合，明顯是吃太多米食；所以古參雲水經常提醒我們飯量過大會得腳氣病。

飯吃太多會生病。知道儘管知道，但不吃又不行。我們的處境就是那樣。

當時，我們的饑餓感已經到了極點。不管是坐禪，或是縮在棉被裡面，想的都是吃，而且被食物的幻影所折磨。那是有生以來一次都沒有嘗過、難以形容的饑餓。

就在不久之前，我們過的是極為理所當然的「肚子餓了隨時都可以吃想吃的東西而且想吃多少就吃多少」的生活。但是在這裡，從凌晨一點半起床到夜晚十點半就寢之間，除了早中晚的行鉢以外，完全沒有東西可以吃。

而且三次行鉢所提供的食物分量極少，即使有別菜，小皿上也就是兩口就吃光的程度。其中可以再來一份的東西，只有味噌湯與麥飯，但裝味噌湯的鉢本身就小，味噌湯又多是流質，根本吃不飽。實在無法忍饑耐餓的人，唯一的選擇就是麥飯。

話說麥飯也是和味噌湯一樣，只能多吃一份，也就是頭鉢兩碗。區區兩碗就會導致碳水化合物的過度攝取，主要是因為麥飯以外能吃的東西不管分量或營養價值都很少的關係。

為了療饑而吃飯然後生病。不吃飯就要被饑餓所苦。你只能二選一。

當然我們這種饑餓感，並不是讓人徘徊在生死之際的那種饑渴，而是被「飽食的時代」之類似是而非說法所豢養的羸弱精神輕易即被擊潰，或可說是精神的空腹與饑渴。也因為如此精神再度走上加速惡化之途，逐漸陷入深深的泥淖。

沒有多久時間，已經成人的男子們，開始為一口飯、一碗味噌湯、一片醃蘿蔔而產生齟齬。

行鉢在僧堂進行，雲水在那邊用餐，但因為公務而無法在僧堂用餐的人，則會有所謂「二番飯台」，於僧堂行鉢後，在眾寮當番所用餐。當番所中排好桌子，以較簡略的儀節進食，這時並沒有誰幫忙打菜飯，而是各人直接從桶子盛裝食物。

也就是說，沒有人來幫他們公平分配食物，先下手為強。只要稍有遲疑，轉瞬間飯桶見底，味噌湯的食材消失只剩下湯汁，別菜、醬菜也是一片不留。完全沒有為他人著想的餘裕。我看了實在氣不過。

「嘿，好歹想一下別人吧。」

為這件事義正辭嚴的我，倒不是說只有自己保持冷靜，而是對那些只知照顧自己肚子不顧他人死活的傢伙真的感到痛恨。

在古代佛制中，吃被當作染污的一種，對當時的我們而言，吃這件事還真令人感到厭惡與骯髒。而且對獲得的食物無法滿足，難以抑制想要得到更多的念頭，也深深地傷害了自尊心。

不只是眾寮有二番飯台，各寮舍也會在各自相當於當番所的地方用餐。眾寮的場合，二番飯台是由輪值的直寮加番準備；直寮加番同時也負責鄰近的堂行寮或講送寮的餐點以及之後的清理。

餐具清理是將用過的食器放在盆中，拿到眾寮當番所下方的洗面所整理清洗。每天直寮加番捧著大盆下到洗面所時，一定有好幾名雲水等在那裡，搶著要吃盆中的殘羹剩飯。

「魯山桑，不要那麼理性好不好？」

當我看到搶奪殘羹剩飯、用手抓了往嘴裡塞的場面而一陣錯愕時，突然聽到有人這麼說。感覺像是看了不該看的東西，充滿了心虛與自責。想到人也會淪落到這種地步，不禁悲從中來。

然而接下來的瞬間，我也伸手抓了一把殘飯送進嘴裡。無滋無味、空虛……複雜的滿足感在腹腔擴散。

然而只要做了一件沒有被譴責、處罰的壞事，往往變成新的價值觀在意識中生根，以至於那種空虛之感很快就被我忘得一乾二淨。

那是理性所不能及的地方。像那樣閉鎖在一切都被抑壓的世界，人的理性其實非常脆弱。不可否認理性無法填飽肚子。每個人最後掩蓋不住的只有「想吃」的本能。

結果，童龍住院後不久，喜純也跟著住了院。剩下的我們這些人，依然為食物的多少而吵得面紅耳赤，搶著吃別人吃剩的東西，最後甚至有人撿塑膠桶裡面的廚餘來吃。

永平寺行鉢後剩下的東西一律丟棄。即使剩下很多，在大庫院擔任行鉢後的清理時，餓得七葷八素的我們，還是得將殘羹剩飯裝進塑膠桶裡面。當然這樣做說是對食物的不敬也沒錯，但是對叢林生活而言卻是必要之惡。有剩菜剩飯的確應該深刻懺悔，但做好的東西為了謹守規律不得不拋棄。

理性遵從規律將食物當作垃圾丟棄，本能隨著欲望將垃圾當作食物撿來吃。這兩者無疑都是人類的行徑。而這種矛盾，也是同時擁有心智和肉體的人類這種生物與生俱來的苦惱與疑惑。

永平寺是修行生活，是透過徹底壓制欲望來凸顯心智與肉體的分歧，並以此不斷向我們丟來無聲的質疑。

第四章　隨流而行時在乎的事

逃亡

發現義介不見，是在中午的行鉢之後不久的事。

行鉢結束，大家在眾寮當番所做公務預習，講送慌張地跑進來。

「喂，義介怎麼了？行鉢沒看到他哦！」

聽到講送這麼說，我們才知道義介不見了。一開始由於事出突然，我們完全不明白發生了什麼事，慢慢才搞清楚原來他逃走了。

義介是早我們兩梯次上山的雲水，他也是大學剛畢業、出身寺院家的長男。但是對於上山日不一樣的我們而言，突然聽到「義介」時，腦海裡卻無法立刻浮現他的臉，可以想像他存在感之稀薄。總之就是一個不會犯什麼大錯，卻也不算是優等生，非常低調不惹人注意的乖乖男，因此誰都沒想到他會做出逃走之類的驚人舉動。

「這樣，你們也在這附近幫忙找一下！」

我們看到講送氣急敗壞的模樣，意識到事態的嚴重，立刻開始搜尋。雖說是搜尋，我們能夠搜尋的場所也有限，很快就確定附近沒有他的蹤影。這時堂行也加入搜尋行列，不久搜尋範圍擴大到寺院外頭的商店街。

永平寺每年二月開旦過寮，受理雲水的上山申請，稱之為「開旦過」，通常到四月上旬才告一段落。期間每隔四、五天就陸續有雲水報到，每年大致都有一百幾十名雲水上山。

其中，每年也都會有幾個雲水逃走。逃走說起來簡單，但是對逃走的人而言，可不是普通的困難。

永平寺三面環山，如果不是熟門熟路的在地人，沒有任何準備就走進去，這些山每一座都沒那麼容易讓你翻山越嶺。就算可以，要走到下一個有人煙的地方，你還得翻越好幾座類似這樣的山。

因此逃走的人必然選擇從寺院前面的商店街離開。可即使來到商店街，由於位在福井偏遠山區的關係，走路是回不了家的，唯有利用交通工具。要從永平寺前商店街離去，要不搭電車[1]或巴士，或者就是叫計程車。

這裡有一個大問題：身上沒錢。上山時帶的錢在地藏院做行李點檢時已經全部被收走了。唯一就是袈裟行李裡面還有涅槃金一千圓，可是想解開捆包得極為複雜的袈裟行李要花相當時間。而要在沒有自由時間、想要一個人獨處除了去東司上廁所其他機會全無的平常日子裡打開，更是不可能。何況打開我們雲水所有物中被視為特別神聖的袈裟行李，誰看到都會起疑。如果想在就寢和起床之間有限的時間內來做，又因為晚上有巡夜，這麼做還是有被發現的危險。

這樣一來，要不便是逃進商店街的茶館借電話打回家，要不便是身無分文地搭上計程車。但是在這個地方，逃進茶館也罷、搭上計程車也好，多數場合都會有人打電話聯絡永平寺。

現在永平寺與雲水的關係，和過去行雲流水時代的狀況有些許改變，接近「全國各宗門的寺院，為了修行的目的而將繼承家業的兒子託付永平寺管理」的形態。因此永平寺對這些為修行而來的人負有責任，即使本人吃不了苦或我行我素而想回家，也不能說聲「好，請便」就讓他回去。對本人而言，理當是在決死的覺悟之下接受修行的考驗才脫下草鞋的。脫下草鞋的人必須抱著決死的覺悟，永平寺也是抱著同等的覺悟而收留這個人，這樣的秩序與尊嚴不容打亂。儘管永平寺與雲水的形態與往昔有若干變化，但作為禪宗根本道場的事實並沒有改變。

充分理解永平寺與雲水間這種關係的商店街居民，碰到類似情況都會通報永平寺。

若是運氣好用了什麼方法拿到錢，不進茶館也不搭計程車，而是裝作一般乘客上了巴士或電車，也還是有很多曝光的危險。

基本上永平寺禁止雲水為了私人目的離開寺院。若是古參，限制會稍稍緩和，但不管什麼情況走出山門都會穿作務衣，絕對沒有人穿著僧袍外出。

在這種種狀況下，如果有人穿著黑色寬袍大袖在路上棲棲遑遑，人家一看

1京福電鐵永平寺線已於二〇〇二年廢止。

就知道事情非比尋常。那種模樣在外面未免太引人側目，簡直是異形。如果想偷偷逃跑，除非脫掉衣服否則不可能。

即使如此，每年還是有幾個人克服種種困難成功逃走。

有人深夜冒著危險，解開好幾個人的袈裟行李，偷走裡面的涅槃金逃亡。還有人使用上山前偷偷縫在衣領中的錢逃亡。不過大部分的人都是只知道要逃，未經深思熟慮即採取了行動。

那想必是突然在眼前展開的一瞬之隙。在那瞬間，於無意識中縱身一躍，等回過神來時，人已經光著腳在暗夜中奔跑。也曾想回頭，但一切都已經太晚，後悔也來不及了。

本來這些逃走的人，就是因為無法忍受每天嚴苛的修行。他們無法忍受的最重要原因，既不是睡眠不足，也不是肚餓難捱，而是對嚴格的規律中與古參雲水的傾軋摩擦之恐懼。對懷著這種想法而脫逃的人來說，大概沒有比中途被抓到帶回來更恐怖的事了。

忘我地拚命往前跑。總之越遠越好、越遠越好。心中僅剩這樣的念頭。深夜一片漆黑的山中，灌木的枝椏牽絆著雙腳。或者穿過商店街的巷弄，屏息躲開人們的眼光。始終沒有一刻停止被人從後面抓住衣領拖回去的恐怖。

結果並沒有找到義介。也不知道他是怎麼回到家裡的，事後家人給永平寺打了一通致歉的電話，說兒子給大家添麻煩了。

新到掛搭式

義介不見了，加上之前逃走的，結果總共少了五個人，所以今年總共有一百一十一名雲水，歷經種種的試煉留了下來。

於是在遲開的梅花和櫻花開始怒放的某個美好春日，全山雲水齊聚一堂，殷勤莊重地舉行了新到掛搭式。所謂掛搭，是指雲水將自己的衣缽掛搭於僧堂適當的位置，代表正式在僧堂設籍。通過此一儀式，上山以來只有「暫到」這個臨時身分的我們，總算被認可成為永平寺正式的雲水。

新到掛搭式前夕，我們在眾寮講堂集合。首先讓我們磨墨，磨好後給每個人發了兩張白紙。一張寫履歷，一張則是用來寫掛搭狀。講送在黑板上寫出它們的格式，我們邊看邊提筆寫下：

右某甲履歷具於別紙　今為生死事大特來依棲左右　自今以後宗規山法謹正遵守　若有違犯甘受其罰　伏望慈悲容納

掛搭狀全部以漢文來書寫。覺得每個字都有它的重量。我邊寫邊在那一筆一畫中，充分感受著好不容易走到今天的實感。

寫好後在最後面署名、捺印，與履歷一起包在厚紙夾中，封面寫上大大的「掛搭狀」然後交出去。

當天一到迴廊掃除結束的時刻，客行將掛搭狀放在紅漆盤上，呈遞給雲水修行的總監督者維那。維那接受掛搭狀後，帶頭領著在經行廊下待命的我們這些新到進入僧堂。

走進僧堂後，新到的代表燒香，接著大家一起三拜，然後以順時針方向巡堂。巡堂終了，我們面單而立，以堂行所打的引磬為信號向單三拜，接著向隔鄰以及對面的雲水行禮。

在沉默中結束僧堂的儀式後，我們又隨著維那走出僧堂，走向承陽殿。在承陽殿同樣燒香、禮拜後，我們又排成長長一列走出承陽殿，穿過法堂，走過通天廊下，抵達光明藏。

「光明藏」位於不老閣和監院寮之間，是住持正式會見訪客的場所，依照桃山時代的樣式建造而成的全檜木建築。內部是鋪了兩百九十八張榻榻米的大廳，掛了御簾的上段，為小室翠雲（Komuro Suiun）所畫的老松與鷹、竹、梅的障壁畫所圍繞。南畫[2]特有的令人聯想到無為的恬淡筆墨與顏料交錯，使得

2南畫為江戶中期以降畫派、繪畫風格用語，可視為文人畫的同義語。

空間更加閑雅。

抵達光明藏的我們，依序進去，面對上段的正面排好隊。上山以來，幾乎沒有看過華美的顏色，以致光明藏的莊嚴令人感到頭暈目眩。

當周遭終於靜肅下來時，上段側邊的紙門無聲拉開，走出一位老僧。他就是永平寺現任住持，七十七世丹羽廉芳（Niwa Renpo）猊下[3]。眉白如鶴，眼瞳深處異常清澄銳利，即使站在遠處的我都可以感受它的輝耀。整個人被一股難以形容的能量吸引，內心一陣騷亂。世界上少見具有如此吸引力容姿之人。我想佛陀或耶穌基督也是會發出這種吸引力的人吧。

猊下靜靜走到上段中央，看到他站到這個位置，新到的代表即刻向前，呈上放在漆盤上的掛搭狀。接著大家一起三拜後就座，就有三位被點名者走到中央香台前立定。

被點名的三個人，是我們新到的筆頭，也就是春天永平寺開旦過寮開始接受修行雲水時最初上山的人。開旦過是二月中旬。天寒地凍、積雪盈尺的時候來的，單從這一點也可以想像他們非凡的決心。

他們慢慢拿起掛搭狀，和聲齊念，念完後將掛搭狀放回漆盤，再退回原來的位置。

期間猊下坐在四周吊著白色垂飾、圍著金襴的坐褥上，見證儀式的進行。接著是猊下的開示。這天開示的內容是什麼我已經忘得一乾二淨，卻清楚記得自己如何著迷於那優雅的聲音。對出自一名老者口中的聲音而言未免過度洪亮了些，而語調又是如此典雅而優美，彷彿具有超越人類資質的力道，向四方輻射開來。

僧堂、承陽殿、光明藏，每個場所的儀式都依序進行過後，我們直接下到佛殿前庭拍攝紀念照。

現在看著留在手邊這張令人懷念的照片，大家的表情都顯得有如正瀕臨危殆之境似的。從這張照片丁點也看不出任何新到掛搭式結束、順利成為永平寺

3 猊下為佛教對高僧長老的敬稱。

正式雲水的欣喜。

想當然耳。那個階段的我們，每天的精神都極度緊張，一天接著一天忙著摸索、重複演練都來不及，即使是從暫到這個臨時身分變成了永平寺正式的雲水，一時也無從判斷要如何看待這個新的身分。

新到掛搭式的確是一種通過儀式。可是儘管通過了，但每天的修行生活一如以往。

修行本來就是這麼回事。即使因為時間久了，位階上升、年齡增長，卻不足以成為特別待遇的理由。修行不是前往某個目的地的過渡階段，而是活著的每一個瞬間自己應有的樣貌。

也就是說，以自己的身心洞察活著這一事實，並持續不斷修習、實踐做一個人的理想生命狀態，這就是修行。道元禪師「威儀即佛法，作法是宗旨」說的正是這個意思。

然而永平寺的修行，並沒有特別教我們什麼。永平寺有的就是沒有變化、同樣日子的重複而已。所以並不是什麼人來教給我們什麼，而是一天天的重複中，自己身心的體悟與發現。

於是佛殿前的紀念照拍好後，結束新到掛搭式一切儀節的我們，又開始了與之前完全沒有兩樣的生活。

開浴

公務點檢總是在行持與公務的空檔進行。

點檢方法是由講送質問的形式，基本上依照公務的不同一個一個來，回答了全部質問的話，關於此一公務的點檢就算是及格。必須所有十一種公務點檢都及格，加上之後進行的綜合點檢也及格，才可以放心從「公務中」的見習身分獲得解放，話雖如此，事情可沒有那麼簡單。

不過新到掛搭式結束後，之前嚴格異常的點檢也全部緩和下來，於是沒多久幾乎所有人都得以脫離「公務中」的身分。這是為了從入堂開始到新到掛搭式期間，密集地讓大家熟習山規，所以形成嚴厲點檢的慣例。

讓我們好不容易自公務中脫身的，是新到掛搭式結束後一個禮拜，四九日的早上。而且那天下午，我們獲得上山以來第一次入浴的許可。

叢林中稱入浴為「開浴」，習慣上於每逢四與九的日子——四九日進行，但因為公務在身不許可入浴，我們到現在為止既沒有擦過身體，也沒有換過衣服。

開浴在位於山門之東的浴室進行。永平寺的「浴室」將脫衣場和浴場分開，脫衣場供奉跋陀婆羅菩薩。話說在這個叢林中，開浴固然是一般的洗澡，但總覺得稱之為儀禮或許還比較正確。

開浴由直歲寮擔任水頭職務的雲水負責，首先進行浴司百拜。

所謂「浴司百拜」，是在開浴時，先恭請僧堂裡奉祀的聖僧文殊菩薩入浴的儀式，在中午的行鉢之後進行。

執行儀式的水頭以最高等級的裝束——披上袈裟、套上布襪、攜帶坐具，手持線香前往僧堂，並在午時行鉢的最後進入僧堂。

入堂後在禮盤前作揖，點燃線香三拜，再繞到聖僧龕後方。在那邊一個類似木製筆架的東西上面，將毛筆寫了「浴司百拜」的白色棉布掛上去。水頭再將架子高舉至眼睛高度，然後一邊念誦《般若心經》一邊朝浴室走去。

一路上不斷念誦《般若心經》，直到浴室入口。在這裡水頭將「浴司百拜」的架子置於跋陀婆羅菩薩前，燒香三拜，接著跪在裝滿熱水的湯桶前，將「浴司百拜」的白布放進熱水中浸洗，並唱誦〈清淨真言〉三次：

唵　室利　室利　摩訶室利　蘇室利　薩婆訶（oṃśrī śrī mahāśrī suśrī svāhā）

以白布放在裝滿熱水的第一號湯桶中浸洗，象徵奉請聖僧文殊菩薩入浴。

浴司百拜結束後，接著由開浴導師進行入浴儀式。這個儀式本來應該由住持來做，但多數場合都由其他師父代行。這個部分並沒有浴司百拜那樣複雜。

開浴導師在侍者陪同下進入浴室，首先對跋陀婆羅菩薩燒香三拜。三拜的同時，浴室隔鄰的鼓樓開始打浴鼓。之後脫衣，與侍者一起入浴。入浴結束，再次對跋陀婆羅菩薩三拜。此時浴鼓再起，乃是促請其他師父入浴的信號。

我們雲水的入浴，是以師父們入浴的最後擊打的浴鼓為號開始。

入浴的日子，我們將拭手巾、換洗衣物裝在包袱巾裡面前往浴室。抵達浴室後，首先走到跋陀婆羅菩薩前，合掌默誦〈入浴之偈〉並行三拜。浴室和禪堂、東司都是三默道場。

沐浴身體，當願眾生：身心無垢，內外皎潔（洗清身體，發願回向眾生：身心皆無染污，一切事物皆能光明清淨）。

三拜之後依照規定作法脫衣，拿著拭手巾進入浴場。

浴場很大，巨大的熱水槽裡面滿滿是清潔的熱水。我們先在洗滌處坐下，將肥皂抹在拭手巾上，然後開始洗刷累積了好幾個禮拜的污垢，一遍又一遍。當肥皂的白色泡沫從身上沖走，感覺真是清爽無比。

接著浸泡到熱水槽中，伸展四肢。彷彿全身肌肉因為緊張導致的僵硬全都溶化到熱水之中。看著熱水槽蒸騰的水氣從開放的天窗湧出，消失在杉木林上方的空中，我有一陣子渾然忘記了一切。

完成第一次入浴離開浴室，感覺腳步變得非常輕快，午後的風吹過迴廊，輕撫肌膚上殘留的餘溫，我愉快地走回眾寮。

回眾寮途中，不經意往眾寮當番所瞧一眼，裡面聚集了好些人正七嘴八舌。

「眺宗，那是女孩子的字吧，平常一臉老實相，真是看不出來哦。」

「才不是這樣啦！」眺宗滿臉通紅地反駁。

「喂，沒有我的嗎？」

大家的臉上堆滿了壓不住的笑意。上山之後久違的一張張燦爛的臉。正這麼想著，突然一個信封遞到我眼前。

「魯山桑也有一封。」

一看是封來信。一直都是執行公務身分的我們，寄信、收信被嚴格禁止。因此期間所有來信，都由講送保管直到本人可以收信時為止。大家收到期待已久的來信，無不大喜過望。

其中也包括大鑒。他開心地走過來，沒說什麼就把手伸到我面前。那是一枚明信片。仔細一看，是大鑒的兒子在修學旅行途中寄來的。我第一次看到大鑒洋溢著幸福的表情。那無疑是一張為人父母以全部生命意義無造作地展現出來的笑臉。

卻也是最後一次了。積澱在他體內的什麼，突然讓他像斷了電一樣垮掉，被送進了醫院，我再也沒見過他。

我快步回到眾寮，把盥洗用品擺好，再將頗有分量的來信放進袖子裡，前往東司。

進入東司，將門關好，在天窗透進的微光中取出信封。令人懷念的筆跡，一看就知道是媽媽寫的。

我盡量克制自己的興奮，拆開信封，將摺成厚厚一疊的信紙攤開來的瞬間，媽媽沿著信箋格線一筆一畫用心寫下的筆跡躍入眼簾。墨水微細的濃淡變化，其光澤如此鮮活，一個字一個字彷彿都轉化為媽媽說話的聲音。看著看著在字裡行間恍惚浮現媽媽的臉。

之後如何就毫無記憶了。當我重新回過神來，發現自己正蹲在東司中哭泣。無論做什麼都沒有幫助，只能任憑熱淚從臉頰流淌而下。

完全不是因為悲傷。就是一個三十歲的男人蹲在幽暗的東司中，手上握著母親的來信哭個不停。

那裡開始向籠罩一切的深夜挪移，四下充滿了靜謐的幽闇。

結制

古代印度的佛教僧侶原則上都是過著居無定所，所謂「遊行」的生活，但在雨季的三個月期間則集中在一定的場所修行，即所謂「安居」。一方面印度的雨季不適合雲水遊行生活，一方面據說也是為了避免踩到水坑、泥濘中的昆蟲於無意中殺生。

這個習俗經由中國傳到日本叢林，不久即發展成夏、冬二期。夏天舉行的安居稱為「夏安居」或「雨安居」，冬天的安居稱之為「冬安居」或「雪安居」。期間長短比照印度為例，夏、冬都是三個月，禁止外出，即所謂禁足，留在叢林中專心進行各種行持、法要。因此安居中稱之為「制中」，安居開始稱「結制」，結束為「解制」。

不過此處安居不僅僅意味著禁止外出的修行期間。以結制日期為界，讓修行的內容逐漸嚴格，一個個重要的儀式或法要密集地舉行。道元禪師在《正法眼藏．安居》卷中闡釋關於安居的重要性，不修安居而自稱佛祖兒孫者，乃是不值一笑的愚者。

也就是說，修此安居，乃是佛祖法門的正傳，叢林修行的大面目也。

結制時首先指名一位首座。

所謂「首座」，意思是僧堂中坐於首席的人，也就是位居雲水之首的人。首座當然是雲水的模範，制中的修行或各種儀式都是以首座為中心進行。首座從經過兩年以上安居生活的雲水中挑選，同時也指定輔佐他的書記與弁事，然後開啟首座寮的運作。

制中進行的主要儀式與法要列舉如下：

大夜參行茶

結制時宣布各種制中職務的儀式。在茶鼓轟轟聲中，點燃煌煌蠟燭，將燭台送到光明藏，然後一同喫茶。

楞嚴會啟建

所謂楞嚴會是讀誦《楞嚴咒》的法要，啟建意思是法要的首日。《楞嚴咒》正確的全名應該是《大佛頂萬行首楞嚴陀羅尼》，「陀羅尼」是梵文的「咒（dhāraṇī）」之漢字音譯，一般認為唱誦可得除災等功德。另外陀羅尼是漢譯佛經中所謂「五不翻」[4]之一，因此在中國亦未曾翻譯成漢字，全部保留梵文原典的發音轉寫為漢字，並流傳到日本。

《大佛頂萬行首楞嚴陀羅尼》的「首楞嚴（Śūrangama）」，是調伏諸魔使成正覺的意思，佛陀弟子阿難受到摩登伽女誘惑即將破戒，佛陀派遣文殊菩薩去救他，後來阿難和摩登伽女受到感召，都入了禪定三昧。

因此《楞嚴咒》被用來打碎修行中所起的種種障礙、煩惱與妄想，為了制中的修行得以圓滿成就，於是啟建楞嚴會，直到解制為止，每天早上於法堂勤修，誦讀此咒。

結制土地堂念誦

結制時對土地堂奉祀的伽藍守護神——土地護伽藍神與招寶七郎大權修理菩薩念誦的法要。土地堂指佛殿內部面對正前方右側的大廳，各守護神都奉祀於此。

庫司點湯

為慶賀結制，師父們供應雲水茶點的儀式。僧堂四方安置香爐，薰燃名香一片，由於儀式過程有大量的禮拜與沉默，庫司點湯與侍者煎點並列永平寺茶禮中最特別的儀式。

結制人事行禮

結制時宣讀賀詞的儀式。「人事」指燒香或禮拜等事，依場所不同，有法堂人事、庫司人事、僧堂人事等。

巡寮

住持巡視諸寮，進行結制的威儀或規範之點檢，以及指點關於安居的注意事項。

---

4 「五不翻」為唐玄奘法師所提出的翻譯理論，主張在將梵文譯成漢文時，遇五種情形不進行意譯，而保留其原音，只進行音譯。五不翻包括：一、秘密故（如陀羅尼，亦即咒語），二、含多義故（如「薄伽梵」具六義），三、此無故（本地沒有的事物），四、順古故（保留古人習慣用法），五、生善故（為對翻譯的事物存尊重之心，如「般若」不翻為智慧）。

戒臘牌問託

「戒臘」是出家受戒起算至今日為止的年數，將全山僧眾名依戒臘長短序，以胡粉[5]寫在正方形漆板上，是謂戒臘牌。永平寺的戒臘牌，列於筆頭的是文殊菩薩，接著是師父們的名字，其後才是雲水。

將戒臘牌掛在僧堂的外堂燒香、禮拜的儀式，即戒臘牌問託。

侍者煎點

燒香侍者代表住持，供應茶點給雲水的儀式。與庫司點湯同樣在僧堂舉行。

本則行茶

由首座在首座法座上舉唱顯示禪之真理的古則公案，住持於前一天提唱[6]本則並供應茶點的儀式。地點在光明藏。

祝茶

修首座法戰式時，首座對雲水供應茶點的儀式。地點在光明藏。

首座法座

亦名首座法戰式，作為雲水領袖的首座代替住持舉唱古則公案，與僧眾進行禪問答對戰的儀式。典出佛陀將自己的座位分一半給正傳弟子摩訶迦葉，由其代為說法的故事。首座法座是無數制中儀式中特別重要的一個，法戰的舉行讓制中活動掀起一陣高潮。

大布薩講式

所謂「講式」，是以文學的形式宣講佛教教理的法要，以漢文體的和文聲明[7]呈現。「布薩」是反省自己的言行並懺悔其罪過，從佛陀在世時即建立的重要慣例。所以大布薩講式就是宣講布薩的法要。地點在法堂。

---

5 傳統白色顏料之一，由貝殼或鉛白製成。
6 關於禪宗法義或禪僧語錄之開示謂之提唱，或曰提要、提綱。
7 聲明（shomyo）為加上韻律以進行經典唱誦的佛教音樂之一，亦即梵唄。

楞嚴會滿散

以這個儀式作為每天早上勤修的楞嚴會結束。

解制土地堂念誦

解制時對土地堂奉祀的伽藍守護神——土地護伽藍神與招寶七郎大權修理菩薩念誦的法要。

解制人事行禮

解制時宣讀賀詞的儀式。

當圓滿這些儀式時，九旬百日，為期三個月的安居即告一段落。這裡所列舉的儀式或法要，只是制中所舉行法要的一小部分；當然除了這些特別的活動以外，例行的法要或是作務、坐禪照舊進行。

儀式或法要，其過程無不是莊嚴而綿密，僅僅是列席其間，都讓人心生虔敬之念，彷彿有一種神秘的力量。

佛教有個說法叫「薰習」，就像走過香爐附近身體即滿布薰香，只要身處其現場，整個身心就會在無意識之中受到現場飄漾的氣息影響。儀式或法要所產生的作用之一，就是這樣的薰習。宗教儀禮於此一意義上，其存在是無可取代的。

制中的每一天，從早到晚都是行持的連續。綿綿密密不留寸隙地依照既定的情節演出，同時也成為情節的一部分。可以說是依照法義並成為法義一部分的三個月。

當薰風吹遍永平寺的山谷時，今年的安居終於開啟了序幕。

作務

在禪法中，與坐禪同等重要的修行是作務。

「作務」是指叢林中的肉體勞動。叢林中開始有作務的課目，是禪自印度傳到中國，在漢化過程中所產生的變化之一。簡單說印度的僧侶遠離一切肉體的營為，全心投入精神的修練。他們所需要的物資，來自信徒的布施供養，一切勞動也都交給信徒來做。但是到了中國，與中國人崇尚肉體勞動之實踐性思想結合，作務於是定著在叢林當中。

與叢林生活類似，因宗教而建立的集團生活，有基督教的修道生活。基督教修道生活的根本，也是「祈禱與勞動」。但是此處的勞動，完全是為了維持祈禱生活的手段，祈禱與勞動基本上是目的與手段的關係。但是禪宗叢林生活中的勞動，是要從操持勞動本身發現其真正的價值，這一點是與基督教修行生活中的勞動不同的地方。

在永平寺，作務也被當作重要的修行，與早、晚的坐禪一樣無一日中斷。永平寺的作務可以大致分為兩類，一是以各寮舍為單位進行的作務，還有一個是全山雲水集合共同執行的作務。

各寮舍的作務，以與該寮舍公務關聯的作業，或是寮舍責任區域的清掃等為主要內容。

眾寮的場合，由於主要的公務項目為清掃與撞鐘，如果只談屬於寮舍本身的作務，那還是清掃。眾寮所管轄的場所包括僧堂、後架、經行廊下、眾寮、眾寮當番所、眾寮當番所下方的洗面所與東司。這些場所的清掃，並不只限於表定的作務時間，每天分配到這些場所公務的雲水也要負責。永平寺清掃的殊勝之處，在於不制定特別的日子，也不指定特殊的場所，每天每天不管髒污與否都要認真執行，沒有例外。

與各寮舍自身的作務不同，集結全山雲水共同實施的全山作務，除了規模較大，而且也有根據不同季節而執行的項目。

首先是春天的清掃作務。永平寺伽藍全體被巨大的杉木林所包圍，雪融之後，地面上滿滿都是冬天和雪一起落下的枯葉和枯枝。大家要合力撿拾、清除。

此外這個時期，在永平寺川所進行的川作務也是一樣。一到春天，河床岩石之間也堆積了大量從上游流下來的枯枝敗葉。我們套上膠鞋、披上雨衣，踩進河流中，加以徹底地清除。雪融後的河水冰冷刺骨，手腳完全失去知覺，每個人默默地一枝一枝撿拾。

夏天快到時，作務必然開始集中在一項作業上：除草作務是也。只要稍有怠惰，野草就在廣袤的伽藍每個角落急遽蔓延。連續幾天、將近百名雲水參與，實在是伽藍太大、野草生命力忒強。我們人類畢竟不敵自然的攝理，也不認為可以這樣。也就是說，除草作務並沒有快速將全山野草一掃而空的焦慮。草長出來，人摘除；人摘除，草又生。與其一掃而空，不如老老實實一次又一次重來，這樣反而更能看出其存在的必然性。

夏季除草範圍則不僅限於伽藍境內，還擴大到鄰近的山區。山作務是也。永平寺一直在鄰近山區有計劃地種植杉樹，以前可以為寺方帶來不錯的收入。我們沿著山徑，以鐮刀割除及腰的長草。萬里無雲的碧藍天空下，有刺鼻青草味和遠方傳來的杜鵑啼聲作陪，割刈作業持續了好幾天。

秋天同樣是清掃作務。在伽藍內的杉木等常綠樹間，還種了以楓樹為首的許多落葉喬木。與夏天的野草一樣，秋天的落葉也是隨掃隨掉，掉了又掃。冬天降臨前悠悠長長的秋日，我們就是這樣一天天掃個不停。

冬天的永平寺，同時也是著名的雪之永平寺。積雪覆蓋了整個伽藍所在的山谷。在冬天到訪前，伽藍為了防止豪雪帶來的災害，要幫每棟建築施做防雪圍籬。雪圍作務是也。首先要組構粗角木框架，接著劈開竹子以竹片編成大型遮簾。伽藍佔地寬廣，屋頂又高。要將分散各處的建築做好防雪圍籬，使用的遮簾數量非常龐大，所需的作業時間也相當長。當防雪圍籬都做好時，永平寺靜寂的冬天終於揭開了序幕。

第一場雪宣告冬天正式降臨，除雪作務也同時展開。北陸地方的雪很沉，有如碾壓大地一樣層層堆積。我們使用大型鐵鍬，一鏟一鏟地清除。不只是地面的雪，屋頂上的雪也得鏟。好不容易鏟到看見地面，雪卻完全無感於我們的辛勞，繼續下個不停，周遭不旋踵又白成一片。這也讓我們切身體會自然威力之強大。

還有一些與季節無關的全山作務。其中之一是障子門換貼新紙作務。全伽藍各建築裡面的紙門都要換貼新紙。首先將紙門拆下，以噴霧器噴灑水汽，或浸到池子裡，讓障子上的舊紙剝落，以兩人一組貼上新紙。需要進行換紙作業的障子數目驚人，但熟手有限，多數人都是有生以來第一次做這件事。全部貼好後一看，不少是貼得歪歪扭扭，經過點檢後必須「再進」撕掉重貼。

除此之外，也有清洗全山玻璃窗的洗窗作務，或是搬運從外面送來的大鋸炭[8]、寄送永平寺發行的雜誌《傘松》等等各式作務。

就像這樣，身體勞動的作業悉數稱之為「作務」。

永平寺的修行中，作務是自己作為的結果唯一以具體的形狀呈現的修行。默默地工作，完成時內心充滿了無以名狀的爽快之感。此外多數時間都在幽暗伽藍中度過的我們，能夠在陽光底下執行作務，讓泥土和草屑沾滿全身，也是很大的氣氛轉換。

到了制中，作務也和其他行持一樣執行得更加徹底，每天都在藍天之下揮汗工作。

有一天又是除草作務。我們被制中繁忙的行持追著跑，一到接近平日作務開始時刻，我們急忙換裝，趕去集合地點的山門。作務當然要穿作務衣，頭上紮著條白毛巾。點呼之後，古參雲水帶頭以小跑步向作務場所移動。我們走出山門，繞道圓通門，然後穿過勅使門側邊，最後抵達龍門。

龍門。就是上山那天將亮未亮的清晨，沉重地背負著無數的不安與其實已經無所謂的希望，和袈裟行李一起越過的結界。

回頭一想，從那天起，已經度過了不算短的一段歲月。如今我站在展開這一切的場所，重新省視在這裡所流逝的時光。在那些時間之流中，逐漸察覺到自己一天天的變化。

這時突然一聲令下，作務開始。我一如以往拿著塑膠袋開始拔草。一株一株仔細地拔除，草變少了就稍微換個地方再拔。整個作業從頭到尾沒有多餘的念頭，只是默默重複同樣的動作。

一段時間後突然抬頭，發現自己來到龍門所在的道路邊緣。從上山那天開始即生活在遠離外界的伽藍中，這還是第一次看到娑婆的光景，那是彷彿將手一伸就搆得著的地方。那個瞬間，我手上抓著正在拔的草，心中一片茫然。

眼前是令人懷念的時光之流。在隨處可見的光景中，每個人依照自己的想法在路上來來往往，或是站著說話、或是言笑晏晏，那裡流淌著不為任何事物

---

8 將鋸木屑加溫壓縮鑄型而成的燃料。

所束縛、甚至連那樣的存在本身都幾乎被遺忘的無色之時光。

我的四周也曾經流淌這樣的時光。時間就像空氣一樣總是在自己身邊，期間甚至連視其為當然的念頭都沒有。但是現在的我，從起床到就寢為止，不，連就寢的時候亦然，可以依照自己意思去過自己想要生活的時間片刻都沒有。一切時間都屬於依照佛法所制定的規矩法度。

現在橫亙眼前的瀝青道路，就像山脈的分水嶺一樣，對面與這面的時間之流，被完全異質的東西所分斷。

這時我突然被跑向對面的衝動所左右。到境界線的步幅不過十步程度。如果不顧一切拔腿跑去，當噗的一聲穿過矗立於境界線上看不見的薄膜，我將瞬間回到現實，猶如從悠長的夢境中醒來。的確我現在身處的世界，畢竟難以想像是現實。想要從夢中醒來，只有現在了。

然而我最後還是沒有衝出去。如果我此時此刻一口氣從夢中醒轉也沒什麼不好，但繼續再做一下夢看看或許也不錯。何況一看腳下，那裡還有好多雜草需要清除。

那瞬間，對我而言的結界消失，於是我再度拔起腳邊的雜草，塞進塑膠袋中。

罰油

「哎呀！」

圓海慌忙探身出去，但已緩不濟急。圓海的筷子從鉢單上滾落，掉在三和土上跳動的聲音傳遍堂內。那時在僧堂行鉢的雲水們一起將視線射向圓海。坐在他旁邊的我想說事情大條了，反射式地看著圓海的臉。圓海也看著我，一臉不知所措的樣子。

這時驚覺淨人已站在自己面前，趕忙遞出頭鉢。

「哐啷！」

見鬼了。因為慌忙間遞出，忘了底部還有一個防止頭鉢傾倒的鉢揲。我的鉢摞和圓海的筷子一樣，掉落在三和土地面，引起堂中僧眾側目。

邊想「完了」邊轉頭看圓海，他看著我，帶著安心的表情笑了起來。

「啊，還好不只我一個人。尤其和魯山桑一起更是放心。」

行鉢結束歸寮後，即使發生了那樣的事，圓海還是開心地走過來。結果讓我無端捲入一場意外的連鎖反應。

圓海因為出身收入穩定的寺院，成長過程得到家人悉心照顧，感覺是個父母對他的愛全都轉化為脂肪蓄積於體內的男子。但即使像他那樣圓滾滾的體型，來到永平寺後也自稱瘦了一圈，不過我們倒是看不出來。

行鉢時應量器不慎掉落地上的我們，之後必須接受罰油處分。「罰油」是一種罰則，要在佛前供養香油錢以補償過錯。道元禪師在講述禪堂規矩的《正法眼藏．重雲堂式》之卷中規定「朝晝行鉢之際，應量器落地者，須依叢林規則予以罰油」。也就是說罰油僅限於正式行鉢的早晨與中午，傍晚非正式行鉢的藥石中，縱使應量器掉地上也不罰。

被罰油時，首先要做一種名叫「可漏（karo）」的特殊摺紙。上面以毛筆依照規定格式寫上大大的「謹上罰油」後，再寫上自己名字「某九拜」，然後將錢放進去。

但在地藏院時所有攜帶的錢都被收走的我們，要如何才能交出罰油呢？其實在地藏院被收走的錢，於新到掛搭式之後就還給了本人。不僅如此，永平寺還每個月發給每個人一筆「衣資料」，算是一種薪給。

雲水一方面確實是在永平寺修行，但同時也算是參與永平寺營運的職員。不過雖說是薪給，卻遠不是社會一般概念上可以養家活口的金額，只是信封裡面裝幾枚硬幣或小額紙鈔。基本上由於在永平寺的生活，衣、食、住當中食與住都是由永平寺方提供的關係，在日常修行生活上幾乎用不著現金。

我和圓海各在可漏中放進五百元硬幣。此一金額並沒有特別嚴格的規定，而是聽當時管理我們的師父意思。這筆錢最後歸為眾寮的寮費，以各種形式回饋到我們的修行生活中。

當做好上述罰油的預備工作後即開始換衣服。我們全身最高等級的裝束：

披上袈裟、套上布襪、攜帶坐具，又帶了線香與罰油，走向僧堂。

罰油要供在僧堂的聖僧文殊菩薩前。我們點燃線香，恭敬地三拜後，放好罰油離開僧堂。

「真的好囉唆，不過是筷子掉了，就非得這樣不可。」

圓海小聲嘟囔道。

「話別說得太早了，接下來你才知道厲害。」

的確接下來才夠嗆的。應量器掉落的懲罰還沒結束。

我們以同樣的裝束，拿著線香前往堂行寮，要去做應量器掉地的懺悔與謝罪之拜。

堂行寮基本上都是雲水中的最古參配屬的寮舍，由他們監督雲水們的一言一行。他們的地位是絕對的，不管發生什麼事都不許忤逆他們。堂行如果說烏鴉是白的，永平寺的烏鴉就是白的。因此那是我們雲水最害怕的寮舍，前往堂行寮必須有相當的覺悟。

「嘿，魯山桑，你走前面好不好？」

走到入口處，圓海突然提出要求。地藏院脫下草鞋的順序，在現在這種場合依然有效，兩個人以上一起行動時，必須以脫下草鞋的先後作為順序的依據。由於是圓海先脫的草鞋，應當他走前面，但當下處境容不得我們在那裡慢慢商量，沒辦法我只好走到他前面去。

到了入口規定的位置上，我們跪下並開始畏畏縮縮地致意。

「喂，你們愛怎麼懺悔就怎麼懺悔去吧。」

只聽到紙門後面傳來聲音不見人影。好極了。雖說是雲水之長，但並不是每一位都是像暴君一樣兇悍的古參，裡面也有些溫和的古參，只是他們偶爾也挺囉唆。

我們幸運地連挨罵都沒有就結束堂行寮的懺謝之拜，趕快趁其他堂行回來前離開。

「太好了，我們的運氣真好。」

圓海開心得滿臉笑容。

但事情還沒有結束。應量器掉地的懲處後頭還有。走出堂行寮後，我們還是拿著線香，這次是前往首座寮。制中期間，位居雲水首位的首座，地位更在最古參的雲水之上。因此我們也要向首座做懺謝之拜。

這一年的夏安居，被選拔出來的首座是永平寺上山第二年的慧光。他和其他多數雲水不一樣，並非出身家族寺院，而是在普通上班族家庭成長的小孩。他之所以決意出家的契機，是由於大學時期接受的禪修課程。從此對禪修充滿熱情，即使大學畢業了依舊沒有衰退，最後選擇出家。

「出家」這個說法一般是指走出家庭進入佛門，並認為所謂僧侶全都是「出家」。但是永平寺的雲水中，既有這種被稱為「出家」的雲水，也有被稱之為「在家」的雲水。

慧光是走出家庭進入佛門並上山成為永平寺雲水，當然叫作「出家」，但是寺院出身的小孩上山成為永平寺雲水者，則稱之為「在家」。因為對後者而言，雖然身為僧侶，卻沒有走出家庭的關係。當我知道這個分別時，固然覺得道理上說得通，卻也一瞬對「出家」是什麼有些莫名所以起來。

在永平寺被稱為「出家」的雲水，他們出家的動機主要有三種：像慧光那樣對禪有特殊興趣者，以及像大鑒那樣妻子出身家族寺院者，還有就是對社會生活抱持疑問者。

有一種風潮視出家為潛在性的悲劇，我多少也帶著點那樣的想法。直到我上山來到永平寺，才第一次真實感受到出家本來就不一定非得是悲劇。讓我醒悟到這個事實的，就是像慧光那樣以積極的理由出家的雲水，而他們的存在著實令我感到安心。

實際上他獲選擔任首座並非沒有理由，他個性沉穩，並默默地專注於修行生活，在雲水之間獲得相當信賴，並頗有威望。

到了首座寮前，我又被圓海推到前面去，於是緊張萬分地在入口處致意。這時紙門立刻被拉開，慧光走了出來。

「是你們啊？那就進來懺謝吧。」

我們忐忑地走進裡面，在慧光雙手抱胸監督下，開始懺謝之拜。

當最後一拜要起身時，圓海由於太緊張踩到自己衣角，突然往前一個踉蹌，圓滾滾的身軀差點跌倒；然後被他自己踩到的衣袍因為無法負荷體重發出「呲——」的一聲破了。那時慧光幾乎爆笑出來，卻立刻恢復冷靜的表情。首座為了維持制中的緊迫感，沒有一刻放鬆，必須保持作為雲水之長的威嚴。

「好，現在面壁而坐！」我們乖乖聽話，兩人並排而坐，突然警策往肩上打下。

「之後去東司掃除吧！」

我們最後齊聲告退，離開了首座寮。

永平寺對各式各樣的違規都有不同的罰則，最常用的是跪坐、旦過寮樣式與東司掃除。

所謂旦過寮樣式，就是像在旦過寮時那樣，用束帶將衣袍下襬提到膝蓋高度，然後以這樣的裝扮進行迴廊掃除，因此也和當時一樣，必須一次又一次地來回抹個不停。

東司掃除通常在傍晚進行，掃除之後首座或堂行前來嚴格點檢。窗框或門楣等大小角落都不許留有塵埃。

「喂，根本沒有掃乾淨嘛！」

如果是這樣，懲處將會追加好幾倍。

制中這類點檢以及伴隨而來的罰則比平日更加嚴厲得多。

清掃東司須先準備掃帚、畚箕、兩只水桶和抹布。之所以要兩只水桶，因為一只主要用來擦牆壁等所謂「上用」，一只則是用來擦地面所謂「下用」；所以抹布同樣也分為上用和下用。

東司清掃的裝束為身穿作務衣、頭紮毛巾、打赤腳。

準備好之後，先用掃帚清掃。必須將入口或通道上鋪設的竹席全部掀開，每一個角落都不放過。掃過一遍以後，接著用抹布擦拭，首先以上用的抹布擦拭牆壁、門窗，每個框都要細心清理，接著以下用的抹布擦拭地面與便器。

以抹布擦拭便器感覺好像是令人難以忍受的髒活，實際做的時候並非如此。即使擦拭便器時手髒了，沖洗一下也就乾淨了。這裡並沒有那種會穿過皮膚、滲透身體的髒污。

經過如此作業，東司裡裡外外乾淨得發亮。

「什麼跟什麼嘛，筷子掉了就要受這種處罰，簡直難以忍受。哇，髒死了！」

圓海一邊擦便器一邊又開始在那邊咕噥個不停。

我們透過這樣的懲處，深刻體會到應量器的分量，以及宗教的無奇不有。

眼藏會

花季轉眼間就過去，一齊吐出嫩芽的群樹顏色，如果說它是春天未免過度絢爛，說是夏天卻又太嬌嫩了些。那種曖昧的明亮感到處充斥，讓山谷中的風景完全換成另外一種模樣。風起自草叢，帶著微甜的濕氣，從各個角度穿越迴廊。

季節流轉。位處北陸地方連綿山峰懷抱的永平之谷，就這樣送走春天，並宣告今年夏季的來臨。

季節的流轉不只是大自然的特權，雲水的生活也同樣起了變化。

首先是換簾——僧堂出入口的前簾與後簾的更換。之前所掛的門簾是厚厚的毛織物，一般叫作暖簾。暖簾以宋音讀作 nou-ren，我們一般房門口或店家入口掛的布簾稱為暖簾（no-ren），其語源即來自這裡。用來更換的是以竹片編成的涼簾。

另外，行鉢時所提供的茶飲——香湯，也改為涼茶。說是涼茶，並沒有放冰塊在裡面，只是放在清水當中冷卻過而已，但在僧堂中喝第一口涼茶時甚至有點激動。上山之前我們一年到頭都習慣喝冰箱冷藏過或加了冰塊的飲料，這是上山以來第一次喝到的冷飲。

隨著氣溫上升，四九日以外的日子也照常開浴，稱之為「淋汗」。由於淋汗被視為非正式的開浴，所以不做浴司百拜之類的儀式，入浴前後的三拜也改為一拜。

永平寺的夏天非常熱。通常都以為深山幽谷中的夏天一定特別涼爽，其實不然。特別是濕度之高非比尋常，僧堂等處的三和土都好像灑過水一樣濕濡。因為僧堂的三和土變成這種狀態，在沒有陽光直射的幽暗伽藍中，不管哪裡都濕熱難當。所以淋汗對伽藍中冒著溽暑修行的雲水而言，也算是小小的幸福。

此外每天所敲打的樂器也產生了變化。之前在山門下方的大梵鐘所撞的午時之齋鐘、傍晚之昏鐘、夜間的定鐘，從這時開始改打承陽殿旁邊的承陽鐘。承陽鐘不像大梵鐘那樣一撞就發出地動山搖的巨響，而是輕敲以發出安靜的餘韻。承陽鐘那充滿涼意的微音，在樹林中穿行、擴散卻又不妨礙萬物所發出的聲響，非常不可思議。

像這樣表面上似乎單調的雲水生活，在朝著夏季的接近而開始徐徐變化的六月，同時也是舉行眼藏會的月份。所謂「眼藏會」，是提唱道元禪師所著《正法眼藏》的活動，又名「本講」。

永平寺的修行生活中，除了坐禪、勤行或作務以外，也有不少關於佛典或法式的講義時間。這些基本上都是臨時性的安排，為了與永平寺年中行持之一的本講，也就是眼藏會區分，於是一般講義稱之為「內講」。

內講通常取代夜坐來舉行，由名為講師者或其他資深師父主講，時間約一個鐘頭。我們一起在禪堂的大廳跪坐，靜肅地傾聽講義。偶爾也會有所謂視覺研修，觀賞以人權、社會福利為主題的影片。

與此相比，眼藏會作為本講，則是連日進行，而且特別嚴肅。

首先開講前要在承陽殿舉行開講諷經，諷經結束時敲本講版作為眼藏會開講的信號。本講版必須依照一定法則，輪流敲打散在伽藍各處的木版。最初的一打，從掛在僧堂前迴廊的迴廊版開始。迴廊版一打，承陽殿所掛的承陽版立刻接著打，然後是法堂掛的法堂版、光明藏的監院版，最後是祠堂殿的祠堂版。這些木版每一塊的音色、音高都有微妙的差異，其差別所造成的效果，讓本來就寬廣的伽藍顯得更加雄大幽深。

伽藍周遭老杉林的回音，消失在深山遠方的木版聲。讓迎接梅雨季節到來的永平寺更加多采多姿的，就是宣告眼藏會開講的本講版。

眼藏會在名叫「菩提座」、鋪了一百五十張榻榻米的大廳舉行，所有拜聽的人都要披上袈裟，與坐禪時一樣盤腿而坐。如此的嚴格要求，是對眼藏會所提唱的《正法眼藏》，亦即開祖道元的法教表達虔敬之念。提唱由學識深厚的師僧擔任。

《正法眼藏》是從道元三十二歲時所寫的〈弁道話〉開始，直到五十四歲時的絕筆〈八大人覺〉為止綿綿不斷的教示，其篇幅長達九十五卷。「正法眼藏」意思是含藏了將佛陀正法明確詮釋出來之眼目[9]，為指稱佛法真髓的用詞。

提唱是從九十五卷中選出一卷，用一切可能將其中所包含的道元思想徹底揭示無遺。話是這麼說，這可是自古以來以難解之最著稱的《正法眼藏》。要將其中深意導出，或是要理解它的奧義，可不是探囊取物那麼簡單。

還有這個眼藏會一如在雲水之間也被戲稱為「眠藏會」那樣，真的是教人昏昏欲睡。

到了這個時節，我們的身體一方面因吃不飽而饑腸轆轆，一方面由於睡眠不足導致瞌睡成了慢性化。提唱的聲音也好，洞開的窗戶外面傳來洗滌老杉枝葉的雨聲也好，以及彷彿自蒼天回音的杜鵑鳴囀也好，每一種聲音都催人入眠。由於睡意朦朧，每次有人瞌睡把頭撞到桌子上，師父的一喝馬上如迅雷般落下。有那麼一瞬大家都抖擻精神坐正了身子，但不用多久又會聽到頭打桌面的聲音。

儘管眼藏會如此容易誘發睡意，而且提唱的聲音也如同穿過曠野的微風般從頭的右邊進左邊出，但結束時卻充滿不可思議的感激之情。那是因為道元所說的正法，對睡眼惺忪的我們也能起到潛在的作用呢，或者單純只是心理作用呢？總之眼藏會過後，本格的夏天也正式降臨永平寺的山谷。

轉役

9 眼目有核心要旨之意。

當濕濡多雲的梅雨天氣遠離，伽藍開始覆蓋在夏季碧藍的天空下，上山當時那種度日如年的時間感，終於回復到本來的速度。

時間的流轉，就像溪水沖刷小石頭一樣，讓我們一點一滴地產生了變化。從一開始穿的時候覺得麻煩、穿上了也扭扭捏捏的衣袍，隨著綻裂、摩擦、粥或味噌湯或淚水留下的痕跡逐漸增加，我們的身體也就慢慢習慣了這樣的穿著。另外行鉢、洗面的過程，在頭腦轉動之前，身體就已經直覺地先動了起來。

如此的夏季某日，也不知道從哪裡傳出來的，說我們好像終於要轉役了。所謂「轉役」，就是從所屬寮舍移籍到別的寮舍，當然寮舍不同所擔任的職務也會跟著改變。轉役是由管理雲水的維那提案，獲得永平寺總負責人監院的同意後即可執行。

轉役的順序，這時也與地藏院脫下草鞋的先後一致，脫得早的人先轉，眾寮裡面比我們早兩梯次上山的同修已經轉役離開。轉役並不會事先通知本人，完全是秘密作業、突然宣布。

永平寺全體共有二十三個寮舍，主要分為兩大類。一種是只有古參才能配屬的古參寮舍，另一種則是古參與新到都有的新到寮舍。我們配屬的當然是新到寮舍。

新到寮舍總共有十四處：

眾寮

每天敲擊信號樂器與清掃，另外也協助僧堂中進行的坐禪與行鉢。這是上山的雲水最初配屬的寮舍毫無例外，雲水們在眾寮期間累積公務經驗，之後才配屬到其他寮舍去。只因為眾寮的生活乃是叢林修行生活的根本。

知庫寮

雲水修行生活中所使用物品的分發或販賣、儀式或法要時所需法器或經典的管理。另外也在瑞雲閣負責賓客接待。

大庫院

調理雲水的餐食、準備供奉諸堂佛菩薩的佛菜；另外也負責提供瑞雲閣賓客用膳。

小庫院　調理住在吉祥閣一般參禪體驗者的膳食。

直歲寮　山內清掃、警備之點檢，及光熱相關燃料或器材之管理；另外也負責浴室相關的一切事務。

接茶寮　擔任吉祥閣一般參禪體驗者之接待。

受處　負責永平寺所有參觀、登記事宜。

祠堂殿　負責祠堂殿一般檀信徒的先人供養，及隔鄰的納骨堂——舍利殿管理事宜。

永代系　管理所有一般檀信徒先人供養相關數據資料。

傳道部　負責參拜者的諸堂拜觀導覽。

傘松會　負責永平寺的機關報《傘松》之編輯，及永平寺的寶物館——聖寶閣之管理。

國際部　負責海外布教、傳道，大眾傳媒之對應，必要時擔任山內的外語翻譯。

電算室　管理並操作永平寺全體數據資料之電腦系統。

人權擁護推進室　處理人權、福祉相關問題。

以上為新到寮舍。古參寮舍則總共有九處：

不老閣　擔任永平寺住持——不老閣猊下之秘書及生活相關一切之助理。

監院寮　擔任永平寺總負責人——監院之秘書及生活助理。

後單行寮　擔任全部雲水所屬之後堂、單頭各師父之秘書及生活助理。

維行寮　擔任維那的秘書及生活助理。

侍真寮　負責承陽殿相關一切事務。

法堂　負責法堂相關一切事務。

堂行寮　作為雲水之首，管理所有雲水；又，儀式或法要之際負責敲打各色樂器。

參禪系　負責一般參禪者之接待與指導。

講送寮　在眾寮負責指導新到雲水。

當流言一傳開來，寮舍裡面馬上充滿了轉役的話題。

「要是能分發到傳道部就好了，感覺挺酷的。」

聽到圓海這麼說，大家馬上打臉他。

「圓海，傳道部能輪得到你嗎？照照鏡子再說吧。如果讓你這副德性的傢伙去當導覽，參拜者一定會被你嚇跑的。」

「對啊，依你的體型的話，最有可能是直歲寮吧。你去直歲寮從事體力勞動還可以減肥呢。」

「那你又是哪裡？」

圓海也認真起來反問道。

「我有廚師執照，八成是分到大庫院吧。早知道我還是不要明白交代比較好。」

我們到永平寺上山之前，曾經提交一份填上簡單履歷的調查表，聽說轉役會根據這份調查表以及本人之前的表現決定其去處。

「我想魯山桑應該是去傘松會。」

不知道誰突然冒出來一句。我在調查表上填寫了大學的專攻是現代美術，職業是美術設計，擅長的體育是游泳，特殊技能是雅樂[10]。簡直是支離破碎的組合。

轉役之所以會在雲水當中造成騷動，不僅僅是因為寮舍變動帶來的新鮮感與期待。不可否認如果轉到傳道部的話，就有機會和觀光客中的可愛女孩說說話，或者電算室的話，整天只要面對電腦肯定很好過等等，大家不免充滿樂觀的期待。但如果是大庫院或接茶寮的話，由於職務上的需要，幾乎沒辦法有充足的睡眠，從早到晚都被苛酷的行程追著跑。此外直歲寮則是有做不完的體力活，肉體上的疲勞最嚴重。

儘管有這麼多各式各樣的寮舍，轉役卻完全不考慮個人的期望或興趣，不管喜不喜歡，只要一宣布只能遵從沒有二話。那一刻真可謂天堂與地獄殊途。

---

10 雅樂為日本傳統音樂的一種，主要用於宮廷及祭祀儀式。

轉役是雲水生活中無從預想、突然降臨身上的大翻轉。但也因為轉役，才能帶給雲水生活良性的緊張感。

如果讓我選的話，我想去大庫院。起因是大學時代讀了道元禪師的《典座教訓》[11]，對叢林的庫院帶有一種近乎憧憬之情。說歸說，我完全沒有下過廚，就我提出的調查表所填內容看來，轉役到大庫院的可能性也非常稀薄。

轉役的通知，是在早晨行鉢到最後要唱誦〈後唄〉前，由維那宣讀。

本來應該極機密的轉役，卻不知從哪裡走漏消息，以致大家都提早知道這一天將要宣布。我運氣不佳，當天正好輪到直寮公務，無法在僧堂聆聽。算好宣讀時間，我偷偷從眾寮溜出去，前往僧堂後邊的後架。

到達後架時，折水桶正好收集洗鉢水完畢。馬上就要宣讀轉役公告，我緊張地側耳傾聽。

「轉役通知──」

接著開始宣讀詳細內容。問題是裡面夾雜好多陌生的用語，加上僧堂回音的關係更加聽不清楚。沒辦法只好前進到後簾附近，集中精神捕捉維那的聲音。

「Fu-nan-ken-zui-un-kaku-set-ju，泰禪，同，魯山。」

聽到了，終於。可是除了知道與泰禪轉役到同一個寮舍，而且確定不是大庫院外，這「Fu-nan-ken-zui-un-kaku-set-ju」到底是什麼我毫無概念。

在那裡左思右想，突然堂內開始唱起〈後唄〉，我急忙跑回眾寮。

11 典座為負責修行僧飲食的職位，《典座教訓》乃道元闡釋飲食與修行、雜務與本務無區別之作。

第五章　微溫生命的所在

副行兼瑞雲閣接頭

「Fu-nan-ken-zui-un-kaku-set-ju」寫成漢字是「副行兼瑞雲閣接頭」，是知庫寮的一個職稱。所以轉役通知並不是以寮舍名，而是以職務名發表的。

所謂「副行」是「副寺行者」的略稱。「副寺」掌理叢林中有關財政的事務，等於永平寺的財政部長。這個職務由名為「老師」的導師級僧侶擔任，而叢林中協助老師、擔任其助理的則稱之為「行者」。「瑞雲閣接頭」則是指在永平寺接待賓客的瑞雲閣擔任接待的職務。

轉役通知宣布後，大家一則以喜一則以憂。

同一天上山的天真是接茶寮，融峰與圓海為祠堂殿，眺宗是直歲寮。其餘的大鑑、喜純和童龍三人還在醫院。

仔細一想，眾寮的生活全部是以同一批上山的人為單位行動。坐禪的時候是這樣，勤行或行鉢的時候亦然，總是以地藏院脫下草鞋的先後為序排在一起。大家都是吃苦的時候互相勉勵、開心的時候笑成一片的好夥伴。和他們就這樣各奔東西，還是不禁有些黯然。但是永平寺的轉役就是一刀兩斷，接到通知非得馬上打包行李，移轉到新的寮舍不可。原處不留下任何痕跡，沒有時間依依不捨。

泰禪與我連忙整理好行李，彷彿被人追趕似的手忙腳亂地前往知庫寮。泰禪比我們早一梯次上山，不過什麼公務都能使命必達，是眾寮裡面有數的優等生。和他一起轉役教人特別放心。

知庫寮位於大庫院的二樓。這棟建築是包含地下室的木造三層樓，地下室為直歲寮，一樓大庫院，二樓知庫寮，三樓是舉行眼藏會的大廳——菩提座；菩提座再上去，也就是閣樓，則作為知庫寮的倉庫。此外這棟建築還裝設了從地下室通到閣樓、開門關門鐵柵喀拉喀拉作響的古董電梯。電梯裝設於昭和五年（一九三〇年），對古色古香的永平寺而言，近代化得算是早了。

我們到達知庫寮後，將行李放在名叫雜巾部屋的房間。知庫寮的寮員約十名上下，在這裡也是以地藏院脫草鞋先後來排序，早到的人住到附有床之間[1]、名叫接頭寮的房間，晚到的人則是在這間雜巾部屋起居。因此現在位居序列最末端的我們，一旦排前面的人因為轉役而離開，我們就可以自動升級到附有床之間的接頭寮。

雜巾部屋名副其實，高與天花板齊的棚架上堆滿了裝雜巾[2]的紙箱。行李放好，接頭長就過來了。接頭長就像眾寮的鐘點長一樣，寮員中最資深的雲水被賦予寮長的職務。我們依照他的指示進行轉役之拜。轉役之拜要披上袈裟、套上布襪，以最高級的裝束拈香而拜，作為轉役的問候。

首先當然是接下來我們要服事的副寺老師。第一眼看到的副寺老師是個體格健碩的人，卻予人風雅之感；後來才知道老師也是手風琴的高手。我們恭敬地拜過，然後前往下一個地方。

接下來是知庫寮的同僚，以及負有管理之責、稱之為貼庫的古參雲水。貼庫職司叢林中所有物品的出入。當大家一起排好隊，看到最前面站著的貼庫時我嚇了一跳。不就是我們在眾寮時的講送慈眼嗎？在這次轉役中，他也和我們一樣配屬到知庫寮來。

「喔，魯山，一起轉役了呢。」

行禮完畢，慈眼走過來打招呼，還一邊發出咯咯咯的奇怪笑聲離去。

他在眾寮的時候，是個總是眼帶兇光的嚴厲講送。各寮舍與眾寮不一樣的地方，是新到與古參之間的距離拉近了不少。儘管如此，嚴格的上下關係依然存在，只不過不像在眾寮時那樣，只要不小心眼光相接就會被拳打腳踢一頓。

知庫寮拜完之後，接著前往與知庫寮有公務上關係的寮舍。它們是大庫院、祠堂殿、接茶寮與受處。說起來還真是不少。轉役之拜固然是一種致意，但像這樣每逢一些環節即跪下俯首叩地而拜，主要的用意，也在於確立叢林中規矩儼然的人際關係。

1 床之間（tokonoma）為和室（鋪榻榻米的房間）一角的裝飾性空間，多擺設掛軸、插花與陶瓷器等。

2 雜巾即抹布。

轉役之後，不管哪個寮舍都和眾寮一樣，首先都還是「公務中」的見習身分；只不過見習期間沒有眾寮那麼長，大概就一個禮拜，而最後一天也同樣要做公務點檢。公務中所做的工作各寮舍都不同，但抄寫並背誦公務帖、從事徹底的掃除則是共通的。

結束轉役之拜的泰禪與我，作為公務中的身分，即刻展開掃除的工作。該掃除的地點多到令人腳軟。首先是瑞雲閣。瑞雲閣裡面有接待賓客用的許多客間、接待室、浴室、東司、棉被的倉庫、漆器的倉庫，以及設有大流理台的廚房。還有就是鋪設了一百五十張榻榻米的大廳——菩提座。

這些全都是要由我們兩個從頭到尾清掃。而且這清掃縱使用兩三天給做好，並不表示公務中的掃除已經完成。必須從頭再來一次。總之公務中的一個禮拜期間就是沒完沒了的掃除。公務中也和眾寮的時候一樣，必須在振鈴前兩個小時起床，從半夜一點半開始到晚上九點左右，幾乎一整天都是在掃除中度過。

轉役的最初兩三天還好，到了公務中期間的一半時，就時不時會有可怕的睡魔襲來。

其中整理棉被是特別危險的作業。棉被的倉庫有著樓中樓高度的天花板，裡面裝了好幾座大型棚架，上面堆疊了幾百條棉被。倉庫為了防止棉被潮濕，還裝了空調。

或許是人類特有的條件反射吧，一看到漿過的純白被套包裹的棉被就感到睏得不得了。遑論暑氣蒸騰的永平寺中，唯有這間倉庫濕氣低又涼爽宜人，簡直是另外一個世界。在這麼舒服的倉庫裡面，睡眠不足已經達到極點的我們，要一條一條整理、摺疊這總共數百條的棉被。

摺呀摺的，驀然發現剛剛還從裡頭棚架後面傳來泰禪的摺棉被聲停了下來。當我正想著「泰禪這傢伙終於也」的時候，沉重的頭突然失去重心往下掉，自己這才甦醒了過來。

便用

公務中的一個禮拜期間成天到晚做掃除，很快就過去了，最後一天按照預定接受公務點檢。這次公務點檢並沒有像眾寮那樣嚴格，只是形式上做個樣子，泰禪和我都輕易過關。

公務點檢只是形式上虛晃一招，並不只限於知庫寮而已，眾寮除外的各寮舍也幾乎都這樣。這也與眾寮以外寮舍的公務內容有關。

眾寮要撞鐘、掃除、出席法要，某種意義上它是留下古來叢林生活最到味、最多采的寮舍。以是眾寮的存在，乃是作為叢林的永平寺之大面目。

與此相比，眾寮以外的寮舍形態，則是為了推動、營運像叢林這樣的大組織而成立，近於一種實務性的機構。如果配屬於這些寮舍，在公務點檢時總是沒通過，一直以公務中的身分從事掃除的話，就會對寮舍的機動性造成妨礙。因此幾乎多數時候公務點檢變得比較形式化，讓每個人都可以盡快分擔寮舍的公務。

在知庫寮結束公務中的見習身分後，第一個正式公務是當番[3]。當番的公務不拘哪個寮舍都有，必須在每個寮舍的當番所待一整天，遂行各自的職務。

知庫寮的當番，首先在上任的前一天晚上，帶著自己的棉被到本山事務所過夜。本山事務所是永平寺的財政中樞，副寺老師辦公的房間。雖說是事務所，但這裡畢竟是永平寺，和現代的辦公室還是很不一樣，床之間掛了佛像的和室裡面排著几案，跪坐處理公務。

知庫寮的當番晚上睡在這裡，聽說因為這裡是財政中樞，現金和許多重要文件都放在這邊的保險櫃裡面，不過我並沒有真的看過所以也不能說什麼。總之我就在房間正中央鋪上棉被睡了。

早上在振鈴前一個小時，也就是深夜兩點半起床，首先在瑞雲閣的廚房以大水壺燒開水。水開後將五只熱水瓶注滿熱水，接著在陶壺上煎茶，然後將茶裝在兩只熱水瓶中。抱著對茶葉分量多寡的一抹不安，終於做好該做的事，將熱水瓶運回當番所，也差不多到了振鈴的時間。

我趕忙將走廊的電燈打開，站在當番所前。不久從三樓遠處傳來一邊振鈴

3 當番即當班、值班之意。

一邊急速奔跑過來的振司腳步聲。

振司穿過菩提座側面，從樓梯一口氣跑下來，經過知庫寮的時候，知庫寮的當番就要合掌並大聲激勵振司。話說在眾寮擔任振司公務執行振鈴的時候，記得在這邊也曾經聽到有人大聲說著什麼，然而當時只知道全力奔跑根本無暇顧及其他，因此也不知道對方在喊什麼。

「辛苦你了！」

今天的振司是晚我一個梯次上山的廣壽。看著他一個勁往前衝時認真的表情，不禁懷念起在眾寮的時光。他們今天肯定也是深夜一點半起床，在燒著火爐的當番所抄寫、背誦公務帖。當然廣壽也無從知道我在這邊對他的激勵，睜大雙眼注意著前方的階梯衝向大庫院。

我默默祈禱他一路不要跌倒，最後能夠平安回到僧堂，然後開始接下來的工作。

接著做寮內的掃除。知庫寮和眾寮不一樣，裡面堆滿了各式各樣的東西，將這些東西一一移動再清掃非常花時間。不過最後總算在規定時間內全部做好，正要喘口氣休息一下，電話響了。

終於來了。這通電話是來自監院寮名為「告報」的通知，內容是今天所有預定行持的日程表。監院寮是全山有數住了許多恐怖古參的寮舍，接到告報的電話如果沒聽清楚請對方再講一次，據說馬上會被叫到監院寮修理。不想接，卻又不能不接。

「您好，這裡是知庫寮……」

「告報。samu-kouhou-kujihan-sanmon-tou-shugou-kusatori-zamu-nitchu-kouhou-nitchu-nyojou-handai-nyojou-samu-kouhou-ichijihan-sanmon-tou-shugou……以上[4]。」

討厭的預感成真。簡直像繞口令一樣自顧自地說個不停，也不給問突然說

---

4 此處作者為營造效果，除開頭與結尾外，其餘僅以片假名標出相應發音，並未指出明確內容，勉強可解讀為「告報。作務廣報：九時半、山門東集合、除草作務；日中廣報：日中如常、飯台如常；作務廣報：一時半、山門東集合……以上」，其中第一個「日中」指中午，第二個「日中」為「日中諷經」之略。

完就沒了。不過我總算完整地做了電話記錄，正想讓驚魂未定的自己喘口氣，電話又響了。帶著不祥的預感，心驚膽戰地拿起電話。

「您好，這裡是知庫寮……」

「我是大庫院的台明。咦，您會不會就是魯山桑？哎呀，太好了！」

台明是我在眾寮時的同僚，他是如假包換在大寺院的九重白牆裡面嬌生慣養長大，完全不受世俗羈絆的人。簡單說就是個不懂世故到極點的傢伙，我很喜歡他那種對任何人任何事都深信不疑的純真。他在之前的轉役中轉到大庫院去。

「為什麼說太好了呢？」

「魯山桑，監院寮的告報您都聽懂了嗎？我根本有聽沒有懂，又不敢問，所以才給您打這個電話試試。」

真是的，教人虛驚一場的傢伙。我沒好氣地告訴他電話記錄的內容，一方面也因為不是監院寮的來電而鬆了口氣。

像這樣結束慌亂的早上後，知庫寮的當番接下來所有時間都要在當番所擔任便用的應對事宜。

「便用」簡單說就是購買。知庫寮除了是永平寺的財政部之外，也販賣平日修行生活中所使用的物品。

因此知庫寮的當番所中有一台古董收銀機，還有擺放商品的古典抽斗與棚架。但這些抽斗或棚架並非開放式的，沒辦法讓雲水自己拿想購買的物品。

販賣方法是這樣的：購買者先在知庫寮前走廊指定地點跪下問候之後，打開當番所的大窗戶，向當番告知想要購買的東西。當番於是慢條斯理地從抽斗或棚架上取下商品，然後一手交錢一手交貨。

知庫寮中的商品還真琳琅滿目。不過這裡畢竟是永平寺，並不是要什麼有什麼。

首先有書籍。書籍是以《正法眼藏》為首的道元著作或祖師語錄。雜誌有是有，當然不會是一般的週刊雜誌，而是《禪之友》。

其次是文具。文具的品項相當豐富，除了書寫用具，還有筆記本、信紙、事務用品等，一般文具店有的幾乎都有。

又，布襪或內衣褲等衣物。行鉢時使用的布巾、洗面或開浴時使用的毛巾、牙刷或牙粉、指甲剪、耳挖、剃頭用的安全剃刀和備用刀刃等許許多多日用品。

還有藥品。這裡的藥品種類，也從側面反映了永平寺的修行生活。永平寺的雲水幾乎一整年都赤腳度日，以致腳底變得又厚又硬，像石榴一樣龜裂。因此相關的治療藥、皮膚病軟膏或護膚乳液的種類也是非常豐富。還有貼布。由於長時間坐禪的緣故，不少人苦於腰痛，所以直接貼患部的、塗抹用軟膏或噴霧式的都很齊備。另外也有頭痛藥、感冒藥、胃腸藥、眼藥、ＯＫ繃和繃帶等等。

至於比較意外的東西，是消除口臭的薄荷口味或藍莓口味小型攜帶用噴劑。乍看好像很難與永平寺聯想在一起，或許也是時代風潮的反映。在物資豐富到過剩、生活水準提高的昭和年代和平時期成長的雲水們，潔癖到有些異常。

一般人想到雲水坐禪三昧的生活，除了隨身一套衣服別無長物，整天埋頭打坐，難免產生不潔的觀感，但在現代的永平寺卻不是這樣。

雲水之間最常被嫌惡或挖苦的，是骯髒與邋遢的外表。大家都很細心地洗衣服，每天都穿得特別乾淨，彷彿是為了彌補不能潤膚、護髮的缺憾。時代的風潮，當然也會在永平寺中湧動。

雲水們對於前往知庫寮便用總是有掩不住的開心。他們成長的物資過剩時代，同時也是消費時代。物品的擁有變成一種美學，並相信拋棄是可以促進經濟發展的重要行為。而在一次又一次的拋棄中，還可以引發所謂流行的病態熱潮。身處這種時代的他們，即使再微不足道的東西，購買都會帶來小小的愉悅與短暫的滿足。

在嚴格修行生活間隙，利用極為有限的時間，手上握著領取的少少衣資料，特意跑到知庫寮買一個橡皮擦或一支耳挖。將買來的東西放進袖袋，然後重新調整心情，回到自己本來所屬的寮舍。

拜請

結束公務中身分，被賦予當番公務後，接下來就是第二天的加番公務。當番主要是待在當番所值班，加番則是負責當番所以外的雜務。

加番當天早上，從瑞雲閣與菩提座走廊的掃除開始。完成後接著去取報紙。報紙集中在吉祥閣一樓專用棚架上再分發各寮舍。話說這些報紙，只有老師以及古參雲水才可以看。所以我們其他人都是處於與外頭資訊完全隔絕狀態。

夏日的黎明，當東方天空呈現魚肚白時，周遭的景物即開始令人眼花撩亂的快速變化，然後與日出同時一切都從睡夢中甦醒。在清晨的變化開始前，我穿越仍被夜色籠罩的迴廊，前往吉祥閣領取報紙。

從轉役以來，我還沒踏出過知庫寮一步，有好一陣子沒接觸外面的空氣了。我大口呼吸著從深山湧進迴廊的清新氣息，正好經過浴室前方時，不經意抬頭看看山頂那座廟。

就在這個時辰，看到一位雲水在山徑上，腳套長靴、頭紮毛巾，正默默拿著鬃刷在刷磨那看不到盡頭的石階。定睛一瞧，那人正是眺宗。看來他是轉役到直歲寮了。雖然聽說過直歲寮的公務是以山內清掃為主的肉體勞動，但看到這樣天亮前就忙得汗流浹背的身影，突然覺得自己相較輕鬆太多了。

吉祥閣是地下一層、地上四層的現代鋼筋水泥建築，是一般檀信徒的研修設施，同時也作為住宿處、講堂、坐禪堂和寫經室。一樓販賣處旁邊就是放報紙的地方，每個棚架都註明各寮舍的名字。我拿起報紙正要回去，突然聽到有人叫我。

「啊，魯山桑！」

我回頭一看幾乎嚇呆了。叫住我的是轉役到接茶寮的天真。他的模樣改變之大實在驚人。在眾寮期間，由於米飯吃太多身體像吹氣一樣變成個胖娃的天真，如今臉頰凹陷，整個人明顯瘦了一圈。接茶寮好像從以前就有「地獄的接茶」之稱，沒想到會這麼可怕。

「魯山桑，我真想回去算了。」

「你瘦了好多啊。再忍耐一下，都已經撐到現在了。隨著時間過去一定沒有什麼可以難得倒你的。」

對我這不負責任的回應，天真回給我一個無奈的微笑，抱著報紙走了。我看著他不安的背影，想到轉役後幾乎沒吃到什麼苦頭的自己，卻隨口用那樣的話糊弄他，覺得非常自責。

抱著報紙一回到當番所，就被慈眼叫住。

「嘿，魯山，該準備拜請了哦。」

慈眼留下這句話即邁大步先行離去。我先將報紙交給當番，趕忙追出去。

「拜請」就是分配修行生活中所使用的備品。每逢三與八所謂「三八」日必須做拜請，稱之為三八拜請。

慈眼與我搭上那台老電梯前往閣樓上的倉庫。倉庫面積相當大，裡面擺放了以法要、儀式所需的法具或經典為首，包括線香、蠟燭、書籍、文具等物品，塞得滿坑滿谷，簡直像恐怖電影常見的鬼屋中的閣樓。慈眼和我一起將今天拜請可能用得著的物品裝進紙箱抬回當番所，接著又到當番所同樓層的另外一處庫房。這個庫房堆放了洗潔精、肥皂、衛生紙等日用雜貨。我們照樣將所需物品裝箱抬回當番所。

話說執行三八拜請的不只知庫寮，還有直歲寮。由於直歲寮負責管理全山的清掃和光熱相關事宜，因此像垃圾袋或電燈泡、木炭之類的就由直歲寮來拜請。

知庫寮主要拜請的東西有線香、蠟燭、文具、茶葉、藥品、掃除道具或清潔劑之類的日用雜貨，無所不包。另外如果要舉比較奇怪的物品，那就是法堂和侍真寮所拜請的嬰兒爽身粉。

舉行法要與儀式的法堂或是侍真寮的雲水為什麼需要嬰兒爽身粉呢？當然不是為了照顧嬰兒，也不是法要或儀式之前用來製造氣氛。答案是，製作香爐的香灰時要用的。

永平寺的香爐使用的是杉樹針葉燒成的純白灰燼。每年仲夏時節，法堂與侍真寮的雲水都會前往鄰近的山野撿拾杉樹的枯枝。撿拾的總量大約是特大號垃圾袋一百袋。接著將這些枯枝曝曬在盛夏的陽光下直到全乾，然後起火燒成純白的灰燼。以枯枝的總量而言，所燒出來的灰燼少得超乎想像。何況還要進行篩汰去除雜質，然後以這些灰三、石灰一、爽身粉六的比例調和，其完成品就是香爐的純白香灰。

拜請在早上的迴廊掃除結束後展開。各寮舍在拜請傳票上填寫所需物品交給知庫寮。我們收到傳票後，首先讓貼庫慈眼過目，獲得同意即可將物品交予對方。

「什麼，你們寮舍要衛生紙幹嘛？不行，退回！」

慈眼一個接一個畫掉。其實在法堂這個嚴謹的寮舍長期擔任殿行長的慈眼，是當時我們這些新到非常敬畏的古參雲水。前來拜請的雲水沒有一個敢跟慈眼唱反調。

終於結束拜請的各寮舍雲水，將領到的拜請品用自己帶來的包袱巾包好帶回。不過如果量大兩手拿不動的話，則會使用背負子。背負子是背負行李的木製背架，看他們在這個傳統的道具上面裝滿各式物品，搖搖欲墜地走在迴廊上的背影，突然悲從中來，甚至覺得感動。

現代文明隨著經濟的發展，也致力於消除人們生活中的勞苦。本來一直由人力來操作的事，改為電力或石油以更好的效率、更短的時間、最小限度的體力消耗來完成。但是在永平寺，所有的勞動都不假手於其他，全部透過自己的力量來處理、消化生活中的一切。就某種意義而言，那也是一種不依賴他者，以自己的力量成就一切，以心、身來獲取生而為人的自信之生活。

瑞雲閣

當燒灼伽藍屋頂瓦片的炎熱陽光終於開始西斜的某天傍晚，我正等待一位婦人的到來。那天我擔任瑞雲閣的訪客接待事宜。

永平寺有「吉祥閣」與「瑞雲閣」兩處接待訪客的地方。其中吉祥閣主要用來接待一般訪客，瑞雲閣則是用來接待貴賓或是獲得許可的特別參拜者。吉祥閣由接茶寮、瑞雲閣由知庫寮分別負責。

瑞雲閣有很多客間，加上接待室、浴室、東司與廚房。客間通常是連在一起的兩個房間，賓客首先被迎進走廊一側的小廳，那裡主要是茶的接待，裡面的房間則是用餐。

每個房間都有床之間，客人抵達前先在床之間的小香爐點燃線香，稱之為「迎客香」。點迎客香不僅僅是這些客間的慣例，比方雲水結束法要回到僧堂時也會點香相迎。同樣要離開僧堂時也會點香，叫作送行香。

客間的室禮是這樣的，在中央擺一張几案，鋪上坐蒲團，旁邊放一只煎茶器以及裝了開水的熱水瓶。安置几案時，必須一股一股的數榻榻米的線條加以定位對齊，不許有一點誤差。坐蒲團也必須朝指定的方向擺放，連上頭的繩結都要擺出固定的造型。

茶的接待，對僧侶以外的賓客提供煎茶與煎餅，如果是僧侶，則在茶、餅之前先端出梅湯。梅湯的作法，是在茶碗中放砂糖後注入熱水，加碗蓋置於朱漆高茶托上。接著用長長的杉木筷夾一顆去籽梅乾放在茶碗旁邊。賓客則以筷子夾梅乾在茶碗的熱水中攪拌，然後一飲而盡。

在裡面房間提供的膳食，是分別擺放在漆盤上的一之膳和二之膳[5]，我們則是與賓客對坐，負責添飯或倒茶。

如果要過夜，也是在裡面這個房間就寢，不過依照永平寺的規定，即使是夫婦或親子關係，男性和女性都必須分房而睡。

我把客間的準備工作都做好後，就在瑞雲閣的玄關待命。

預定抵達時刻是下午四點半。時鐘的指針早就通過預定時刻。當我正要開始擔心是不是有什麼狀況發生時，受處來電通知客人已到。我即刻到客間點燃

5 一之膳和二之膳屬於日本古老的本膳料理，為結婚或法事等莊重場合所提供的餐點，寺院的場合提供的是全素食的精進料理。本膳料理對賓客服裝、食器的排列、進食的順序都有嚴格規定。一之膳為米飯、香菜與味噌湯，二之膳為煮物、炸物及蘸醬等。

迎客香，一邊注意窗外迴廊上的動靜。

永平寺的伽藍全部由迴廊連結。隨著山勢地形起伏，於是有許多階梯型迴廊，那種立體的路線給予通行者帶來視覺的變化與美感。

不久在夏日夕照暈染的迴廊中，出現一位在雲水陪同下的老婦人身影。立體的動線固然可以帶來視覺的美感，但有時也變成過酷的巡路，老婦人花了很長時間才終於抵達玄關。

「一路辛苦了。您從大老遠光臨本山，一定是累壞了吧？」

瘦小的老婦人，一路電車轉乘似乎不太順利，為了遲到而深深低頭致歉。我從帶路的受處雲水手上接過婦人的行李，馬上將她迎進客間。

她進入客間後，首先對著床之間的佛像恭敬合掌，然後讓我帶著她就座。之後我每為她做任何服務，她都一再俯首道謝。

山谷中的黃昏，即使在盛夏也到臨得特別早。靜靜療癒著白天的烈陽留在體內倦怠感的暮蟬叫聲，曾幾何時也被蟲鳴聲取代了。

裡間的紅色燈泡點亮，婦人背對床之間坐下開始吃晚飯。婦人前方擺放一之膳與二之膳的漆盤上，羅列了大庫院雲水精心烹調的優美卻不顯奢華的料理。

婦人慢慢舉箸，隨著時間流逝，加上夜晚的寧靜氛圍，使得我們的對話也熱絡了起來。其間婦人將手上的筷子放下，開口低聲說起話來。

「不管來參拜幾次，永平寺總是始終如一。我第一次前來永平寺參拜，已經忘了是多少年前的事了。我的年紀也越來越大，一個回神，發現自己已經變成這樣一個老太婆了。」

她環視房間周遭，繼續說道：「我因為戰禍而失去最小的弟弟。為了毫無意義的事死去。父親和母親從此動不動就哭個不停，因為是唯一的兒子。儘管知道不管怎麼哭兒子也不會再活過來。

「當時我父母親的想法無非是，對出生到這個世界上卻來不及長大就過世的可憐的兒子，他們唯一能夠為他做的事就是哭泣吧。但他們並不是憎恨著什麼特定的人。憎恨於事無補，也不知道該憎恨誰。畢竟就是那樣的時代。只是對降臨自己兒子身上的悲哀命運，唯有一直哭到淚水甚至一切都乾涸為止。

「到現在都還清楚記得當時家中那種悲慘、無助的樣子。後來因為緣法而將弟弟的骨殖奉納在永平寺中，之後父母親每年都帶著我來永平寺為弟弟舉行供養法事。這就是我和永平寺建立關係的緣起。」

她再度從膳上拿起筷子，放在膝上重新調整拿筷子的角度，然後頻繁地注視著筷子，開啟話匣子：「後來父親過世，母親在去年秋天也走了。不過他們彷彿替弟弟活著一樣得享高壽。我想他們現在大概在天上與自己的兒子再會，一起過著幸福的日子吧。如今家人都離開了這個世界，只剩下自己一個人還活著。」

這時低垂的視線往上抬，從滿是皺紋的兩眼流出大粒的淚珠，從兩頰滑落在膝蓋上。她趕忙擦掉淚水，微笑掩飾自己的失態。

「抱歉，年紀大了就變成個愛哭鬼。倒是和您說這麼些話，感覺好像和亡故的弟弟說話一樣……」

這時我對儘管剃了頭、穿上了僧衣，聽這位老婦人說話時卻只知道點頭的自己充滿了自責。

那天晚上離開客間時，從草叢中將蟲聲吹送過來的微涼夜風，宣告著秋日已近的消息。

第二天早晨，老婦人與我一起走在夜晚的涼氣猶存的迴廊上。圍繞迴廊的杉木林空隙，刺眼的朝陽彷彿在預告今天依舊是炎熱的一天。從眠夢中甦醒的蟬聲，也從遠方的山上逐漸接近。

這時我們在參拜者尚未出現的閒散迴廊上，與幾位雲水擦肩而過。她對每一位經過的雲水合掌俯首為禮，然後說道：「永平寺的雲水們每一張臉都很好看。掃得乾乾淨淨的走廊固然很美，但雲水們的臉上似乎都發著光。我每年來此參拜，看到雲水們的臉，總覺得自己的一顆心都被徹底清洗了一遍。」

心被徹底清洗。我到現在為止看著這些雲水的臉，一次也沒有產生同樣的感覺。走著走著來到了正面玄關。

「辛苦您了。請多保重。回去一路上小心。」

她聽我這麼說，親切地微笑道：「感謝您為我做了這麼多，讓我順利地完成今年舍弟的供養。昨天您願意聽我說那些微不足道的事，謝謝您了。託您的福我覺得精神好多了。今年能夠見到您，真是美好的一年。我年紀這麼大了，不知道是否能夠繼續前來參拜，但只要身體情況許可我一定會再來的。我明年還要來。您也請保重，好好修行哦。再見！」

老婦人皺巴巴的兩手一次次用力地握著我的手。

她瘦弱的背影融入剛剛抵達的參拜人潮中，逐漸遠去，很快就消失不見了。我回過神來，對著她的背影合十，但願明年、後年，年年都可以精神奕奕地光臨永平寺。

點檢

在燈籠裡面裝上新的蠟燭，戒尺與手電筒也準備好了。只等時候一到，就要出發去叫貼庫慈眼與副寺老師。

今晚輪到副寺老師執行點檢。所謂點檢是在深夜的山內巡邏，每天由各老師交替輪值。永平寺歷史上曾多次因為火災導致伽藍燒毀，因此點檢的首要任務即是防火巡邏。與此同時也查看雲水們是否依照規定就寢。所以雲水必須在老師點檢之前就寢完畢，如果被發現尚未就寢，在永平寺可是相當的重罪。

點檢分一番點檢與二番點檢，一番點檢從晚上十點半開始，二番點檢從半夜十二點開始。

看了看當番所的鐘，馬上就快十點半了。我立刻到瑞雲閣邊上的貼庫寮跟慈眼打聲招呼，接著前往真陽閣的副寺寮招呼副寺老師。

還沒到達，就聽到寮內傳出奇怪的聲音。副寺老師正在彈奏手風琴。副寺老師是個音感極佳的人，不管手風琴或口風琴都彈奏得很出色，而且可以用絕妙的分節法（phrasing）唱歌。本來僧侶就是以讀誦經典為日課，自然可以練就不錯的發聲，同時培養出相當音感的樣子。

副寺老師因為音樂素養受到青睞，負責在若干內講教雲水們唱由佛教主題的韻文配上西洋音樂的「佛教讚歌」。那時看到穿著僧衣、肩上掛著手風琴高唱讚歌的副寺老師，其身影簡直風靡全場。

副寺老師準備停當後，慈眼也到了。副寺老師提著毛筆墨書「點檢」兩字的燈籠，慈眼拿手電筒，我則是脖子上掛著戒尺，展開今晚的公務。

點檢要巡視全山所有寮舍。打開寮門，以手電筒探看寮員是否就寢；有瓦斯開關的地方則要檢查是否已經關掉。另外永平寺因為要準備香爐所需的炭，所以即使是夏天火爐仍舊會燒炭，點檢時必須徹底確認灰燼裡面的火星是否都已經熄滅。

對於日常行動受到限制的我們這些新到而言，點檢是看到平日難得一見的永平寺各寮內部的唯一機會。所謂「寮」主要分為兩種，一是作為執行職務之組織的寮舍，例如知庫寮或直歲寮；一是作為居住房間名的寮舍，如副寺寮或貼庫寮等。

雲水起居的各寮舍，新到是多人同住的大房間，古參則是單人房或二、三人房。格局雖然各有不同，但都是和室。不管哪一個寮舍，基本上每個人都有一個附有抽屜的專屬几案，這張矮桌子是每位雲水唯一不可侵犯的聖域。

在這裡也是遵行地藏院脫草鞋先後為序，早脫鞋的人睡裡面，晚脫鞋的人睡靠近入口的地方。

副寺老師和慈眼迅速而仔細地一一加以點檢，終於也來到了我深深懷念的眾寮。打開眾寮當番所的門時，本來已經忘記的事突然在我腦海裡甦醒過來。

那是我入堂後配屬到眾寮不久的事。我在配屬次日即擔任直寮加番的公務。直寮加番就是當番的意思，一如知庫寮的當番必須在前一晚在本山事務所過夜一樣，直寮加番也是在前一晚抱著自己在僧堂單上的棉被，到眾寮當番所就寢。

眾寮當番所固然不像知庫寮的本山事務所那樣有保險箱之類的東西，唯一要守護的，就是火爐的灰燼裡面埋藏的火種。直寮加番每天起床後，就要以此火種來引燃木炭。

記得那天我雖然在當番所窩進棉被裡面，卻一直翻來覆去無法入睡。一方面想早點睡著，卻又有點捨不得睡。好不容易盼到的夜晚時光。如果馬上睡著的話，很快就到起床時刻，又要開始明天那漫長而緊張的一日。能夠的話，多希望明天永遠不要降臨，若是就這樣醒著不睡，能想的也盡是一些黯淡的事，眼前還是一片漆黑。或許是忙了一整天的疲累，最後還是睡著了。

睡夢中我突然好像聽到有人破口大罵的聲音，於是大聲回答，並慌忙從棉被中跳起來。這時當番所的門打開了，有人用手電筒照向我這邊。

「混帳！你還沒睡啊？快給我躺下去！」

人影對著我怒吼之後，馬上關門離去。那時我根本不知道夜裡還有所謂點檢這種東西。多半那晚我是在睡夢中聽到當番所的開門聲，錯以為是有人在罵我，於是立刻回應並跳了起來。現在想想當時的我看起來一定很滑稽。不過那時的我們，即使已經睡了，也沒有一刻是真正放鬆的。

之後半年，隨著漫長日月的流逝，原本漆黑已極一無所見的周遭，雖然不多，但終於多少可以看清一些事物了。與此同時，也發現有些東西消失不見。我在這點檢之夜，往日那種緊繃的疼痛在心中甦醒瞬間，也清楚了悟到自己失去了什麼。

一番點檢完成，等到時鐘指向十二點正，我們又出發進行二番點檢。二番點檢不像一番點檢那樣查察全山寮舍，而是沿著迴廊形式上巡視一遍七堂伽藍外觀而已。

夜晚的迴廊只保留最小限度的照明，這使得深山之中的黑暗加倍深沉。夜晚因為黑暗所以才成其為夜晚。如果夜晚也像白天那樣透亮的話，這世上絕大部分的美必將消失無蹤。伽藍中到處充滿了都會的夜晚所無法感受到的幽暗之迷人層次。

此外沿著迴廊走到特定的地點時，我取下掛在脖子上的戒尺用力擊打。戒尺那堅實而澄澈的聲響，在包覆著雲水之所有的、夜晚的幽深黑暗中，於遠處不斷發出回音，終至消失。

雜巾

一天，知庫寮收到一封來函。

前略。今年夏天，北海道的氣候少見的炎熱。遇到這種年頭，冬天絕對有強烈寒流來襲，必須準備與凜洌的大雪奮戰。

想必各位每天也都過著繁忙的修行生活。

前陣子寄呈一批雜巾，收到許多珍貴的回禮，實在非常感激。

又，為了年紀輕輕即戰死於西伯利亞的獨子，請永平寺讀經、拈香，得到溫馨的供養，從內心深處致上最深的謝意。

我在兒子還小的時候即失去了丈夫，其後母子兩人相依為命。沒想到母子倆因為戰爭的悲劇，走上生離死別的命運之路。即使到今天，只要想到在寒冷的戰場孤獨地與世長辭的兒子，就淚流不止。

但是這種永無休止的噬心之痛，透過永平寺的幫助，終於獲得了緩解，這是我的福報，打從內心感謝。

如果我們所縫製的雜巾能夠派得上用場的話，今後也將繼續送呈。年過八十的我還能做的，大概也只剩下縫製雜巾了。我將以至誠之心一針一線地縫製。

今後每一天，想必各位的修行生活也是席不暇暖，唯願各位大德多多保重，元氣淋漓地精進勤行。感激不盡。

從全國各地送各式各樣的物品來永平寺，稱之為「添菜」。白米、蔬菜、水果、茶葉、毛巾、草鞋等等種類繁多，其中最大宗的是雜巾。

或許是因為雲水們默默地以雜巾擦拭永平寺長長迴廊的畫面深入社會人心的關係，雜巾寄付的數量極為龐大。事實上對永平寺的雲水而言，雜巾也是修行生活中不可或缺的重要道具。因而也可以這麼說：我們的修行生活是在來自全國的善意支持下成立的。

這些寄贈而來的添菜，食品類交由大庫院保存，其他物品則送到知庫寮貯藏。所以知庫寮才會有專門存放雜巾的雜巾部屋。

又，針對這麼多善意，雖然不成敬意，但從永平寺也會回贈若干粗品致謝。這項作業也是知庫寮重要的公務。

而對於永平寺的回贈，毫無例外地也會收到親切的謝函。這些一筆一畫工整寫就的信函，如實地反映了寫信者令人感動的生之姿。其中從北海道寄來的這封信我到今天記憶猶新。

坦白說我對於戰爭的印象，由於沒有實際經驗過那個時代，僅有的認識就是那都是已經過去歷史中的一頁罷了。但是那天讀了這位老太太的來信，第一次理解了對活過那樣的時代並嘗盡各種慘淡苦澀滋味的人而言，戰爭從未真的結束過。

當我想到年過八十的老婦人與自己亡兒遺影一起度過的那些悠長無盡的歲月，對不明白這樣的人們所背負的內心深處之哀傷，卻自我感覺良好動輒奢言和平、自由的自己感到非常慚愧。對著老婆婆一個人默默為我們縫製雜巾的身影，我只能感激地低下頭來。

在送到知庫寮的雜巾中，還有一條我至今難以忘懷的雜巾。

那天我接到通知，說又有一批寄給知庫寮的物品送達，我扛起背架去通信部領取。其中有一個用老舊繩子仔細捆綁的破爛包裹。我將所有郵包整理好用背架扛回當番所後，首先就是解開這個破爛包裹。

平常的話我都拿剪刀利落地剪斷繩子，然後將繩子往垃圾桶一丟，但當我抓住繩索要剪的時候，突然一陣躊躇。仔細一瞧，這繩索是用舊浴衣撕下捻成的。而在手提的位置，還刻意用別的布條包捲，以防繩索勒進提包裹的手。

最後我放下剪刀，費了好大工夫才解開打得極牢的繩結，拆開包裹。

當我看到內容物時瞬間傻眼。裡面放的是將褪色破損的舊法蘭絨睡衣或浴衣、汗巾等以粗棉線縫合而成的雜巾。

之前我曾經在知庫寮的當番所打開過不少雜巾包裹，全都是以嶄新棉布或厚毛巾縫製的雜巾，因此對眼前這些布的破舊感到吃驚。但儘管破舊，卻毫無不潔之感，每一條都洗得乾乾淨淨，甚至還可以聞到洗劑的香氣。

我拿起這樣的雜巾，想到從未物盡其用、極為理所當然地過著不斷汰舊換新生活的自己，彷彿突然被一盆冷水當頭淋下。

然後我看到有一封信夾在雜巾中間。信封上只有原子筆所寫大大的「雲水鈞啟」幾個字。我敬謹地打開信封，拿出裡面的便箋。便箋上面也是以原子筆一個字一個字寫得一絲不苟、對一般大人而言稍嫌過大的筆跡。

八月已經過半，附近山崗上的知了叫聲也逐漸安靜了下來。

永平寺的雲水們，今天想必也在從事嚴格的修行。對各位的努力，我想說聲「辛苦了」。

我們老人之家每天清晨也有五十個人聚集在佛堂做早課。我們從前來老人之家幫忙的寺院住持口中，常常聽到關於永平寺的種種。雖然我們一次也沒去過永平寺，卻有一種熟悉的親切感。

這些雜巾是住在老人之家的我們賣力縫製的。我們抱著死前一定要去朝一次山的強烈渴望來縫製每一條雜巾。如果能夠用在訪客眾多的永平寺之掃除，我們將會非常開心。

今年一入冬，永平寺的雲水們也將迎向每一個冷冽的早晨。各位的修行生活辛苦了，也請多加油！

讀過信後，一股自己也不是很明白的複雜思緒轉而成為大大的歎息。我一一取出包裹中的雜巾，感慨地端詳。

我看著那些褪色的布上歪歪扭扭、若斷若續的線哭了。沒有理由，只是有種難以言喻的悲傷。

那天晚上，在被窩裡面閉上眼睛，不免又想起那些雜巾的事。眼瞼上浮現老人之家的老婆婆們戴著厚厚的眼鏡，弓著背，以爬滿皺紋的手一針一線，全副心思縫製雜巾的身影。

多年來在人生的巨浪中載沉載浮、拚盡一切力量克服危難而存活下來，最後抵達的終點站就是那老人之家嗎？的確就像每個人都有自己的人生，其喜樂也各有不同。如今得以住進老人之家，為此而感到平靜、幸福的人應該也是有的。但想也知道並不是每個人都這樣。

我突然有一種彷彿對這些老人棄而不顧而產生的強烈自責。一定要做點什麼。雖然不知道具體是什麼，但就是這麼覺得。

人只要活著，每一個人都要面對生命中的分分秒秒、時時刻刻，一無例外。而年輕人就要像個年輕人、老年人就要像個老年人那樣，都需要擁有與自己歲數相應的尊嚴。也因此必須營造一個可以如此尊嚴地活著的社會。

從那天開始，我將老人之家寄來的一條雜巾放在自己的抽斗之中，每當感到倦怠沮喪的時候，就會偷偷地拿在手上凝視一番。

縫合這條雜巾的一針一線，無不帶著縫製者誠摯的熱忱。那種專注勞作的指痕充滿了溫厚之感，如此簡單就可以對我脆弱的心一笑置之。

所謂宗教、所謂信仰到底是什麼呢？縫製這條雜巾的一針一線教給了我答案，也賜給了我勇氣。

解制

「十時大梵鐘，十時半巡版，即刻敲打法堂鐘，楞嚴會滿散。」

接到監院寮電話，楞嚴會滿散的告報終於來了。

楞嚴會滿散。從結制之日的楞嚴會啟建開始，無一日中斷每天早上為祈願制中修行順利而舉行的法要——楞嚴會今天結束，而夏安居至此也告一段落，準備要解制了。

這天早上，每次朝課諷經前的楞嚴會中止，在法堂上殿後直接開始朝課諷經。

一到十點開始擊打大梵鐘，連續三十分鐘無間斷，接著開始巡版。首先在大梵鐘打完的同時敲三下僧堂版，然後是接賓版、法堂版、監院版，依照順序從伽藍下方往上打過一巡。當最後的監院版打完，即刻敲起法堂鐘，這時楞嚴會滿散開始了。

與總是在黎明前蒼然的氛圍中進行的楞嚴會不同，包覆著法堂的天空那炫目的光中，楞嚴會有著平常所無的高亢，讓我們的心漲得滿滿的。

九旬百日。對期間每一天的懷想，以及對即將結束的興奮，都融入每個人的聲音裡面。超過百名雲水的澄澈讀經聲在法堂中跌宕起伏，並從這清淨之海中滿溢而出，不久即穿越老杉的樹梢，傳送到無垠晴空，發出煌煌彩光，然後瞬間消散。

接下來忙著進行解制土地堂念誦、解制人事行禮等儀式，以百日為制的安居終於獲得解除。

完成了。每個人的臉上都洋溢著圓滿一件事情的充足感。當所有儀式告一段落回寮舍途中，覺得身心都輕快無比。

「啊，魯山桑……」

當我正要走上大庫院往知庫寮的階梯時，聽到有人從後面叫我。回頭一看是大庫院的台明。

「終於結束了，教人大大鬆了口氣。不過我接著還有得忙呢。現在我爸媽來到永平寺，就住在上面的瑞雲閣。我想好好做一席本膳請他們品嘗，正加強學習中。到時候的接待就麻煩魯山桑來擔任哦！」

台明笑容滿面地說完，即匆匆忙忙回大庫院。我聽他這麼說，不禁覺得僧堂生活也挺好的。

我發現剛上山時以各自的處境抱著複雜心情來叩門的同伴們，如今已經產生緩慢但明顯的變化。當初抱著彷彿是「家的犧牲品」的委屈感，隨著僧堂生活的歷練，那種心結也逐漸淡化了。

或許是因為與自己相同處境的人聚集在一起，多少可以讓自己的心情變得比較踏實而平靜，但不可否認，也是因為他們在這種「嚴格設定的情境」中感受到了喜悅。當然這絕非是一種消極妥協的結果。現在的他們，已經開始慢慢擁有踏實站在自己當下立足的場所、無畏凝視前方的自信了。

回到寮房稍作休息，整理一下身邊的物品，又被慈眼叫去。

「哦，魯山，馬上要去集賽了，你準備準備。」

「集賽」就是去收集伽藍各處所放置的賽錢箱裡面的香油錢。香油錢的管理，當然也是由永平寺的財政部長副寺老師負責。

集賽的時候，由貼庫慈眼帶著各賽錢箱的鑰匙走在前面，我則脖子上掛著墨書「淨賽」兩個大字的木箱在後面跟。永平寺放置賽錢箱的地方有法堂、承陽殿、佛殿、大庫院、祠堂殿。香油錢的數目固然每天有多有少，但據說多的時候可以讓集賽箱的箱底脫落。

話說即使是比較少的日子，數量還是相當可觀。每多放一個賽錢箱的香油錢，箱子的重量就明顯沉了許多。搞不懂為什麼放那麼多香油錢的箱子，卻要掛在脖子上然後抱在胸前走路。若論方便，還是背著像童話故事《剪舌麻雀》[6]裡面的大藤籠最理想。不過這種籠子大概不適合用來裝尊貴的香油錢吧。

慈眼照舊是頭也不回地快步前進，我呢才走到大庫院前面頭已經快抬不起來，兩腳則是痠軟無力抖個不停。

這時突然有一位看起來很認真的女性參拜者開始向慈眼請教些什麼。原來是在問大庫院前面那根巨大研磨杵的事。

那是將建佛殿時使用的夯土棒做成研磨杵的形狀，然後矗立在永平寺的廚房大庫院前面。之後瘋傳只要摸過這根棒杵就會做出美味的料理，所以前來永平寺參拜的人大都會去摸一下。

「照您這麼說，那麼應該也會有和這根研磨杵一起配合的擂鉢吧？」

婦人一方面對慈眼的說明點頭稱是，卻又進一步追問。果真是個打破砂鍋問到底的人，而期待的答覆也沒有令她失望。

「當然有啦，嗯，大庫院裡面有一只直徑五公尺左右的大擂鉢呢，可惜我們沒有開放參觀。」

6《剪舌麻雀》講一對老夫婦，老先生溫柔慈悲，救了一隻受傷的麻雀回來餵養，老太太比較小氣，一天老先生不在，麻雀吃了老太太做的漿糊，老太太一氣之下剪掉麻雀的舌頭然後放走。老先生回來擔心麻雀生死，於是上山去找麻雀。他找到麻雀的家，受到麻雀一族的招待，臨走時麻雀拿出一大一小兩個藤籠，請老先生選一個帶回去當作禮物。老先生選了小的一個，回家打開一看，盡是金銀珠寶。老太太心一貪，也想如法炮製，便上山找麻雀，並且假意道歉，然後強行帶走大藤籠。麻雀告訴老太太藤籠一定要回到家再打開，老太太等不及半路打開，結果被裡面跑出來的妖怪吃掉。

她真是問錯人了。慈眼若無其事唬弄人的功夫教我啞口無言。

不知被騙的婦人禮貌周到地向慈眼道謝，然後往佛殿走去，而慈眼則發出他招牌的咯咯咯怪笑聲，自顧自繼續快步向前走，把兩腿直抖的我遠遠拋在後面。

第六章　峰之色、谷之響

監行

每當伽藍的老杉上空飄過一陣雨雲，夏天的腳步即加快遠離，我們的肌膚也開始慢慢失去對夏日的記憶。

由於比較資深的雲水陸續轉役離去，泰禪和我因此從知庫寮的雜巾部屋升等到附有床之間的接頭寮，泰禪成為接頭長，我則擔任僅次於他的副手。接頭長身為寮員之長，負有領導寮員的重任，對遇到任何狀況都能夠冷靜以對的泰禪真是最適合不過了。

我和泰禪第一次說話，是在眾寮時為了向他請教公務的事。

「首先把木炭放進香爐，再鋪一層香灰，然後換新蠟燭，最後點燃線香。排列的方式，因為我是和尚所以都知道。」

他在僧堂的聖僧龕案前對我說的話頗令我意外。原來如此，我再次體認到對於在永平寺上山的多數雲水而言，這些儀節根本熟悉得不能再熟悉了。記得當時對他們更加刮目相看。這一切幫我從零開始教起的，就是泰禪。

此外接頭長也要對寮員的所有言行負責，還要被賦予棘手的任務。只要發生任何問題，第一個被叫出去的肯定是接頭長。每次泰禪被叫去，儘管知道這是他的工作，但還是非常同情他所遭遇的麻煩。這時會覺得自己早鞋比泰禪脫得晚真是太好了。

有一天，大家議論紛紛說最近又有轉役，而這次知庫寮只有一個人會異動。到底這些流言是從哪裡傳出來的沒有人知道，我一聽到心情立刻變得沉重起來。

我要擔任接頭長的時刻終於到了。

「那麼魯山桑，以後就拜託你了。加油哦！」

大概是總算可以卸下接頭長大任的解放感，泰禪一臉粲然地說，而我則是心情越來越沉重。但喜歡或不喜歡這時不是自己說了算，只要告報一宣布，你就只能接受。

無可奈何，只好調整心情，如同過去在眾寮時那樣，請泰禪一樣一樣教給我有關接頭長的公務細節。

每天照舊忙這忙那，終於到宣布轉役的日子了。那天的消息也是提早洩漏，大家耳語不斷。正式宣布前，我們趕忙拿著應量器前往僧堂行粥。轉役的告報會在行粥的最後宣達。

雖然是再平常不過的行粥，堂內的空氣卻顯得有些浮躁。每個人都掩不住緊張的情緒。這也是可以理解的，轉役宣布的瞬間，接下來的日子就是天堂和地獄之別。也因此轉役對雲水而言是非比尋常的大事。

不過坦白說，轉役告報發表時那種緊張感也挺有意思。齊聚僧堂中的雲水，每個人心臟的鼓動彷彿全都集中在耳膜上了。

「轉役告報——」

來了。維那老師開始宣讀寫在卷紙上的告報。堂內的雲水們無不聚精會神地聽著。隨著告報的發表，有人吁了口氣，有人突然面色凝重，表情各式各樣。我轉頭看了看泰禪，他也是一臉肅然，側耳傾聽，急切地等待發表。我想這是我第一次看到泰禪緊張的模樣。正這麼想的時候，聽到維那念道：「監行，魯山。」

「什麼！」

由於事出突然，我忍不住叫了出來。腦海中唯一浮現的聲音是「不會吧」。

結果泰禪並沒有轉役，而比泰禪晚脫草鞋的我卻先他一步離開接頭寮。

然而轉役的地方，是大家都避之唯恐不及的監院寮。由於這裡承擔了永平寺中一些責任特別重大的職務，寮員們總是處於一種神經質的緊繃狀態，更不要說裡面幾乎都是些脾氣古怪的古參雲水。怎麼想眼前都是一片黯淡，令人意氣消沉。還有更雪上加霜的。

「喔，魯山，翻身啦。」

回到當番所，慈眼立刻挖苦我，然後又發出那咯咯怪笑。

「魯山桑，別想太多，也只能這樣了。說不定到那邊一看，監院寮和想像的完全不一樣，根本是天堂吶。」

連泰禪都這麼說。雖然我一直告訴自己不要太在意，但沮喪之感還是揮之不去。

「喂，魯山在嗎？」

這時監行長突然過來叫我。

「在那裡拖拖拉拉的是怎樣？還不趕快準備！」

啊，這下子是沒有挽回的餘地了。我快速整理好行李，不容回頭猶豫，慌忙趕往監院寮。

相見

我抱著行李，首先跟在監行長後面前往監行寮。那是今天開始我將要起居其間的房屋。

話說所謂「監行」，一如「副行」，是「監院行者」的略稱。

抵達監行寮，放下行李，即按照監行長指示換衣，趕著跟他去做轉役之拜。

走出監行寮，即有一道階梯通到菩提座的邊角。監院寮坐落在菩提座與光明藏之間。它們和監院寮有些高低差，由平緩的階梯連通。每一級階梯的一側——看得出是刻意的——都整齊擺放一雙拖鞋。

「拖鞋在這邊脫下擺好。按照從上到下的順序，你在最底下，了解嗎？」

監行長說完，將自己的拖鞋擺在從上面數下來第三階，然後進入寮內。

我再次望向階梯，的確越上面的拖鞋越舊。那種老舊給人一種詭異之感。我急忙將拖鞋擺在最下階，跟在監行長後面入寮。

一進到監院寮，首先是鋪著榻榻米的走廊。走廊右邊是監院寮當番所；再往裡走右手邊是監院舉行接見的相見之間，最裡面則是監院所住的監院內寮。

我隨著監行長，心驚膽戰地走進相見之間。這裡可以說是永平寺的心臟部位，重要的討論或會議都在這裡舉行。進了相見之間，我當然也是坐在最低階的座位。床之間掛著一幅狩野探幽[1]的花鳥，牆上則排列著歷代住持的半身繪

1狩野探幽（Kano Tanyu，一六〇二～七四），江戶幕府御用畫師，受宋、元畫風影響，墨線粗細濃淡有致，善用留白，以瀟灑淡泊況味聞名。

像。從開頭一幅一幅瀏覽下去，最後面即是現任住持猊下。這時聽到內寮木門打開的聲音，終於要和監院老師行相見之禮了。

「監院」是叢林的總監督、總負責人，可以視之為永平寺的總理大臣。永平寺中無論大小事，未經監院認可即無法執行。也因此監院必須掌握永平寺所有情況並予以正確的判斷。從而輔助監院的監行，同樣對一切事態都要快速反應，不許任何差錯發生。

出現在眼前的監院老師身材魁梧，是個威風堂堂的人物。我恭敬地進行轉役之拜，然後在他示意之下與他對坐。

「你是魯山和尚吧。由於開山祖師的因緣，你才轉役到這裡來，一定要把握機會，不惜身命、精進辦道。監院寮的工作大都很繁重，但這也是難得的機緣。要將『為法忘軀』謹記在心，認真辦道為要！」

他一開口即聲如洪鐘，難以想像是從身體哪個地方才能發出這麼響亮的聲音。我被他的氣勢所折服，全身緊繃，手掌發汗。

我從頭到尾像被鎮住般一動也不動，眼看著監院老師突地起身，回到內寮去。

完成對監院老師的轉役之拜後，接著則是一一向監侍、監錄及其他寮員行轉役之拜。「監侍」是「監院侍者」之略，為監院的貼身助理；「監錄」是「監院寮錄事」之略，掌理監院寮一切職務。寮員五名，每一張臉看起來都不像是會與人坦誠相見的感覺。前途堪憂啊。這時突然懷念起慈眼那無厘頭的輕浮笑聲。

相見之間所有的致意總算都結束後，監行長再次帶著我走出監院寮，前往副監院寮。副監院寮位於菩提座的邊上。我在入口將領子整理好，同樣怯生生地走進裡面。當副監院老師的臉出現在眼前時，感覺就像在地獄遇到了佛一樣，大大鬆了口氣。

哦哦，原來他就是副監院老師啊。我在知庫寮時好幾次看過這位老師的身影。

那時泰禪和我常要將供應瑞雲閣、裝本膳的漆盤捧到知庫寮樓上的菩提座刷洗，一次就是幾十個，刷得我天昏地暗。

每到傍晚時分，我總是會看到一位身穿褐色作務衣、頭紮毛巾、腰掛計步器的老師，以有點不得要領，說是散步太快、說是跑步又嫌太慢了些的速度，汗流浹背地一圈圈繞著菩提座運動。每次他經過默默刷洗漆盤的我們身邊，總會抬手對我們說聲「辛苦了」。他就是這位副監院老師。

我第一次看到這位老師，直覺他就像個聖誕老公公一樣的人。我希望等我年紀大了，也能夠成為一個像他那樣樂於鼓勵別人的老者。

「是魯山君吧？一切就拜託你啦。」

致意過後，他露出熟悉的聖誕老人般笑容說。這是我聽到轉役告報以來，第一次有種得救的感覺。這笑容讓我得以調整心情，跟在監行長之後辭別副監院寮。

行者

完成轉役之拜後，我照例成為「公務中」的身分。不過監院寮的公務中，與其他寮舍有很大的差異。首先就是不必在振鈴前兩個小時起床。其次這個身分只有三天時間。還有只須掃除一個地方就可以。但相對的，從第一天開始就要執行監院寮的實際職務。

第一個被賦予的任務，即是監行最重要的工作——與監行老師有關的所有事務。不過這項公務，實際上老師本人是不是想要監行幫忙去做，常常很不容易拿捏。

每天振鈴前，必須在監院寮入口將監院老師的拖鞋準備好。等監院老師前去參加曉天坐禪時，我跟隨在後，但切忌發出腳步聲。

監院老師有一項特殊技能：不管在任何場所都不會發出腳步聲。永平寺的迴廊到處都可以看到掛板上書「迴廊往來須靠左頰緩步，若逢大己當如法問訊曲躬」，意思是在迴廊必須安靜靠左側走，遇到比自己資深的雲水應依照規定作法合掌低頭為禮；掛板最後署名大大的「本山監院」四個字。既然署名了，監院作為雲水的先頭，自應安靜緩步而行，而監院老師的確完美地加以實踐了。在以沉默為原則的叢林，不出腳步聲是非常重要的規定，道元禪師在〈弁道法〉中也詳細說明了正確的走路方式。

走路時不可以只有腳向前伸出而身體後傾。必須身體與雙腳同時移動。應當直視前方兩公尺左右的地面前進。每一步的距離與自己的足背長度相當，以緩步前行、安靜無聲為要。雖說是走路，其姿勢卻要像直立不動一樣。

不得先足後身而步。應當身足同運。直觀面前一尋許地而行。步量齊趺。緩緩而步閑靜為妙。猶如住立。似不運步。

為了不要被監院老師臭罵，我小心翼翼地踏出每一步，卻比想像中還困難。由於太過緊張，有點踟躕不前，只能眼睜睜看著監院老師消失在迴廊遠處的轉角。

抵達僧堂後，監行必須在老師上單、下單時趨前跪著幫忙收鞋、遞鞋。

像這樣的同行不限曉天坐禪，只要老師離開寮舍一定要有一名監行隨行。

另外不可勞煩老師動手做任何事，舉凡開門、關門、整理脫下來的鞋子、老師與人議事必須從頭到尾在外面待命，回寮也一定要同行。

侍候餐點也有規定的方式。在永平寺老師與雲水吃的都一樣，唯有藥石的時候老師會多一樣名為「役平」的菜色。役平的食材當然也要合乎戒律，不過擺盤特別美觀。

餐點排在監院老師專用的漆盤上，並且注意不讓米飯或味噌湯冷掉，趁老師公務的空檔，在最適當的時機、食物最理想的狀態下送到內寮。

準備洗澡水也是監行的工作。監院寮有專用的浴室，不拘是否四九日，每天傍晚都要準備好洗澡水。水量要放到浴槽瓷磚從上往下數第幾塊的高度都有規定，不能過多，也不能太少。不僅這樣，脫衣場還有一支溫度計，水溫必須合乎規定。

洗澡水準備好以後放著即可，並不需要通知監院老師。對監院老師不可以報告諸如洗澡水已經準備好了之類的小事。

所以我們只能預想：預想監院老師可能入浴的時間然後開始準備，並且讓洗澡水維持最理想的溫度。

此外必須在老師入浴之前於脫衣場的香爐點上線香。因此每到黃昏就要一次次前往浴室，一下拿溫度計量水溫，一下把太早點的香換成新點的香，時間就在忙碌進出中度過。

如果沒出什麼差錯，當監院老師入浴後，我馬上將內寮徹底打掃一遍：熱水瓶換裝熱開水、清洗茶具、倒垃圾，最後是將濕毛巾依規定方式摺疊好放在桌上。一一做完後，即站在監院寮入口等老師從浴室洗完澡回來。

其他工作還有接電話、接待來客等等，所有能想得到的雜務，簡直做都做不完。

在永平寺中，像這樣以服事老師為公務的寮舍稱之為「行者寮」。行者寮除了監院寮外，有侍奉住持的不老閣、服事維那的維行寮和服事後堂與單頭的後單行寮。

但其中監院寮由於監院的職位在永平寺裡面責任特別重大之故，加上老師自我要求極高，對身邊的人也是嚴厲到無以復加，因此每天從早到晚幾乎沒有一刻可以放鬆。

監院寮所屬的老師，除了監院老師與副監院老師之外，還有尚事老師，監行就是負責處理所有這些老師身邊的大小雜務。

所謂「尚事」大約就是監院執事的職位，講話聲音小得就像關在櫥櫃中的小羊羔在說夢話一樣，平常話也不多，總之是個怪咖。

「嘿，魯山，你要做尚事老師的飯後清理時，即使醬菜就放在火盆旁邊，你也絕對不能拿走知道嗎？」

第一次要服事尚事老師時，特別提醒自己這一點。據說尚事老師擔任別的寮舍老師時，剛剛轉役的當番將火盆旁邊已經乾到硬邦邦的醬菜收走倒掉，結果很快就有電話打到當番所來。

「喂，我的醬菜呢？馬上給我拿回來！」

當然東西已經倒進垃圾桶，當番據實已告，怒罵聲隨之而至。

「叫你拿來是聽不懂嗎？」

嚇壞了的當番趕忙將垃圾桶裡面的東西全倒出來，從一片混雜中勉強挑揀出像是醬菜的東西，重新裝碟端了過去。

「以後多注意點知道嗎？」

對已經嚇得發抖的當番，老師只是小聲提醒一下，隨即什麼事也沒發生般回頭忙自己的工作。

當我聽到這個故事時，突然對這位老師充滿了好感。感覺就像禪師與弟子的問答一樣，想到永平寺有如此好玩的老師就開心得不得了。

之後我每次到尚事老師的房間，都會斜著眼偷偷看一下火盆邊上那乾巴巴的醬菜，然後注意不要觸到老師的逆鱗。

但是這位老師為什麼偏偏對醬菜，而且是已經又乾又硬的醬菜這般慎重其事地擺著？還有這些乾硬的醬菜最後又到哪裡去了？到頭來因為無從追究而成為無頭公案。

朝參

公務中身分的第二天，舉行了監院寮朝參。所謂「朝參」，是全山的老師聚集在監院寮的相見之間所召開的定期會議，於每個月的一日與十五日舉行。我們在會議前必須以最快速度於相見之間鋪上厚毛地毯、擺好坐蒲團，並準備熱茶與茶點。

永平寺的架構是金字塔型組織，位於最底下的是雲水，而雲水中又分為我們這種新到，以及帶領我們的古參。所有這些雲水都以寮舍為單位分發配屬，各寮舍的督導者即是老師。接著又有統合管轄這些雲水與老師的職位，那就是位於金字塔頂端的監院。最後在金字塔的上方，還有一個象徵性的存在君臨一切，即永平寺的住持。

各寮舍的老師，在組織上擔負永平寺營運或雲水指導的責任。現在的永平寺，監院之外主要的老師有：

後堂　綜理雲水相關事務的最高責任者。

單頭　僅次於後堂，直接指導、監督雲水的職位。

副寺　負責管理叢林中所有財務、總務相關事項的職位。

維那　負責督導雲水修行，並帶頭進行各種儀式、法要、舉唱回向的職位。

典座　負責叢林中所有與飲食相關事務的職位。

直歲　叢林中負責督導所有伽藍修理、工事、作務的職位。

知客　叢林中負責賓客送迎接待事務的職位。

除此之外，各寮舍也配屬一名老師或主事、主任作為負責人；另外還有負責講義課程的講師。

朝參緊接在朝課諷經之後舉行，朝課諷經結束後，全山的老師陸續來到監院寮。副寺老師也來了。

「喔，魯山君，辛苦了辛苦了。」

副寺老師看到站在入口迎接的我，習慣性地彷彿搓揉雙手般合掌問訊，然後走進相見之間。

「嗨，魯山君！」

副監院老師也笑著走了進來。接著侍真老師有點喘地追在副監院老師後頭到達。所謂「侍真」，是管理奉祀道元禪師的真廟承陽殿之老師。其實關於這位老師，我還留著苦澀的回憶。那是我還在知庫寮的時期。

永平寺的老師各有一定的任期，任期結束即選出一位新老師取代。當我在知庫寮的時候，正逢侍真老師替換，我被指定負責新任老師的接待事宜。

我將瑞雲閣最裡頭的客間徹底整理一遍，為免疏忽還一次又一次仔細點檢。不久侍真老師來了，我第一眼看到他的臉時，心中大叫一聲「不妙」。

俗話說咬碎一隻苦蟲[2]，大概就是這樣的表情吧。不要說是苦蟲，只要我

2苦蟲為想像中的蟲，咬碎會有極度的苦味，意指一個人滿臉的不愉快，相對於中文的苦瓜臉。

有什麼怠慢，好像連我也會一起咬碎那樣，喜怒哀樂只剩個「怒」字寫在臉上，除此之外其他事都離他遠遠的。

我緊張萬分，全神貫注幫他沖梅湯、泡煎茶，然後迫不及待地離開房間，大大鬆了一口氣。

正在這時，慈眼突然慌張地跑來找我。

「喂，魯山，你知道你搞了個什麼大紕漏嗎？侍真老師在叫你，趕快到他房間去！」

我一頭霧水趕過去，看到苦瓜臉正默默坐在几案正中間，旁邊服事他的僧侶則是狠狠地瞪著我。

「嘿，你喝喝看！」

服事的僧侶拿到我面前的，是我剛才幫侍真老師沖泡的梅湯。

我邊納悶邊嘗一口，瞬間彷彿背上的血都流光，冒的都是冷汗。

「好鹹……」

本來應該放砂糖，卻放成了鹽。更糟的是，總覺得以前砂糖放太少甜味出不來，於是這次還特別多放了一些。

服事的僧侶一臉暴怒，我只能俯身低頭認錯。這時一直默默看著我們互動的侍真老師打斷了我們。

「夠了。話說如果想像鹽可以清除不乾淨的東西，反而應該覺得是件好事啊。」

說著侍真老師那張苦瓜臉竟也笑了起來。我生平第一次切身體會到什麼叫作人不可貌相，而感到慚愧不已。

誰知這個大失敗的後遺症一直沒有消失，只要看到侍真老師的臉，立刻反射式地憶起口中那股苦澀鹹味，以及背上的冷汗，全身禁不住發起抖來。

「喔，是你啊，辛苦了。」

侍真老師堆著熟悉的笑臉向我打聲招呼，也走進了相見之間。

相見之間裡面並沒有桌椅几案，唯有在房間兩邊鋪上毛毯與坐蒲團，依照規定擺設座位。話說老師之間也是有嚴格的上下關係，離床之間最近的上座是監院老師的座位，以下則按身分高低順序一一就座。

確認全員都坐好之後，在監錄的指示下，一起上茶跟茶點，然後我們就坐在下座待命。

朝參的場合基本上會提出各種聯絡事項與議題，但實際上很少進行討論，感覺只是做做樣子而已。因此真正重要的問題，都是個別另約時間在相見之間進行內談。

「嗯，有點想不通啊。我第一次看到最中餅[3]是切成兩半來吃。」

後堂老師將最中餅放在手上有感而發。原來今天的當番為了美觀，刻意將最中切半。

「最中這種東西，還是整塊一起放進嘴裡咀嚼感覺最正點啊。」

不知道是誰跟著一唱一和。

「而且從一開始就不知道最中的內餡，帶著一種期待感和好奇心來吃特別有滋味。」

結果這一天的朝參，最中的話題花了最多時間。不過這樣的朝參，表示這天的永平寺平靜無事，殊值欣喜。當然朝參不會每次都這樣，也有大家眉頭深鎖、臉色沉重的時候。

朝參完畢，我將當番所剩下的最中拿一塊在手上仔細地瞧，然後大口一咬，突然覺得有些無聊而忍不住爆笑開來。

侍香

燈火通明亮晃晃的法堂大廳裡，突然有人抓住我的衣領往後拽。我的腦中瞬間一片空白。

監行有數的公務當中，有一項受到不少雲水的憧憬——侍香。所謂「侍香」，就是舉行儀式或法要之際，擔任主法導師的輔佐。

3 最中（monaka）為日本傳統茶點，外面是糯米薄皮，裡面以紅豆或麻糬為餡。

幾乎所有的儀式或法要都是以老師為中心進行，這時老師身邊一定有侍者與侍香隨行。監行的公務中身分告一段落後，首先分配到的任務，就是擔任朝課諷經臨時回向的侍香。「回向」是為祈求亡者的冥福而舉行的誦經或法要。「臨時回向」即是指這種為特定目的而外加的回向。永平寺在朝課諷經時進行的臨時回向，分為供養、施食或入祖堂等若干種類，它們共通之處，就是全都是應施主之請求而舉行的法要。

通常施主在法要前夕入住永平寺內，臨時回向時會邀請施主前往朝課諷經的法堂。臨時回向的導師由監院擔任，監院不在則改由副監院，如果連副監院也正好外出，接替的人選依照先後順序都有詳細的規定。偶爾有特別的請求，由住持出面主法，這時稱之為「御親香」。

輔佐監院的侍者為監侍，侍香則由監行來擔任。

侍香正如字面所示，當導師於法堂上殿之際，手捧香台跟隨在導師之後。香台上搭載了一只金屬製的圓形香爐，裡面的純白香灰中央堆了圓筒形的炭團。香爐中的香灰，不像香道或茶道的場合那樣押出字形或紋樣，完全像薄紙般平鋪一層而已。

此外臨時回向與永平寺每天所頻繁舉行的法要不同的地方，是前者乃一種展示性的法要。因此它有幾個特徵：導師所搭的袈裟是有金線刺繡的華美樣式，所穿的衣袍同樣以黃色或緋紅色等視覺上比較醒目的色系。還有通常雲水都是裸足，但遇到這種場合一定要套上布襪。

法要的內容，也是帶有一種表演（show）的性質。一群僧眾在法堂大廳中一邊誦經一邊圍著大廳轉是其一。又天將亮未亮的幽暗法堂中，金色的天蓋上煌煌點燃的燈光照射下浮現出來黑衣的波浪，以及榻榻米上滑著走的布襪之白。這一切加上朗朗回響的讀經聲，以及從香爐裊裊上升薰煙的香氣，帶給目睹的人一種接近幻覺般的昂奮。

誦經的部分，由於要手持專用的經本讀誦，因此誦經前先分發經本即所謂配經。配經的作法，是由任職法堂名為殿行的雲水們，將經本放在書桌抽屜大小的配經箱後進行分配。

雖說是分配，倒不是殿行拿起一冊冊經本分發，而是好幾位殿行同時捧著配經箱出場，一聲令下分別從僧眾端坐的行列之間穿行。有條不紊，就像在薄絲之上滑行，以流水般的速度前進，而僧眾必須趁配經箱從自己眼前通過瞬間，依照規定手法從箱中取出一冊經本。

配經過程中，每當殿行在固定地點做規定動作時，配經箱裡面的經本就會滑動發出小小的「咯噔」聲。配經箱所發出的聲音，是法要中音響效果的關鍵要素，讓法要更加多采多姿，並帶來一種緊迫感。清晨的臨時回向中，最迷人的部分，就是殿行配經的時候。

就像這樣，在法堂的儀式或法要中發揮重要作用的這些殿行，他們的動作、走路、儀態等等，無不達到高度的洗練。

當我轉役到知庫寮後不久，每到日落時分，法堂大鼓轟轟作響的同時，傳來男性的叫喊與念誦聲，完全不知道那邊在做什麼，總覺得有些詭異。後來我才知道，那是殿行們在進行名叫「習儀」之修練所發出的聲音。

聽到殿行排練習儀那天是不吃晚飯的，更讓我感到驚詫不置。好像是因為習儀的修練其嚴厲超乎想像，如果肚子裡有什麼東西，都會吐得精光。

另外，習儀排練的時候，不管任何身分的人都不可以旁觀。原來殿行們在法堂中那些令人目眩神迷的身影，其背後卻是無數苛酷操練的累積。

至於第一次擔任侍香的我，則是充滿了不必要的緊張。原來那種憧憬與興奮之情完全消失無蹤。因為我必須在法堂寬廣大廳接近百名僧眾與施主的注目下，進行一場未經彩排的演出。

侍香在法要過程所有要走的路線、該做的動作，全都有詳細而嚴格的規定。而且不是自己一個人的單獨行動，全程需要與導師或侍者密切配合，從頭到尾務求正確和流暢，不能有任何遲疑。

比方一邊誦經一邊前進，到達一個特定地點時，將自己手上的經本疊合放到懷裡，然後回頭，這時走在後面的侍者立刻將經本迅速交到我手上，接著我必須翻開侍者這一冊經本，繼續誦經、前進，中間不許任何停滯，一切都在那個定點瞬間完成。

像這樣的經本交換，不只是和侍者，與殿行之間也有。殿行在誦經途中，要將放在木製托盤上的「回向草紙」交給維那，而維那在拿起回向草紙的同時，將自己本來在誦讀的經本放上托盤。然後到了某個特定地點，我又要和殿行交換經本。

當然侍香的任務不只是經本的交換，經本交換在整個法要過程中不過是小插曲而已。所有規定的動作，每一樣都要和導師或侍者在某個瞬間準確結合。只要稍有差池，即會影響整體法要的流暢，而我就會在大庭廣眾的注目之下進退失據，變成所有人的笑柄。

我成為侍香之後第一項重大任務，完全談不上有殿行那種美觀悅目，此外除了應該站在須彌壇數來第二張榻榻米卻錯站在第三張，被侍者拽著衣領拉回正確位置外，基本上算是順利地結束了法堂的初次亮相。

開爐

隨著迴廊登級而上　紅葉亦轉濃

我受監院老師之命，急忙將來翰送往吉祥閣的老師處。所謂「來翰」簡單說就是信件，但一切遵循古式的永平寺還是使用這個典雅的用語。完成任務後，我又沿著迴廊走回監院寮。

伽藍覆蓋在萬里無雲的晴空底下，澄澈的陽光在微暗的迴廊處處留下炫目的光點。曾經溽熱不堪的夏日已經成為遙遠的記憶，我穿過那些溫暖的光束登上迴廊的階梯。

很快就走到法堂附近，不經意從迴廊的格窗外望時，腦海突然浮現忘了什麼時候讀過的高濱虛子[4]的句子，不禁眼睛一亮。法堂前方紅葉的顏色已經轉

4 高濱虛子（Takahama Kyoshi，一八七四～一九五九），本名高濱清（Takahama Kiyoshi），俳人、小說家，正岡子規（Masaoka Shiki，一八六七～一九〇二）傳人，俳句創作主張「花鳥諷詠」、「客觀寫生」。一九五二年為紀念道元禪師逝世七百週年而出版的《句集 永平寺》，收集上自禪師、俳人，下至一般投稿者的俳句作品，本節開頭所引即其中高濱虛子所詠以〈秋〉為題的俳句。

濃。今天從伽藍下方沿著迴廊往高處走時，紅葉的顏色的確逐漸由淺轉深。如果沒有讀過高濱虛子歌詠永平寺的俳句，對錯落在山坡斜面上那些樹木顏色的微細變化大概不會特別留意。這教我更加欽服虛子的觀察力。

時序推移，永平寺也迎來了錦繡之秋。

圍繞伽藍的峰巒上，照葉樹林像著火般燃燒起來，永平寺所在的谷地開始沉入秋涼之中的某天午後，舉行了開爐儀式。本來保管於知庫寮的火盆被抬到僧堂，稱為「開爐」。僧堂的後簾前方擺一座四角形大火盆，外堂左右兩邊則各擺一座小火盆。

管理火盆是眾寮的責任。回想起來，我在眾寮期間分配到當番的職務時，必須讓眾寮當番所中的爐子一整天炭火不斷。一天是從振鈴前兩個小時，也就是凌晨一點半開始，完全不得休息，所需要的木炭數量也極為可觀。偶爾因為量大，有人在點燃木炭時發生輕微的一氧化碳中毒而短暫昏睡過去。

永平寺各寮舍的當番所或老師寮房也有火盆，維持這些火盆炭火不斷也是雲水的重要任務。眾寮除了負責僧堂的火盆，也要照料堂行寮的火盆。堂行寮是雲水們最害怕的地方，到那裡執行公務時，大家更是戰戰兢兢。

火盆的照管各寮舍儘管多少有些差別，唯一的共通點，就是木炭並非單純往爐灰裡面放就可以。雖然不像茶道那樣還要將白灰押出精緻的紋樣，但擺炭、撒灰的方式都有詳細的規定。堂行寮的火盆，必須將固定數量的木炭在中央擺成正方形，白灰也與之相應撒成方形。

從開爐之日起，直到春天閉爐為止，眾寮當番沒有一天不為保持炭火不斷而忙碌不堪。

僧堂一到了秋天，就要將前後入口所掛的涼簾換成厚毛織物材質的暖簾，加上開爐，伽藍為過冬所做的準備就此告一段落。

因為火盆是僧堂唯一的暖氣設備，而僧堂的天花板既高，空間又大，地面則是又冷又硬的三和土；與外面作為間隔的，唯有木製板壁和紙窗而已。僅僅將涼簾換成暖簾，如此一枚毛織物當作帷幕真的能幫偌大廳堂保暖嗎？

其實僧堂只需一座火盆的炭火即可充滿暖意。當然這種暖熱，除非是生活在這裡的人，否則恐怕無法感受得到。它和由電力、石油或瓦斯所產生的暖氣不一樣。那是只有習慣了大自然的暑熱、涼爽或寒冷的人才能體會的一種暖意。

禪總是與自然同在。它和諸如征服自然、超越自然之類的觀念是無緣的。禪者總是與自然對坐，並從中領會各種啟示，喚起覺性，掌握悟道的契機。

道元在《正法眼藏．谿聲山色》之卷中，曾經這麼寫道：

谿聲也好，谿色也罷，山之色或山之聲，皆不惜展現真理的各種面貌。若自己能夠不惜名譽與利益，谿或山也會不惜宣說真理。

谿聲谿色，山色山聲，皆不惜八萬四千偈也，自己若不惜名利身心，谿山亦有恁麼之不惜。

然縱使谿之聲、山之色展現真理的各式面向，如果不能深刻理解谿山之為谿山而正確地修行，亦將無法見、聞真理的消息。

設使谿聲山色現成或不現成八萬四千偈是夜來，然若不盡力舉似谿山之為谿山，誰見聞汝是谿聲山色哉？

禪與自然的接近，乃是一種讓不知不覺間將自己從自然之中脫離的人類，再一次把自然召回自己內在，然後作為存活於自然界的生命體之一，發現自己本來面貌的行為吧。禪所謂「順應本然的狀態活著」，並不是說順應自己的意思活著，而是順應自然的法則而活，道元說，這一切必須內化於自己的身心當中。

永平寺的生活步調遠遠落在現代社會生活之後。這也是一種將自己的身體推向自然懷抱的生活，當身體接近自然時，得以感受、接收甚至訝異於自然的一切。那種一不留神即無法察覺的變化，卻能夠帶給我們驚奇的，總是大自然微細推移的瞬間。自然對於有覺知的人固然雄辯滔滔，對無感的人則彷彿根本不存在。

但是我們不能不多多理解大自然。同時也不能忽略我們人類本身即是自然的一部分。我們更要醒悟人類在地球上生息的環境，並非人所創造，而是大自然的賜予。在地球的自然環境中誕生的生命體，必須與自然和諧共處才能生生不息。

人類也不例外。只有正確理解這一點，所謂進步與發展才有意義。

臘八攝心

「從這一坐開始攝心！」

僧堂的前門被緩緩關上，僧堂鐘敲完開始坐禪的「止靜」信號，維那即大聲宣布，臘八攝心終於要開始了。對全山雲水而言，此刻只能用「終於」來表示這件事有多重大。

據說佛陀是在十二月八日於菩提樹下悟道，為了追隨佛陀行履，於是有臘八攝心。

「臘八」即十二月八日，「攝心」是指精神上的集中修練，具體而言就是在一定期間中專注於打坐。因此臘八攝心是從十二月一日到八日的七天時間，持續在僧堂打坐。這七天起床時間提早到凌晨三點，然後整天盤腿面壁而坐直到晚上九點為止。這樣的作息連續七天，當然不是一件小事。

由於過去有不少禪宗大德修行時夜不倒單[5]，大概是為了效法這種精神，攝心期間早上起床的信號「振鈴」，以及就寢的信號「開枕鈴」都暫時取消，改為打夜間坐禪開始的「止靜鐘」就寢，打早上坐禪結束的「經行鐘」起床。也就是說，這時實際上固然是在睡覺，卻將就寢期間視為仍在參禪打坐。

攝心期間於早上三點半起床後，即以每坐一炷香（四十分鐘）經行十分鐘的交替方式持續一整天。

「經行」就是走路。長時間坐禪一定會腳痛，也會疲倦瞌睡，導致精神散

5 精進苦修者常徹夜打坐，不躺下來睡覺休息，是謂夜不倒單。

漫無法集中。於是在一炷香結束、下一炷香開始前從單上下來，以一定的速度繞著禪堂行走——每一呼吸前進半步。這樣的經行雖然在走路卻不是休息，心念仍然要和坐禪一樣專注。

又禪堂攝心期間，平日每天在法堂或佛殿所做的早中晚勤行，全部和行鉢一樣，於兩炷香中間坐在自己的單上進行。簡單說，只要攝心一開始，整整七天幾乎人不離單。

道元在《正法眼藏・行持（下）》之卷引用中國大醫道信[6]的開示中，可以看到「攝心」兩字：「自既嗣續佛祖之祖風，乃攝心無寐，脅不至席，僅六十年也」。

大醫道信傳承佛祖之法後，即專心一意坐禪，未曾躺下來睡覺，終於也過了六十年的歲月。像他這樣集中精神持續坐禪，是往昔許多高僧大德採用過的重要手段。因此攝心即是所謂叢林修行的大眼目也。

我到永平寺上山之前，曾經讀過一本關於攝心的書，從此對攝心就抱著一種近乎憧憬的想法。對我而言，攝心無疑代表了叢林修行生活中最崇高、深遠的部分。與此同時，對自己能否通過這樣的大考驗，心裡既期待又害怕。

然而攝心的七天完全超乎想像。不管是憧憬、期待還是害怕，全都一一粉碎。那種壯絕，根本令人無言以對，筆墨也難以形容。

隨著攝心一天天過去，雖然激烈的腳痛稍稍緩解，但疲勞卻徐徐在體內蓄積，意識也逐漸朦朧起來。最後連為什麼要打坐之類的念頭或感覺都消失了。此時此刻除了結跏趺坐、雙眼凝視板壁之外，其他的一切都不復存在。

時間與線香的薰煙輕緩地流逝，在香爐留下白色的殘骸——香灰靜靜地飄落、堆積。

攝心遠遠超過靜坐的範疇。其終極的考驗是在最後的第七天，又稱之為徹夜坐禪，從十二月七日早上三點開始一直坐到佛陀成道的十二月八日凌晨一

6道信（五八〇～六五一），漢傳佛教禪宗四祖（初祖達摩──二祖慧可──三祖僧璨──四祖道信──五祖弘忍──六祖慧能）。

點。

迎向將要獲得解放的最後關頭，人體所發散出來的熱氣逐漸擊潰僧堂中的靜默，使得每個人呼吸越來越沉重。當僧堂柱子上的掛鐘敲了十二點的報時，終於來到臘八這一天了。只要再一炷香。這麼想反而讓時間走得更慢，整個人汗流浹背、手腳顫抖不止。我屏息閉上雙眼，咬緊牙關。

這時遠處大庫院敲起通知攝心結束的大開靜，雲版聲劃破深夜的靜寂，在僧堂中迴盪。在那瞬間，我覺得所有聲音都變成了趨向自己的光。雲版的莊嚴聲響，在一片漆黑的腦海裡發出炫目的光，如波濤般推湧而來，充溢了腦海。

同時也在雲版鳴響中，自攝心開始以來一直緊閉的僧堂前門，發出喀拉喀拉的聲音重新打開，冬天深沉的夜氣靜靜地流入被人們的熱氣擠壓得教人喘不過氣來的堂內。就在這一剎那，體內的緊繃感化為大大的一口歎息釋放而出，七天來的辛苦突然消逸無蹤。

當大開靜最後一聲打過之後，接著立刻敲起佛殿鐘，我們從單上下來，列隊前往佛殿，參加為慶祝佛陀開悟而舉辦的成道會獻粥。佛殿中央的壇上掛著一幅〈釋迦如來出山像〉，以紅豆等五種食材特別熬煮而成的「五味粥」將在儀式上供養佛陀。

我們在成道會獻粥儀式上恭敬地進行一連串禮拜與誦經，結束的同時小參鼓在殿內轟然響起，這是宣告臘八小參開始的信號。所謂「小參」是僧眾與老師之間一種猶如法戰的禪問答。

老師坐在正面中央，他的前面擺了一張小參台。提問者先對老師合掌一拜，接著一邊大聲提問一邊走向老師然後跪下。老師一聽完提問立刻作答，之後提問者即對老師說「拜謝尊答」，再退回原位。

在臘八小參中，僧眾通過仿效佛陀行履連續禪坐七天後，將身心所感受到的問題或疑團利用這個機會向老師提出。一個接著一個，以可以讓板壁迸裂的聲量用力提問，殿內逐漸充滿了殺氣，大家彷彿要將整整七天的沉默一舉爆發開來。

就在這樣騷動不安的狀況下，當臘八小參最後的提問獲得解答後，我們一起跪在佛殿的石板地上，開始唱誦聖號「南無本師釋迦牟尼佛」（發音為 Nohonsu-shi-kya-mu-ni-fu-）。

我們在堂行敲打引磬的「叮鈴鈴」聲中，以人在說話時所能發出的最慢節奏，緩慢地拉長每一個音，一遍又一遍地唱誦。在朦朧燈火照明下的深夜佛殿，每個角落都回響著嘹亮的聖號唱和聲，其音聲之美教人不禁心蕩神馳。

聖號唱誦聲持續不斷，此時手中捧著應量器的殿行出現了。應量器中裝的，就是剛才佛壇上獻供的五味粥。殿行以湯匙舀起五味粥，輪流在跪著唱誦聖號的我們手掌上各放上一滴。我的手掌上也落下了那一滴之粥。

等到所有僧眾掌上都放了粥後，聖號唱和即告一段落，這時堂行打了一聲手磬。隨著手磬之聲，大家一起舔舐掌上之粥。

我也伸出舌頭舔了掌上的一滴。無滋無味。但舔舐的瞬間，整個人滿滿都是「結束了」、「就這樣一切都結束了」的念頭，真想大叫出聲。

走出佛殿時，佛陀開悟瞬間抬頭所看到的啟明星[7]還早，但有如冰塊碎片的冬天的星，在我抬頭仰望的眼中閃閃發光。

掃煤

十二月十三日降下了初雪。結束攝心的伽藍，又回到平日一樣的作息。在天空飄舞的雪花，彷彿要將靜寂的叢林包覆得更深。雪花在沉默中飄落、堆積，四處都在短短期間內變成白茫茫的大地。

雪非常適合永平寺。會不會是因為剛剛飄降的雪花，未經任何染污的純潔讓人產生這種聯想呢？的確永平寺沒有被任何東西所污染。就某種意義上看來，它是極為無機質的。

永平寺可以說就像應量器一樣。不管放什麼食物到鉢裡面，食物既不會滲入鉢中，而鉢也不會溶入食物之中。鉢仍然是鉢，完全沒有改變。同樣是鉢，對有些人而言，即是佛法所現成的形體，另外對其他人而言，則不過是裝盛食

7 啟明星指天亮前肉眼可見的最後一顆星，亦即金星；金星也是天黑之後肉眼可見的第一顆星，此時則名為長庚星。

物的容器。也就是說，鉢作為一個具體的存在，至於怎麼看它，取決於用鉢者的心。這就是永平寺。

簡單說，永平寺對修行的我們而言，也是由心念來決定，既可以是聽取無言說法的尊貴場所，也可以僅僅是讓我們避免夜露沾身的屋宇。這中間並不存在任何單方面的強制行為，唯有示現它原本的面貌罷了。如何看待與永平寺的關係，都是由自己決定的。這就是永平寺的「自由」。

下雪積了又化、化了又積，永平的山谷冬意漸深，不知道是第幾次白雪又覆蓋了伽藍的某一天，我們進行掃煤的作務。

「掃煤」即是清除煤渣。維持傳統的永平寺，掃煤也不例外，使用的是一種長青竹竿尾端綁上笹葉[8]的道具。

我們穿上作務衣，頭綁毛巾，然後以手巾包住鼻子與嘴巴。製作好掃除道具後，即開始清掃伽藍各處覆蓋了一年份的煤渣。

一開始清掃，我們就發現用這種道具工作的效率實在太差。竹竿很重，而笹葉怎麼看都不像可以將煤渣清除乾淨。不過或許是笹葉本身帶著清涼感的緣故，縱然無法徹底將煤渣掃落，可不管怎麼掃，笹葉本身卻不可思議地乾淨。

但也不是沒有缺點。當我在光明藏旁邊的走廊，舉著沉重的竹竿笨手笨腳清掃時，笹葉突然被夾在天花板的板子與板子中間，想拔也拔不出來，沒辦法只好用力拉扯，結果笹葉就斷在裡面。

抬頭看天花板，板子間夾了一片笹葉。這可就頭痛了，天花板那麼高，無論如何都沒辦法將笹葉拿下來。我只好默不作聲當作沒這回事。

不過之後每次只要經過這裡，一定會想起笹葉的糗事，雖然叫自己不要看，還是忍不住抬頭，一看就充滿了罪惡感，趕忙將視線移開，加快腳步通過。

當掃煤結束，山內復歸清淨時，接下來各種歲暮的準備工作無日無之。其中最重要的是搗餅[9]。這時所搗的餅特別名之為「壽餅」，在位於吉祥

---

8 笹（sasa）是很像竹葉的禾本科灌木。

9 兩人以木杵交互舂糯米作餅（mochi），中文音譯為麻糬，等於日本的年糕。

閣地下室的小庫院進行。開始搗餅前先進行搗餅諷經，接著全山雲水悉數出動，搗了整整一天，其數量非常驚人。搗好後除了供奉於伽藍諸堂，也做成各寮床之間的擺飾，並分配給每一位雲水。

其實永平寺為了迎接元旦，床之間都會做一些特殊的擺飾。首先，在各寮都有的床之間掛上各自的龍天善神軸。這是上山之際規定要放在袈裟行李中帶來的護法掛軸。接著在它上方掛著袈裟行李。袈裟行李上則貼著以若干枚由奉書紙[10]與朱紙所摺成的盔甲，然後在其上掛了水引[11]。前方則擺著雲水自己搗的一對壽餅，表示祈願法身堅固、祝賀新年之意。

壽餅也依照叢林古儀，有拿來贈送各自恩師的慣例。贈送壽餅時，先在奉書紙上按規定格式，以漢文恭敬地寫上諸如「改歲之令辰，謹申嘉悰儀」的祝賀語；接著將壽餅切成厚五公分、長兩公分左右的菱形，從側面看還得是上面稍微縮小的台狀。

再將這樣的壽餅一片，用特殊的方式摺成的疊紙包好，放進寫了「壽」字的紅封套。最後再將它放到同樣也用複雜手法摺成，名叫「壽餅帶可漏」的疊紙裡面，祈念恩師的長命長生。

我利用監院寮忙碌公務的短暫空檔，盡全力克服繁複的手順，製作了三枚壽餅。其中兩枚送給父母，剩下的一枚則致贈在知庫寮期間，擔任瑞雲閣接待時認識、之後保持通信的那位老婦人。

這時永平寺也在山間冷冽的寒氣抱擁下，迎接了一百零八聲梵鐘聲迴盪的靜謐除夜。

歲朝

永平寺的新年，也和平日無異，在伽藍的幽闇迴廊間快速移動的振鈴聲中到來。

---

10 以楮樹（Broussonetia kazinoki × B. papyrifera，小構樹）樹皮纖維為原料的厚地和紙，曾長期作為公文書用紙。

11 水引為贈答品包裝紙上的紙製黑色或紅色繩結。

振鈴通過後，我打開監院寮走廊的門，望著眼前展開的伽藍。在高遠澄澈的夜空下，伽藍的屋頂一重又一重，屋瓦上一粒粒霜花，於初日的星光下發出藍色的幻彩。

終於來到新的一年。回頭一想，去年此刻的我，如何能想像一年後站在這樣的地方看著黎明前伽藍的自己之身影？那時每當想到未來，眼前所見無非茫漠的空白。何況那時連下定決心的意志都沒有，只能在一無所見的狀況下，等待隨波逐流、漂向遠方。

但人生就是因為完全無法預設所以才好玩。儘管根本不知道明年此時自己將在哪裡做著什麼樣的事，我想正因為這樣，才會產生夢想、希望，還有活在當下這一年的力量。

我不知道命運之類的東西是不是真的存在，但我與其相信命運，更願意相信此時此刻自己正如此活著的事實，也希望今年能夠珍惜活著的每一天。

我瑟縮在元旦清晨肅殺的寒氣中這麼想著。

永平寺的元旦早晨，在例行的振鈴後，同樣是例行的曉天坐禪。接著到法堂上殿勤修祝禱諷經、朝課諷經，結束後小參鼓當即在堂內響起，小參開始。這一天的小參，問答時所丟出的問題中必須避開不祥不吉的用語，在老師回答後表示感激的「拜謝尊答」也變成「吉祥、吉祥、大吉祥」。

當這些明快、嘹亮的吉祥問答全部告一段落後，直接在原地舉行宣讀元旦賀詞的「歲朝人事行禮」，接著才前去進行兩所拜賀。所謂兩所拜賀，就是禮拜承陽殿與光明藏兩個場所的儀式，也就是在承陽殿禮拜開祖道元，到光明藏向現任住持賀歲。

在光明藏，我們到上段的御簾後方迎請住持猊下，然後一同拜賀祝他身體康泰，接著進行獻餅式，向住持獻上壽餅。

猊下接受放在木製托盤上的壽餅，在上段坐下，敬謹地念出年頭的口占：

「雲煙供養法身閑，初日新輝出世間，不老閣中迎米壽[12]，吉祥春遍吉祥山。」

12「米」字猶如「八十八」的合體，米壽為八十八壽辰的別稱。

出自即將迎接米壽的猊下，真是無比吉祥的口占。

至此元旦的各式法要或儀式都結束後，雲水們在菩提座享用雜煮與特製年菜，遺憾的是我們監行忙得無福消受。

光明藏的獻餅儀式完畢，老師們即在不老閣接受點茶招待，接著在監院寮的相見之間吃雜煮。歸寮的我們忙不迭先到當番所的爐子上烤壽餅，然後手忙腳亂地供應雜煮，一路上被時間追著跑。

即使順利提供過雜煮，照樣不得喘息，因為接下來彷彿迫不及待似的，拜訪監院老師的賀客蜂擁而來。一批緊接著一批來了又去、去了又來，每一次我們都要到內寮通報，引導客人前往相見之間、點茶，結束的同時拉開紙門、恭送客人。這樣的情況延續了一整天。

這時肉體上也好、精神上也是，早已疲憊不堪，就在無精打采的時候，坪田（Tsubota）桑來了。坪田桑是在福井經營書店的婦人，總是在四九日送書到永平寺來。

永平寺規定，每天過了一定時刻，只要不妨礙公務即可以自由閱讀。特別的是沒有禁止閱讀的書，想讀什麼書都可以。可是雲水禁止離開永平寺，因此不能外出買書。坪田桑每到四九日一一登記每個人想買的書籍，同時送來上次所訂的書。

話說經營這類買賣的不止坪田桑，為了不能外出的雲水，洗衣店、佛具店之類的工作人員頻繁進出永平寺。

男人似乎總是戀慕著母性吧，坪田桑受到永平寺每一名雲水的喜愛。我也是其中一個，不管有什麼痛苦或討厭的事情，只要看到每逢四九日到訪的坪田桑笑臉，馬上忘得一乾二淨，然後油然而生可以拚命到下一個四九日的氣力。

但是由婦人送書給全山的雲水，卻是相當的重勞動。大型背包中裝滿了雲水們委託代購的書籍，加上兩手也提著，走在長長的迴廊，登上數不清的階梯，送到每個人手上。每次看到坪田桑出現，一方面因放心而鬆了口氣，同時又為讓她背負好幾冊沉重的書給自己而感到抱歉。

「魯山桑，新年恭喜！今年也請多多指教哦。」

看著時值春正而打扮得特別漂亮的坪田桑笑臉，手忙腳亂、馬不停蹄的元旦，終於靜靜地暗了下來。

開旦過

大寒（一月二十日左右）一過，山區的天候明顯轉變，伽藍在轉瞬間與長期積雪一起消失在深深的谷底。迴廊被堅固的防雪圍籬遮蔽，不管走到哪裡都顯得有些陰暗，所有的聲音都被厚厚的積雪抹消，周遭一切籠罩在沉重的靜默之中。

儘管如此，在迴廊偶爾經過防雪圍籬的間隙抬頭仰望天空，發現雪勢之大教人一無所見，彷彿瞬間粉碎的天空，全都朝著伽藍崩落下來。

就在下著那種雪的早上，聽到今年最初的上山志願雲水正站在山門外的消息。曾幾何時永平寺又來到了開始的季節。

第一批上山的有十人，此刻想必是肩上落雪堆積，站在冰凍石板地上，還不知道要忍受多久，內心一片黯淡吧。這麼一想，我的心情也複雜起來。

從現在開始，他們也跟從前的我們一樣，眼前正有無數的試煉在等著他們。他們也要以身體的全部接受那些試煉，失望、沮喪、憤怒、淚水，一切的一切都要由自己來品嘗，也必須由自己承擔。

第一梯次上山者進了山門之後，每天都有一批接著一批的雲水上山，而山內早已被遺忘的那種跡近疼痛的緊張感又開始瀰漫。

經過僧堂附近時，和去年一樣，充滿殺氣的怒罵、東西碰撞聲此起彼落，每次聽到這樣的聲音，身體都會一陣僵硬，猶如發生在自己身上。

但是每次在伽藍各處看到他們的身影時，我都無意識地端正自己的姿勢，感到那種抖擻之美。記得在知庫寮期間於瑞雲閣接待過的老婦人，她形容雲水帶給她的感覺「彷彿自己的心都被徹底清洗了」的意思，現在總算懂得了。

此外，當我感覺到他們那種心臟幾乎要爆裂的鼓動時，才醒悟到這中間已經流逝了多長的一段歲月。我們在一年前，也是像他們現在這樣耀眼嗎？其後整整一年。暗中摸索、如履薄冰的一年。在流動的時光中，到底我得到了什麼，又失去了多少？

記得是在藥石過後回監行寮途中。

伽藍早早就籠罩在雪夜冷冽而澄澈的幽闇中，其間的小小燈泡發出炭火般亮光，教人看了倍覺溫暖。

在這樣的暖光底下，我走出僧堂來到中雀門附近時，一群上山不久的雲水正迎面而來。他們一看到我，趕忙退到迴廊邊上，深深低頭合掌讓路。

面對這樣的光景，不禁悲從中來。是為如此緊張、害怕的他們而哀傷，或為如此教人恐懼的自己而感到寂寞荒涼呢？

看著他們的身影我感到不忍，於是加快腳步通過，不經意和其中一位雲水四目相接。

那瞬間我突然一陣焦躁。本來新到雲水目視古參的我，就要像去年古參對我們做的一樣，必須立刻給他一陣喝罵，但我就是做不到。

照理說已經處於古參立場的我，並非不能以古參身分和他們互動。這種確立不移的上下關係維持了叢林的均衡與規律，而且毫不遲疑地遵循傳統作法，也是永平寺修行很重要的一部分，這些我都十分清楚。

結果最後慌忙移開視線的卻是我。

從那次之後，我變得很怕看到他們。而且每次聽到僧堂傳出指導他們的古參雲水怒罵聲，就對自己如此沒有古參風範而感到羞愧。

其實指導這些新到的旦過寮雲水，正是去年和我們同期上山的。

雖曾聽說被分配到旦過寮擔任新到指導的，都是那種教人一看就會害怕的雲水，但也不盡然。何況他們都很盡責，也做得很好。其中有些一輩子從未打斷別人說話的溫厚男子，看到他們對上山的雲水們高聲怒罵、指導的光景，實在令人感到驚訝。

不過隨著上山雲水人數不斷增加，他們逐漸陷入精神上的疲勞也是顯而易見。為了讓新到雲水保持良好的緊張狀態，負責旦過寮的古參必須一整天從早到晚毫不鬆懈，以嚴厲態度指導新到。可想而知，上山的雲水中並非人人都是那麼優秀，有些人你不管怎麼教還是學不會，次數一多，有時就會讓指導者失去耐心。

儘管如此，由於身負必須將每一位上山修行者訓練成可以在永平寺獨當一面之雲水的重責大任，因此也不允許半途而廢。

經過一年，如今站在去年臭罵我們、賞我們巴掌的古參立場上，才真正理解這會給精神帶來多大的壓力。誰不想輕輕鬆鬆當個隨時帶著笑臉的「好人」呢？

回顧自己這一年，對於那些對我們又打又罵的古參雲水唯有感到佩服。

瀰漫伽藍的緊張感，有如日漸增厚的積雪一樣一天天加強，而永平寺新的一年也揭開了序幕。

打坐

永平寺漫長而靜寂的冬天，就在雨水開始飄降在層層封閉山谷的積雪上時打下了休止符。積雪被雨水融解，朝低處流淌，這些雪水彼此匯流，最後回歸永平寺川。河水逐漸為季節增色，陽光照得到的水邊生機蠢動。

原來充滿伽藍中的緊張感，彷彿也隨著積雪的融化而緩和不少。但是伽藍各個角落依然散發著緊繃的氣氛，而兩種相反的氛圍交織中帶著的不安，正是伽藍春天的寫照。

用過藥石之後，我還是和平日一樣，拿起坐蒲團前往僧堂。

通常藥石再晚也會在六點結束，然後一直到七點開始夜坐之前，則是雲水們難得的自由時間。

我在這段自由時間總是一個人到僧堂打坐。深沉而靜謐的幽闇中，除了電燈泡微弱的亮光，此外沒有其他人影的僧堂，不知道從何時開始，我深深地愛上了這種被微暗與清寂所擁抱的孤獨。

仔細一想，我在這個僧堂中到底度過多少打坐的時光呢？

要說永平寺的修行生活，首先就是連思考的餘裕都無的緊迫與靜寂到令人不禁念頭紛飛的交替循環。其中所謂靜寂，就是僧堂的坐禪。第一次打坐的那個夜晚，至今仍歷歷如繪。在悶熱而沉重的靜默中，首次盤起雙腿面壁而坐的我，由於體悟到禪的深遠無邊而渾身顫抖，全身的血液騷動不已。

那時只會埋頭打坐。雖然一無所知，唯讓自己不思不想，一逕坐下去。現在同樣是這麼坐，難免會仔細尋思如此打坐的用意。

「只管打坐」。永平寺的坐禪，既不將打坐視為目的，也不是手段。也就是說並不是為了開悟而坐；打坐本身即是一切。

但這個「只管打坐」到底是什麼意思呢？盤腿而坐是當然的。但是它同時又超越坐著、站立、走路等等行為，而成為一種「形」。成為所謂的「形」，乃是自己徹底地變成「形」本身，脫卻一切藩籬、捨棄自我本位，唯有與空氣一起，和當下的一瞬素面相見。

此時必然湧現一個疑問：為了拋棄自我，為什麼需要盤腿面壁這樣的「形」呢？但是這個問題的答案，恐怕是任何人都無法形諸言語的吧？那是只有自己去坐，一逕坐下去，之後我們的肉身才有可能體會的種種微細感觸，基本上是屬於無法言宣的領域。這樣的存在形態，我認為就是宗教。當然並不是指從屬於某個教團的那種宗教。

宗教並非用來研究剖析的，而是用來相信的。那是我們試圖從各個角度來加以探討、詮釋之前即已明確存在的東西。它或者是大自然的原理，或者是偉大先哲的生命典範，每個人有各自不同的看法，但我覺得一個人只要相信，他的信仰就是他的宗教。

我就是相信永平寺中一瞬一瞬的當下而坐。盤好腿平靜地面壁坐著，身體裡面即會有各式各樣的感覺此起彼落。空氣的湧動或自然的流轉，都會變成輕微的振幅傳達到我們的鼓膜來。但有些時候，那種振動也會突然撼搖我們的內心。

坐久了腳自然是會痛的。但我總是再度調整好坐姿，繼續坐下去，並提醒自己，打坐時所遭遇的種種狀態都有其重要性。專注於打坐、習慣於打坐、克服雙腳的疼痛等等，我認為這些都沒有任何特別的意義。我們要做的，就是無條件接受每一個瞬間、當下的一切。這些就是坐了整整一年之後，我對「只管打坐」的體會。

而且這裡面還有一種自由。所謂禪的自由，表現在我們從「自己是」或「自己的」之類的意識獲得的解放上。也就是說，自由並非從包圍著我們外部的什麼存在獲得解放，而是從存在於自己內面的欲望或是其他種種精神性的事物中獲得解脫。這時我們將不受任何東西束縛，於是產生了真正的自由。這同時也是從作為佛教源頭的古代印度脈脈相續的核心理念。

話說回來，永平寺的日常生活還真是單調到一種恐怖的程度。我上山後有一段時期對這樣的單調抱著極大的困惑與不安。每天每天從起床到就寢為止，都是被嚴格規定、一成不變的內容之連續，不斷地重複並且不容許任何質疑。這種單調到底又是什麼呢？

人的一生，除了有數的一些特別日子之外，其實也就是平凡無奇的連續而已。然而人畢竟對充滿戲劇性變化的東西特別有感，並且被它們的魅力所吸引；反過來則是對單調的東西無感，讓一切變化埋沒在日常生活中，無知無覺彷彿什麼事都沒有發生過。

但是這種「無知無覺彷彿什麼事都沒有發生」、每天不斷重複單調而平凡的生活，反而蘊藏了很多我們不能忽視的真理。

活著這件事，並沒有什麼特別的地方，說穿了不過是吃喝拉撒睡而已。這是所有生命所共通的原理：凡所有生命，都是歷經出生、汲汲營營地過日子、維持自然界均衡的連鎖關係，然後死滅。活著本身對自然界的生命而言即是重要的營為，也是生命的存在價值，人類也不例外。如果說人活著有什麼意義的話，首先就是存在於世間這件事，而我認為這就是生命的根本性意義。

如果將存活之外多餘的附加價值全部削除捨棄的話，輕易即可忘卻許多讓我們煩心的事。首要之務，即是無條件地接受單純地活著這件事，然後對生命中每天的營為、每一瞬的當下都能踏實並用心體會。這就是我自身從永平寺不斷單調重複的每一天——洗面、吃飯、排泄、睡覺——之中獲得的信念與解答。

行履調查

「我打算離開永平寺去讀大學。」

當我前往位於吉祥閣的傳道部勸化室時，早就一個人坐在那裡的眺宗突然這麼說。

今晚的夜坐取消，改為內講。內講通常在傳道部勸化室進行，每次都是佛典或法式等一些難度比較高的講義，但聽說今晚要放錄影帶，稱之為視聽覺研修。好像要放的是《龍貓》[13]。

「咦，為什麼？」

「你也知道，我只是高中畢業，以後為了找工作方便，還是有個大學學歷比較好。而且我中學畢業後就進入僧堂，從此過著這樣的生活，現在很想體驗一下不一樣的生活。」

「眺宗真是了不起。」

在我看來眺宗實在非常勇敢。

「被你說了不起反而很不好意思。哦，對了，魯山桑看過《龍貓》沒有？」

「沒有。」

「我放學時曾經去看過哦，偷偷地。雖然說偷偷地，但進到電影院一看，只有我一個人是大光頭，叫人不注意也難。我唯恐被誰發現，看得提心吊膽。」

話說高中是一個人在身體上從小孩轉大人的同時，「塑造自我」的強烈意識也逐漸高漲，喜歡穿帥氣的衣服、梳奇怪髮型的時期。我也不例外。在這種對未完成的自己之可能性試圖進行各種挑戰的年紀，這傢伙卻把頭剃了，一邊過著僧堂生活一邊通學就讀高中。

和那時的自己相比，眺宗可成熟多了，但想到他還那麼小就開始過著大人般的生活，又難免覺得心疼。

「魯山桑有什麼打算？」

「打算什麼？」

13《龍貓》是吉卜力工作室與德間書店於一九八八年推出的動畫電影，由宮崎駿執導。

「今年會繼續留在永平寺嗎？」

「啊……」

這時房間的燈突然暗下來，開始放映《龍貓》。

永平寺的春天，是迎進新到雲水的季節，同時也是修行告一段落的雲水離開的季節。當我聽了眺宗的話後，才第一次強烈感覺到這真的是我們該邁向下一個階段的時候了。

每年春天近了，永平寺職位叫悅事的僧侶，即會開始對山上雲水進行調查，詢問當年春天是否準備離開永平寺，稱之為「行履調查」；永平寺上山的雲水，多半在修行滿一年的這個時期下山。

「童龍，你會離開嗎？」

幾天之後，行鉢結束，偶爾在迴廊遇到童龍，我隨口問曾經住院的他。他在醫院療養了一陣子，最後康復又回到永平寺。

「當然，我再留下去也沒什麼意義。」

「此話怎講？」

「怎麼說，反正就是這樣。天真和融峰都說要走。融峰研究所畢業，找工作不難，滿半年的時候就說想下山了。」

「是嘛——」

「天真是家裡的次男，看他的意思即使離開永平寺也沒有當和尚的打算。既然如此，何必繼續待在這裡吃一年苦頭？」

這時台明從後面追上來，立刻加入我們的談話。

「我可是要留下來哦。」

「台明，又沒有人問你。」

童龍馬上頂回去。然而嬌生慣養的台明竟然選擇留下，倒是很令人意外。

「讓我插個嘴又不會怎樣。我想繼續努力，魯山桑也一起留下吧？」

話才說完，又一溜煙跑走。台明出身相當有來頭的大寺院，或許是這樣他才想留久一點吧，但我還是對他那種洋溢希望、無可救藥的開朗感到驚訝。

「我也要留下來！」

緊跟著童龍住院的喜純，後來也很快出院重返永平寺。看來他會留下。

「因為啊，我在來永平寺之前，就憧憬要當個殿行的關係。」

到永平寺上山的雲水，滿一年後如果沒有離開，在第二年的某個時期開始，即可以在法堂或是承陽殿服事。如果接茶寮被稱之為「地獄的接茶」，與此相反，活躍於法堂的儀式或法要上受大家矚目的殿行則有「花的殿行」之名，為雲水憧憬的目標之一。

「而且既然都上山來了，我希望能夠一直做到堂行。畢竟在修行的世界，在永平寺只待個一年，實在不是什麼特別的經歷。況且我們家只是間小廟，檀家[14]也不多，當個和尚根本不足以養家，所以現在下山回家也沒什麼意義。」

永平寺上山的雲水當中，第二年的法堂或承陽殿公務結束後，第三年即會配屬於作為雲水之長的堂行寮。這是雲水所能到達的最高職位。其中還有一些雲水之後仍會在永平寺繼續待下去，但為數不多。

社會上一般人對僧侶的印象就是收入豐厚、生活悠閒，其實不然。很多像喜純他們家那樣，檀家有限，單靠寺院的收入不足以養家活口。這時他們多半會另闢財源來維持寺院運作，壓力其實相當大。

我也問了泰禪。他在我先從知庫寮轉役之後，也轉役到小庫院去。

「當然是留下來啦。我是次男，家業有哥哥繼承，我回去幹嘛呢？」

「那泰禪將來有什麼打算？」

「我想我會一直待到自己覺得夠了為止，中間如果有機會去好一點的寺院當養子，我也會去。」

實際上無法擔任家族寺院繼承人的雲水當中，也有人會像泰禪這樣，到後繼無人的寺院當養子，或是和寺方的女兒結婚最後接任住持。

穿著小庫院的白衣和我說話的泰禪，總覺得比知庫寮時期成熟了很多。

永平寺的修行生活，時間待得越久，就可以免除各種公務。不參加清晨的迴廊掃除無所謂，也沒有強制要出席法要或儀式。此外也准許自由外出，的確

14「檀家」語出梵文、巴利文的dāna（檀那），本意為布施；檀家即施主。

多出不少屬於自己的時間。

或許真正的修行，是從這些束縛自己的規矩解除之後才開始的也說不定。

終於獲得解放後，你可以每天無所事事、優哉游哉，也可以因為束縛不再而更加惕厲自己，繼續貫徹初心，不敢稍有鬆懈，如何選擇完全由自己的心念來決定，也因為如此，自今而後修行的意義也迥異於以往。

我自從和眺宗談過以後，一直感到很苦惱。就這樣繼續留下來，檢驗自己可以貫徹初心到什麼程度也不錯。

可是就在東想西想舉棋不定的時候，腦中突然閃出一個念頭：回到當初因為走投無路而倉皇出逃的那個社會，讓自己再接受一次考驗看看。

一年過去了。雖然只有短短一年，但在永平寺度過一段時間後，覺得自己內心深處已經產生了一些變化。

當我明確自覺現在的自己早已不是一年前那個悲劇英雄的時候，我決定從這裡離開。

「那個，魯山桑，你真的要走嗎？」

「對啊。」

拿東西來監院寮的圓海唐突地問道。

「咦，真的好意外。我本來以為像魯山桑這樣，少說也會待個十年什麼的。」

十年是嗎？十年後就是四十歲了。那時的我將會在什麼地方、做著什麼事呢？唯一可以確定的，就是十年一眨眼。

「圓海有什麼想法？」

「我會走。不過我打算離開的時候，從永平寺一路走回家！」

「啊，圓海的老家不是在靜岡（Shizuoka）嗎？」

「嗯。」

實際上從永平寺下山的雲水中，也有不少像圓海這樣一路步行回家的人傑。與昔日行腳僧的心為友伴，頭戴網代笠、腳穿草鞋，一步一步，邊回想在永平寺度過的那些時光，走上歸途。

圓海那圓滾滾的身材，走完從永平寺到靜岡的迢迢路途，這下應該會變得結實起來吧。

一旦下定決心離開，對於自己能夠像這樣在永平寺生活，更加感到貴重而無可取代，於是想要在僅剩的時間中，盡一切可能珍惜每一分每一秒的念頭越發強烈起來。

從那之後，只要時間許可，我都埋頭在僧堂打坐。我多想將僧堂的幽闇、靜謐，以及它的空氣留存在身體的某個角落，即使只是一點點也好。

過去的一年，彷彿將五、六年一次濃縮了似的，發生了好多好多的變化。這裡面有摩擦、傷害，同時也有無數的哭泣與歡笑。

如今在僧堂這麼坐著，一閉上眼睛，就可以清楚浮現共度一年時光的同修們一張張的臉。然而這些記憶，隨著時間流逝勢必逐漸模糊，而那些容顏也將一個接著一個消失吧。

儘管如此，我曾經在這裡經歷哭著笑、笑著哭，鮮紅的血液真真實實在皮膚底下流淌，遍嘗那種想要聲嘶力竭地吶喊的感動，是一輩子都不會忘記的。

乞暇

早上的行粥過後，我一個人在監行寮開始打包行李。

雲水辭別叢林稱之為「送行」或「乞暇」，而這也和入堂一樣，是雲水生活中非常重要的一個段落，必須殷勤地進行。

首先為了送行，必須先製作一份「乞暇願」。乞暇願依照規定的範本寫好，然後請各老師應允蓋印。蓋印先從自己所屬的寮舍老師開始，接著請全山各寮舍老師一一蓋印。當乞暇願蓋滿了老師的印章，最後才請永平寺最高負責人監院老師蓋章，這時即將乞暇願直接提交監院寮，手續就算完成。

由於我配屬於監院寮，所以一開始就找監院老師蓋章。

「我覺得魯山和尚應該在這裡待久一點，不過既然決定了，那就這樣吧。」

監院老師說著在乞暇願最上邊「監院」那一格蓋上印章，然後將一個桐木箱放到我手上。打開一看，裡面是抹茶的茶碗。

「送給你作為餞別的紀念。」

記得是有一次，為了拿東西給監院老師而前往內寮。看起來有幾位比較親近的訪客剛來過，几案上擺著幾只抹茶茶碗。在黑樂、織部、白瓷和油滴[15]等各式茶碗中間，有一只特別引人注目。

明顯是現代陶藝家的作品，寬闊的開口、微妙收束的碗身，加上沉穩的底座，形成一種絕妙的平衡感。而超越這一切的，是釉藥之流動——純粹偶然的產物所凝縮出來的光彩教人歎為觀止。

我忍不住出口稱讚了這只茶碗。由於這個緣起，監院老師時不時把我叫到內寮，請我用「魯山的茶碗」喝茶。不過他拿出來的茶食常是長了黴的，這我就不敢說什麼了。

監院老師的確是個嚴厲的人。不管誰犯錯他都不講情面，對自己也好，對他人也一樣，絕無妥協的餘地。也因為這樣，我看得出來他在老師之間有種被孤立的感覺。

但在內寮煮茶請我喝的老師，卻是一個隨處可見的和藹老人而已。春蘭盛開時我幫他澆花，也是一臉柔和、笑逐顏開。

「一生參禪辦道，可別忘了！」

當我誠惶誠恐抱著桐箱告辭時，老師最後對我這麼說。

監院老師蓋章後，接著去找副監院老師。

「送行嗎？真有點捨不得啊。」

副監院老師只有這一次沒有露出那聖誕老公公般的笑容，從抽屜裡面拿出印章，蓋在監院之印底下。

副監院老師這個人，就像他招牌的聖誕老人笑容一樣，是個天生善良的人。一個人若是內心純淨，即使沒有刻意表現，他的良善也會溢於言表；他的溫厚在不知不覺中帶給周遭的人極大的安慰。正是他這樣的溫柔與體貼幫我度過許多困難的時刻。

15黑樂，即黑色樂燒（Raku-yaki），樂燒為手捏軟質施釉陶器通稱。織部燒（Oribe-yaki）為十七世紀初主要生產於美濃地方的陶器，為美濃燒的一種。油滴指油滴天目，天目燒源自宋代，以釉色、窯溫的控制而在黑底色上現出油滴般折射光。

「隨時歡迎你回來，等你喔！」

他還是笑著送我離開。我依依不捨地走出副監院寮。

之後從副寺老師開始，我走遍全山老師的寮房蓋章。尚事老師是在他那又乾又硬的醬菜旁，侍真老師則依舊一張苦瓜臉。

全部的章都蓋好後，我將自己的乞暇願放進監院寮的檔案夾，並在記錄簿上登記，完成全部手續。

到了送行當日，就像一年前入堂之拜時一樣，我套上布襪、帶著坐具前去行粥。行粥的最後，即拈香進入僧堂進行乞暇之拜。

這是最後一次進僧堂，三拜之後一切就結束了。邊這麼想邊環顧與平日無異的僧堂，完全感受不到一切即將結束的氣氛。多少有點緊張的三拜後，接著也如同入堂之拜時那樣，合掌彎腰低頭，以順時針方向巡堂一周。

每當我經過一個站在自己單前、同樣合掌的雲水時，他就會拿起蒲團用力打我。這當然不是道元或誰定下的規矩，而是只有最後一天特別獲得默許的隨興玩鬧。

一整年，在這僧堂中咬緊牙關一起打坐的同修之間，一個合掌低頭走過，一個抓起蒲團就打，儘管一點都不痛，但是從低垂的眼瞼還是流出淚來。

行李很快就打包完畢。本來就沒帶多少東西上山的，而一年下來也幾乎沒增加什麼。

最後的最後，就是包裹袈裟行李了。袈裟行李是將行鉢之際所使用的護膝布、服紗與布巾，一一摺成彷彿上下顛倒的衣領般。上山時要摺成有如漢字的「入」，而送行時則摺成有如「人」字。行李之上，這些一枚一枚摺成「人」字的布巾依次重疊，我好像也從此才成為一個人似的。

所有這些行李都整理、打包好了以後，終於也來到告別的時刻了。送行的場合，特別親近的同修還會在山門對下山的雲水做乞暇諷經，然後目送其離去。今年開春以後，我也好幾次在山門做乞暇諷經送走同修，每一次都非常激動。想起一年來大家苦樂與共的時光，實在有些不捨，但也只能彼此拍拍肩膀互道珍重。

但我自從決心下山之後，即興起一個念頭：我不要任何人相送，只想一個人默默離去。因此我特別選了大家中午勤行的時間。

當大庫院的雲版敲響三下，接著佛殿鼓三打，然後大梵鐘撞過齋鐘，日中諷經開始的信號——殿鐘響起了。

這些聲音每一響都已經內化到我的身體之中。曾經我是那樣驚恐、遲疑地打過的。一年前也好，現在也罷，還有今後，它們都將始終如一，無止境地繼續敲打下去。

我一邊想一邊急著將行李掛上雙肩，手持網代笠與草鞋，走出了監行寮。這時我突然停下腳步，環視整個或許再也無緣目睹的伽藍境內。

眼前所見伽藍的各個大小角落，這一年來的一幕幕情景都歷歷在目。每天每天，以抹布一遍又一遍擦得教人簡直喘不過氣的伽藍。輕輕撫摸顏色轉黑的柱子，那種微溫的觸覺，彷彿可以感受到某天某一瞬間的心跳。

走過光明藏旁邊的走廊時，我又不經意地抬頭看一下天花板。上面板子與板子之間清掃時不小心夾住的笹葉還在，但已經枯乾變成深棕色。現在我只要從山門走出去，則我曾經在此生活的痕跡都將消失無蹤。不過一想到這片笹葉或許還會留在這裡很長一段時間，突然一陣開心。

「再見了，請保重！」

走到山門時，傳來遠處佛殿的誦經聲。我趕忙將行李從肩上取下放在腳前，一個人朝著佛殿進行乞暇之拜。

「家庭嚴峻不容陸老從真門入，鎖鑰放閑遮莫善財進一步來」。當我跪地頂禮膜拜時，猶記得一年前上山的那個清晨，客行在這裡大聲念誦山門上所掛的對聯，那些字句一次又一次在我腦中重複。

「家庭嚴峻」。的確，這裡真是個鬼地方。我有生以來第一次目睹如此嚴酷的世界。再不願意知道也要讓你看透自己的無能，再不想知道也要讓你將人類的醜惡看到飽。更慘的是我自己那時處於分崩離析、不成人形的狀況中。

「鎖鑰放閑」。那麼它的巨大深遠又在哪裡呢？自始至終它靜默無言地承受這一切，包容這一切，然而給你活在當下的勇氣。人並非一無是處。作為人的一分子、與其他人一起活著這件事，給了我們超乎想像、難以言宣的感動。

對於永平寺的一年，我從內心深處想大聲叫出來說「謝謝你」。當我最後一次俯伏而拜時，從緊閉的雙眼還是迸出了熱淚，滴落在地上。

正在這時候，佛殿傳來清脆的引磬聲。不能再猶豫了，再不快點，日中諷經眼看就要結束。

我急忙穿上草鞋，將行李掛上雙肩，快步走出了山門。沒有回頭的餘地了。然而我再也沒有回頭的必要。專心一意注視著前方邁開步伐。我在這裡所學的一切，就是為了踏出這一步。我想如果在這節骨眼退卻回頭，那麼過去的這一年必將化為泡影。

我直視前方，經過高聳的老杉樹下。一年前的光景，以倒轉的方式在眼前鋪展開來。過了老杉，繞經圓通門、作事場，穿過勅使門，終於來到龍門之前。

龍門。一切的一切都是從這裡開始。前塵歷歷，恍惚如昨。

但眼前所見的龍門感覺小了許多。難道是我變大了嗎？當然不是。記憶中的巨大，無疑是那天早上所看到的龍門之巨大。知道這樣就好了。

我就像一年前那樣，穿過變小了的龍門，一腳踏入外面的世界。那一瞬間，我想起當天早上前輩雲水所說的關於龍門的典故。是這樣的嗎，從此我又要變回一條魚了嗎？突然覺得挺詭異的，不禁大笑出聲。

話說時隔一年再度回到紅塵浮世來，那種感覺實在有點奇怪，不知如何形容。當我兩腳踩地，重新環顧四周時，腦海中浮現了一個意象。

「0」

沒錯，就是零。仍然一無所有，卻感到無比輕鬆自在。這個「0」，是不久將變成「1」、變成「2」的「0」；然後也將成為「3」、「4」還有「5」、「6」的「0」吧。我胸中懷抱著這個「0」，全身上下一陣輕盈，大大地做了個深呼吸。

我叫住偶爾從我前面開過的計程車。從這裡一路走到福井車站其實也可以，不過突然很想坐一下很久沒搭過的計程車。彷彿回到想念不已的熟悉場所似的，我鑽進後座，告知目的地，計程車靜靜地啟動。

儘管已經下定決心不再回頭，但這時還是忍不住轉頭看著後方。那變小了的龍門，隨著計程車的移動越發的小了。

「永平寺遠了。」

念起的瞬間，胸中一緊，幾乎喘不過氣來。緊接著是永平寺過去一年中一天天的情景在腦海裡以驚人的速度快轉。

敲山門時腳下石板有如冰塊般的冷冽。在旦過寮坐禪時因為寒冷夾雜著恐懼發出的喀塔喀塔牙齒打顫聲。喝味噌湯因緊張嗆到邊咳邊入喉的滋味。在一次又一次衝刺中讓心臟接近爆裂邊緣的迴廊掃除。揉著眼睛恢復視覺時僧堂那鬱悶的幽闇。在星空下一心敲打寄望遠方的父母也能聽到的大梵鐘聲。被指出各種缺失慚愧無地自容的反省會。為了療饑而吃的剩飯之空虛感。還有緊握母親來信哭泣的夜晚……

在回想間，永平寺也逐漸遠去。那片伽藍。那座僧堂。那種幽闇。那樣的寂靜。那些空氣。所有的一切都在眼前逐漸被推遠。

最後當老杉的樹梢也從車窗消逝瞬間，滾燙的、彷彿燃燒般的灼熱淚水，和過去這一年的回憶一起決堤，順著臉頰流下。

「再見吧，永平寺……」

淚水在離永平寺愈來愈遠時終於不再流了，不經意抬頭看著駕駛座上方的後視鏡，正好和司機四目相接。難得是一位女駕駛。在她深深皺紋包圍下的眼神帶著笑意。

「雲水桑，今天從永平寺下山啊？」

她突然開口說話。我因為哭哭啼啼的都被她看到了覺得不好意思，只好回她一個微笑。

「是吧，那真是辛苦了。伯母我呢，是在這裡出生的。所以在我眼裡，永平寺的雲水都像是我疼愛的小孩一樣吶。」

我除了傻笑什麼話也沒說，她則自顧自說個不停。在我心頭，永平寺的種種仍然此起彼落地浮現。

「那麼，今天就讓伯母載你去一個很棒的地方好嗎？」

「咦？好、好，拜託您了。」

我來不及想什麼就點頭說好。反正接下來也沒有什麼急事。

車子在植滿杉樹的產業道路上一直往上走。山路兩旁散落著因為不耐積雪的重壓而折斷的粗大樹枝。在這些傷痕累累的樹枝底下，不久就要蔓延山野的春草正同時吐出了新芽。車子很快就翻過埡口，走下通往山間集落的小路，再穿行過低矮家屋夾道的窄巷，突然眼前的視野豁然開朗。

那是蛇行於福井市街緩緩流淌的足羽川（Asuwa-gawa）邊可以行車的寬闊堤防。堤防上種了兩排如今正盛放的櫻花，沿著在春陽下閃閃發光的河水，一直延伸到視線所不及的盡頭。看著眼前如此亮麗的光景，我卻茫然自失。

「可以到堤防上走走哦。」

我依照她的建議，開門下車。

北陸地方澄澈的陽光，以及稍帶點濕意的暖風，讓我長期以來一刻也不敢放鬆的緊繃身體靜靜地獲得了緩解。

不經意抬頭一看，布滿淡紅色花瓣的櫻花樹枝，有如頂蓋一樣遮蔽了天空，而春陽則透過縫隙，與滿開的花朵一起發出炫目的光彩。

「喔，是的，這就是春天啊。」

就在那一刻，我第一次理解春天就是春天此外無他是什麼意思了。活了三十年的歲月，總是為了尋尋覓覓而焦慮不已，到現在終於了解春天的意義了。這樣就夠了。除此之外我想我已經什麼都不缺。

從枝椏分離的淡紅色花瓣，隨著風飄落河面，在流水反照的陽光中若隱若現、翻滾搖擺，任河水帶著它漂流，直到世界盡頭。

後記

如今回頭想了又想，當初我為何感到走投無路以致絕望到做出「出家」這個結論，我真的不知道。

如果真要說的話，或許就是當時自己所有狀況的總和，以及圍繞著自己的社會一切之總和。

我曾經在既非春天夏天、也不是秋天或冬天，而是不屬於任何季節的季節之間隙，一個人在路上漫無目的地走到天昏地暗。

大學生活就像一般學生一樣，被年輕的欲望與焦躁所驅使，獲得一些玻璃般易碎的成就感，也受過兩三次微不足道的傷害。但不管是哪一樣，都好像發生在電視映像管中的畫面那樣，冰冷、空洞、毫無真實感到令人害怕。

我在那樣的季節的間隙僅僅是活著，自己也不知道是好是壞、有意思或沒意思。

不得不停下來，是在大學生活進入最後一年，為了求職活動而必須與社會現實面對面的時候。我站在那樣的現實之前，瞬間陷入茫然，完全抓不著任何頭緒。

我非常需要知道活下去的明確意義。這樣的想法漸次從「欲求」變成「必然」。對我而言，無法找到生命的意義，也就失去了自己的存在價值。

我不時被這種妄自尊大、自以為是的理想壓得喘不過氣來。每當那種時刻，總會對自身的一切感到無比厭煩。但是繼續抱持那個自己也說不清楚的理想，對當時的我來說變成自己唯一的存在價值。

結果我放棄所有求職活動，行屍走肉般參加完畢業典禮，即出發去旅行。第一站是曼谷。

不可否認，若是再怎麼用心思考還是找不到「今後」的出路，那麼順著社會的慣習隨波逐流，然後在裡面暗中摸索也是一種選項。可是我一點都不想在得到自己滿意的結論前，勉強給自己找個安身立命之處。

旅途上炙熱的陽光與汗水讓我的皮膚變黑，滾燙的瀝青使得鞋底越磨越薄。然而出國之前悄悄期待著旅行帶來的戲劇性改變，一直到長旅結束都沒有出現。

不過整個人都輕快了起來。回國以後，趁著那種愉悅的微熱還沒從體內退去，馬上去找了個工作開始上班，總算踏出個人走向社會的第一步。

那大而無當的理想，依然橫亙在腦海之中，可是無論如何都找不到自己存在的意義，忙碌的生活讓自己越來越悶悶不樂。

不知道從什麼時候開始，自己的人生就像壞掉的齒輪一樣空轉。然後就在忙碌不堪的工作壓力下，突然被難以形容的不安所啃噬。

的確，照目前的生活繼續過下去，我可以清楚預見在社會這個大繭之中，我將過著無風無浪、安穩舒適的日子。可是過了三十歲還是這樣，等接近四十歲的時候，我的心恐怕已經枯槁，失去了潤澤與活力。

儘管如此，卻也沒有改掉重練、另尋出路的想法，兩難的處境讓自己更加進退失據。

就在即將進入三十歲的時候，我的心已經厚厚堆積了一層難以移除的東西，對周遭的一切越來越無法忍受，與社會也益形疏離。

那時腦海中突然冒出「出家」兩個字。為什麼會這樣我也說不清楚。

說到底，人生為何陷入這樣的地步，也沒辦法用數學的等式來加以明確表述。人生是無數正數與負數的複雜糾葛，不一定會歸結出一個結果或等號來。唯一可以確定的，其結果是來自人生一瞬一瞬的要素、以接近極度偶然的必然性作用而產生。

也就是說，當社會讓我感到煩躁、疏離，以致腳步越來越沉重時，有一顆小石頭擋住了我的去路。那時我沒有繞道而行，反而停住將那顆擋路的小石頭撿了起來。

那顆小石頭就是「出家」。現在想想，二十多歲時以中國為出發點，經過西藏、緬甸、寮國、越南、柬埔寨、泰國，一路尋尋覓覓的旅途，最後的終點就是永平寺。

＊　＊　＊

之後已經過了五年。

我又開始過著完全與過去沒有兩樣的生活。每天在爆滿的電車中搖搖晃晃、通勤上班、下班後到市立游泳池游個兩公里。一個人簡單吃過晚飯，時間一過十二點即上床睡覺。

對我而言，永平寺的一年到底意味著什麼呢？

人生當中，有些東西是等你失去之後才第一次留意到它的存在，但永平寺的一年，則是透過徹底將一切從你身上清除一空，並繼續不斷向你提出質問。

經過那樣的一年，我自身的改變是——

首先，要下手打停在自己身上的蚊子時會有一陣遲疑。

其次，吃東西不過量。

還有，不會想太多。

最後，就是變成一個愛哭鬼。以前我曾經跟誰說過「長大後還會哭的男人是幸福的」。我是個不會哭的人。越是告訴自己哭出來會好過一點，卻怎麼都哭不出來。但是現在動不動就哭。

大概也就是這樣而已。當然這也可能只是我的心理作用。

最近，關於永平寺那一年的記憶開始變得模糊起來。然而遺忘也是活著的證明，理所當然的事情。

就像被推湧到沙灘上的貝殼，被浪潮打碎，成為小小的沙粒終至消失，那一年每一天的情景，最後也將被眾多的記憶所埋沒。這些都沒有關係。

即使過去完全被忘卻了，但過去肯定仍存活於現在。現在，是過去的產物。

此外，就像現在乃過去之產物一樣，未來也是現在的產物。

我在永平寺學到的，是肯定過去一切事物的勇氣，以及珍惜活著當下——未來所由生的現在——的喜悅。

我想那些記憶如果能夠繼續存在身體的某個角落，或許在將來一次號哭或是絕望想死的時候突然被呼喚出來就好了。

那時，我應該就會懂得永平寺一年對我的意義了。

我因為被永平寺那一年所感動才寫這本書。如果這本書的內容被永平寺內或曹洞宗宗門的大德們認為有問題，那全都是我的筆力有所不逮，首先在這裡表示深深的歉意。

我從開始執筆直到完成為止，對於寫這樣一本書是否妥當從未停止過迷惑與不安。不過像我這樣一個普通人，只在永平寺待過一年，並寫下稚拙的感思，想必無法撼搖永平寺七百五十年的法燈，我就是在這樣的確信下才放心執筆的。

正所謂「如蚊子咬鐵牛」是也。

這本書的出版，承蒙新潮社伊藤貴和子氏、諏訪部大太郎氏、郡司裕子氏的寬容與指導，才得以順利完成，內心感到無比感激。

此外也得到永平寺內以及曹洞宗宗門許多大德的協助。不過考慮到如果指名道姓反而會給他們帶來不必要的麻煩，所以在此略過，但還是要表示我的謝意。謝謝你們！

一九九六年十月十日

野々村 馨

文庫版後記

認真回想一下，這本書的原稿，是在逗子到澀谷間的通勤電車上寫的。

每天早上，總是在一樣的時間關上玄關的門，在逗子站搭同一班電車，車子啟動後，才慢條斯理從背包中拿出原稿用紙。然後一直到抵達澀谷站為止，我或是靠在車門邊，或是抓著吊環，以紅色原子筆順著原稿用紙的格線用力書寫。電車的搖晃，加上我天生字醜，稿子上的筆跡真是慘不忍睹。

之後在與澀谷鬧區有點距離的一家設計事務所工作一整天，下班後立刻趕到位於千駄之谷的市立游泳池，照例游完兩公里的進度。

晚餐內容每天不同，在泳池附近許多飲食店中找一家簡單吃吃，然後照樣從千駄之谷站搭上電車。車子開動後我還是拿出原稿用紙，這時偶爾會在座位上先打個盹，再接續早上所寫的，字跡還是比塗鴉好不了多少。

在離逗子海岸不遠的地方，既沒有電視也沒有收音機的安靜住家，等著我回來的只有兩隻親子關係的流浪貓。回到家首先餵食這兩隻流浪貓，之後才開始放一些不會破壞夜晚寧靜的音樂來聽。我一邊解讀當天在電車上的鬼畫符，一邊敲進電腦。等時針一過了十二點即上床就寢，很快第二天的天就亮了。

我大概過了五年這樣的生活。五年下來一算，我在電車中寫下來的原稿將近七百枚。

當然我從來沒有「成為作家」這種不切實際的念頭。

隨著年紀增長，記憶力也逐漸消退，這雖然是非常自然的事，但如果可能的話，我希望有些記憶永遠不要遺忘。我試圖將那一年的所有記憶，在全部忘卻之前記錄下來。就是在這樣的心理下開始執筆的。

那也是我再次回到永平寺上山之前住過的逗子，重新開始住下的時期。其實逗子對我的人生而言，是一個無可取代的特別場所。

當年一開始選擇搬到這個面臨太平洋的安靜避暑地，起因是我需要找一個到澀谷的通勤時間只要一個鐘頭左右的地方。在那之前，我是從隔鄰的惠比壽騎單車去澀谷的事務所上班。

到澀谷的一個小時。高尾山、秩父、南房總等等，一些不經意浮上腦海的地名當中，出現了逗子。為什麼會出現這個名字我也不曉得，總之是一個我從未去過的地方浮現了出來。

很快就在那個週末，我一個人興匆匆地前往逗子勘察地形，當天就決定了要搬過來住的房子。位於逗子站與海岸之間平靜的住宅區裡面，是一棟一個人住有些太大的兩層樓出租公寓。

就這樣我展開了在逗子的寧靜生活。一天下午，發生了一件事。

週日的下午，我總是一個人在庭院除草。

說是庭院，剛搬來的時候，其實只是便宜租屋的附屬品，上面一棵樹也沒有，唯有雜草蔓生的一塊空地。住進來後，我依照自己的想法開始蒔花種樹，才有點庭院的模樣。

除草作業的路線，我照例從最裡面的孟宗竹下方開始。接著是楓樹周邊、杜鵑花旁，直到玄關側面的柴門為止。

沒有什麼進度的壓力，累了就休息喘口氣，然後繼續做下去。幾乎聽不到外界的動靜，除了鄰居庭樹上傳來的野鳥叫聲，以及偶爾由海風帶來的小孩玩鬧聲。這是遠離大馬路的地方才可以保有的寧靜。

那天因為中間休息了兩次，所以工作到柴門那邊時太陽已經西斜。除草結束後，一如以往我煮了杯熱咖啡，一個人在庭院邊上坐下放空，看著太陽逐漸消失。

突然玄關的門鈴響了。平日除了郵差，幾乎沒有人會來到我的玄關，何況是禮拜天傍晚。天色已經轉暗，我打開玄關的燈，開門一看，竟然是一名警察。

「打攪了，我是站前派出所的警察。前幾天有一位先生來報案，說他種的芒草被偷了，並且說您就是犯人，請問您知道些什麼嗎？」

事情來得實在太突然了，一開始有點搞不清楚狀況，不過很快我就想起關於芒草的事。

那是一個禮拜前，也是禮拜天。

那天我如常完成午後的除草作業，一個人坐下來看著庭院。

這時的天色還明亮得稱不上是黃昏，卻可以看到白色的月亮高掛天空。一開始只是茫漠地看著，慢慢的心裡浮起了一個念頭。

「對了，為了秋天的月亮，來種幾株芒花吧。」

一有了想法，我立刻起身出門吃晚飯，回程順便在附近的空地找找，發現那邊真的有芒草。

以前那裡有一家不知道賣什麼的店鋪，入口的鐵捲門沒有放下，裡面堆滿了廢材。建築物周邊雜草蔓延，我第一個印象，覺得這裡肯定被棄置了很長一段時間。

芒草已經長成一大叢，我一點遲疑也沒有，越過廢材做的柵欄，拔起芒草抱回家。

「我想他說的大概就是我。」

「是嘛。那位先生說如果明天你把芒草歸回原位，他就不會聲張這件事，所以請您這麼辦吧。」

怎麼會這樣？為什麼事情變成這樣？我對突然降臨自己身上的事件感到一陣愕然。接著想到一定要盡早去跟那位芒草的主人道歉，趕忙出門追趕已經往回走的警察。

那位身穿運動服、頭戴貝雷帽的小個子老人，看了看跟著警察過來的我，臉泛潮紅、怒氣洶洶地說：「就是你嗎，偷我芒草的傢伙？我禮拜一早上從那邊經過，看到地上多了一個洞，馬上就知道芒草被拔走了。然後我看到地上一路散落著泥土，跟著走下去，最後來到你家門前。我從玄關旁邊往院子一看，果然種了一叢芒草，我就知道發生什麼事了。是怎樣，如果想要芒草，不要偷拔我的，到別的地方偷去！」

我在他的怒罵聲中唯有不住點頭道歉。

想到他還會一路跟著散落的泥土找過來，這芒草肯定是老人非常在乎的東西。可是我無論如何也想不到有人會為了這個而報警處理，所以根本沒有意識到泥土掉在地上或許會留下線索什麼的。如果存心要偷，一定會把芒草裝在袋子裡，以免留下任何證據吧。

不過仔細想想，事情發展到這個地步也不是沒有道理。在這個所有地表都被精密區劃為人們財產的時代，即使只是一棵草，從別人的土地拔起來的話，就是無可抵賴的犯罪。我不知道道歉了多少回，最後答應他第二天早上將芒草歸回原位種好。

「警察先生，真的非常感謝您。這傢伙我這次就放過他了，但以後如果再犯的話，你們至少要採他的指紋留個案底哦。拜託您啦。」

老人最後還放出這樣的話。

待我一回神，周遭已經被夜色所籠罩。在微暗中，我帶著茫然的心情，腳步沉重地和警察並肩走在昏黃的路燈底下。

「這世界上什麼樣的人都有，以後不管做什麼還是多提防點。不過即使他真的報案，像芒草這樣的東西，別擔心，警察還不至於採取指紋的。那就明天早上，記得把人家種回去哦。」

警察說完就回站前派出所去了。

「犯罪者」

整個晚上，我腦海裡彷彿被烙印了似的，不斷浮現這三個字。

那時的心情，好像不找個替罪羔羊就會大哭一場。結果那個晚上，既沒有找個什麼人來怪罪，也沒有哭，只是一個人坐在庭院邊上，仰望無星無月、被沉鬱的梅雨雲籠罩的漆黑天空，然後不斷地自責不已。

我當然很清楚已經發生的事無法重來一次，但還是免不了沮喪與懊悔。

第二天早上，我比約定時間稍早抵達那片空地，發現老先生已經抱胸站在那裡。

我趕忙拿起自備的鏟子，將芒草種回原地。然後我再一次深深一鞠躬謝罪，回頭正要走的時候，老先生叫住了我。

「喂，等等，先到芒草旁邊站一下。」

這個老人家似乎很熱中拍照，上禮拜一當他發現芒草被偷的早上開始，不管是被挖起來的芒草痕跡、道路上留下的點點殘土，還有我家庭院種的芒草，好像都詳細留下了相片為證。他希望平安回家的芒草能夠和犯人的我拍張合影留念。

為什麼？對一個已經為自己的過錯表示懺悔並致歉的人，為什麼還要做到這個地步？我是這麼想，但因為是自己的過錯，我實在想不出拒絕的理由。

結果我和芒草像朋友一樣並立，拍了一張屈辱性的紀念照。啊啊，做一個人終究是這樣嗎？這一切都是社會既定的法則嗎？我覺得自己的身體就要從腳底無聲無息地崩解。

將一個犯錯的脆弱男子推落谷底，讓他摔成碎片，大概就是這樣了。

從那之後，我不能像過去一樣在逗子的街上漫步。

在路上和人擦肩而過就是忍不住感到害怕。面無表情走著的通行人，交會而過之後一定會回頭對我指指點點，說我是個犯人。我總是被這樣的恐懼感弄得心神不寧。

狼狽不已的、芒草與犯人的紀念合照，那個老人是不是拿去做什麼了？會不會一邊拿出引以為傲的照片給大家看，一邊說自己是如何以路上掉落的泥土為線索逮到犯人的？每思及此，我的胸腔彷彿就要碎裂。

我家種芒草的遺跡，沒多久即長滿了野草，而即使是我那小小庭院，秋月還是高掛天空發出澄澈的亮光。

當然，即使這並非全部的原因，但的確是逗子所發生的芒草事件，最後在我的背上重重推了一把。

想捨棄自我。開始有這個念頭，大約就是芒草事件剛過的時候。那朦朧的念頭不久在腦海的角落開始凝縮為兩個字——「出家」是也。

至於我為什麼從永平寺下來以後，還是選擇這個絕對不能說是好，更應該說是留有不愉快記憶的城鎮繼續住，我自己也不明白。必須問的是，為什麼那段時期，從永平寺下山準備展開新生活的場所，只能選擇這裡？

永平寺那一年到今天，十年的歲月流逝了。

十年之間，以書的出版為契機，我再次搬回東京市區，逗子成為記憶之地。不過出書前的生活，和其後的生活，基本上還是一成不變（坦白說，除了極為親近的少數幾人，我從沒告訴任何人說那本書是我寫的）。

還有，當然現在已經不搭逗子到澀谷的通勤電車了，不過沒變的是，電車中或是巴士裡面，依然是我最喜歡的工作場所。其實這篇後記，也是在溜池到澀谷搖搖晃晃的巴士中，照例以紅原子筆在原稿用紙上塗塗抹抹。巴士很快就要從六本木大道右轉澀谷站前圓環。

最後，在後記結束之前，我想對文庫化作業期間耐心與我溝通的新潮社寬容大量的編輯庄司一郎氏從內心表示誠摯的謝意。非常謝謝您！

譯者補記

文／圖——吳繼文

一、關於曹洞宗

曹洞宗為禪宗五家七宗之一，以洞山良价為宗祖；「曹」或指良价弟子本寂所居之曹山，或曰源自（六祖）曹溪惠能。惠能門下南嶽懷讓一脈開創臨濟宗和溈仰宗，青原行思一脈則開創雲門、法眼、曹洞三宗；臨濟宗後又衍生楊岐、黃龍兩派。以臨濟、曹洞兩宗影響最為深遠，傳承不絕以至於今。

臨濟宗以「棒」、「喝」著稱，通過公案、話頭應機施教，偏重行動上開導，所謂「看話禪」；曹洞宗以「默照禪」為特徵，不求見性，主張「只管打坐」、「行解相應」，須不離正念、綿密不斷，永恆的坐禪之姿即是佛，而生活中行住坐臥舉凡吃飯、洗澡、方便、作務皆是修行，所謂「即心是佛」、「修證一等」是也。

永平寺總門。總門又名龍門，立二石柱，作為俗世與道場象徵性的界線，有雲水入內修行「魚化為龍」之隱喻。石柱上刻「杓底一殘水，汲流千億人」。

永平寺通用門。通用門為一般參拜者入口。

二、關於道元禪師

日本曹洞宗開祖道元禪師（一二〇〇～一二五三），生於京都貴胄之家，但年幼即失恃、失怙，十四歲在比叡山延曆寺於天台座主公圓見證下出家，後師事入宋歸來的禪師榮西（日本臨濟宗開祖）弟子明全。一二二三年隨師入宋，遍訪諸山，一二二五年於寧波天童寺夏安居期間大悟，獲曹洞宗禪師如淨印可。一二二八年歸國，自謂體得「眼橫鼻直」而「空手還鄉」，意思是修行並非見性、開悟的手段，「本具的身心、真實的自己就是佛法，每天的修行本身即是證悟」，手段即目的。天童寺後成為日本曹洞宗祖庭。

五年後道元先在宇治建興聖寺，立正式禪堂，舉揚曹洞家風，著《普勸坐禪儀》推廣禪修，受到天台宗延曆寺之彈壓，於是記取如淨臨別「莫住城邑聚落，莫近國王大臣，須居深山幽谷，時機未稔，接取一箇半箇，嗣續吾宗，勿令斷絕」的贈言，揚棄世俗化傾向的佛教，回歸佛陀簡樸、自省的精神，四四年在北陸山區闢建大佛寺，兩年後改名永平寺，逐漸發展為正規禪宗道場，所謂「七堂伽藍」。五三年因病示寂。

道元在不算長的傳道生涯中，為貫徹其所體得的真理，不只在每一次開示中以嶄新的角度闡釋佛典與公案（最後留下共九十五卷的《正法眼藏》），並且詳細立下叢林清規作為雲水生活準則，廚房如何準備餐點（《典座教訓》）、僧堂如何用餐（《赴粥飯法》），甚至如何洗臉、刷牙、洗澡、方便等等，因為只要用心，生活中沒有一件事是無意義的。如此老婆心切，從禪宗標榜「不立文字」的傳統角度看，道元無疑是個異質的存在。

三、關於永平寺

永平寺位於日本北陸地方福井縣的山區，是日本曹洞宗兩大本山之一（另一大本山為橫濱的總持寺），雖位處偏遠，卻因歷史悠久（西元一二四四年開創）、家風嚴峻，遠近慕名而來的修行者、參拜者不絕如縷。

永平寺是七種主要建築齊備、形制完整的寺院，即所謂「七堂伽藍」——

永平寺山門。

永平寺勅使門，又名唐門。

山門、佛殿、法堂、僧堂、庫院、浴室、東司（即廁所）；其中僧堂、浴室和東司為三默道場，裡面禁止私語。永平寺僧眾日常生活與修行皆以此七個場所為中心運作。

具有七百多年歷史的永平寺，一直保有嚴謹的紀律與獨特的禪風（為了破除修行者的我見、我執，甚至還維持被視為不合時宜的打罵教育），僧眾遵照中國唐、宋以來叢林清規，即使到今天依然，素樸而刻苦的生活形態與古代幾無二致，彷彿活化石一般。

四、伽藍圖輯

永平寺參道。

永平寺山門。一七四九年所造全木構建築，兩側有伽藍護法四天王像，柱上有一對聯曰「家庭嚴峻不容陸老從真門入，鎖鑰放閑遮莫善財進一步來」。

永平寺山門。山門二樓奉祀五百羅漢，中央懸掛後圓融天皇勅額「日本曹洞第一道場」。

山門木版，上書「恐怖時光之太速，所以行道救頭燃」（語出道元《學道用心集》）。

大庫院。一樓為典座寮（廚房），地下一樓為直歲寮，二樓為知庫寮，三樓為菩提座。

大庫院所懸掛的雲版。

僧堂入口。僧堂又名雲堂、選佛場。

僧堂外堂。沿木隔板一排外單，為「暫到」（非正式雲水）打坐、吃飯、睡覺處。上頭懸掛的梆子，或曰魚鼓。

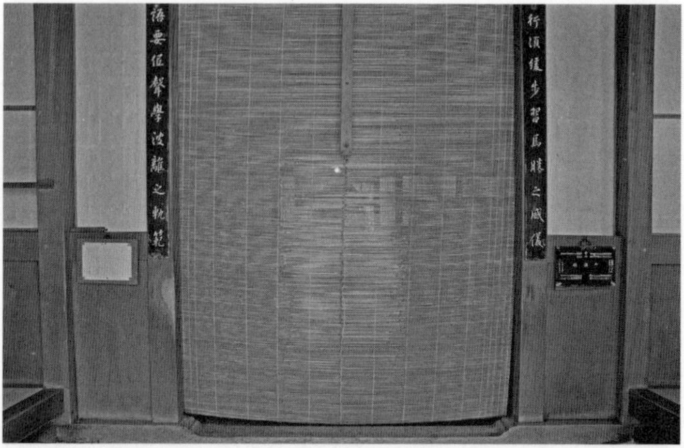

僧堂前簾。只有通過一定訓練與考驗的正式雲水始能自外堂獲准進入僧堂。僧堂為三默道場之一，裡面奉祀聖僧文殊菩薩。

佛殿。佛殿位於伽藍中心，有匾曰「覺皇寶殿」，內祀釋迦牟尼。

佛殿內部。佛殿為中國宋代樣式建築，內鋪石板，中央須彌壇奉祀三世佛：本尊釋迦牟尼佛（現在佛）、阿彌陀佛（過去佛）、彌勒佛（未來佛）。

浴室。入口有「淋汗」二字，裡面的脫衣場供奉跋陀婆羅菩薩；浴室亦為三默道場之一。

浴室外觀。有匾額曰「香水海」。

法堂。法堂改建於一八四三年，七堂伽藍中最高、最大的建築，中央奉祀聖觀世音菩薩，為禪師說法、早課、各種法要舉行的地方。

迴廊外觀。永平寺各建築皆以封閉式迴廊連貫。

迴廊內部。

階梯式迴廊。

一字廊。前方為佛殿。

暫到到著所。為新上山的雲水獲准進入山門後第一個落腳處。

承陽門。後方為奉祀道元禪師的真廟承陽殿。

中雀門。連結大庫院與僧堂，為永平寺重要通道。

老杉特寫。

永平寺老杉。樹齡最高者超過六百年。

國家圖書館出版品預行編目資料

雲水一年 : 行住坐臥永平寺 / 野々村馨著 ; 吳繼文譯 .
-- 初版 . -- 臺北市 : 大塊文化 , 2016.12
面 ； 公分 . --（Mark ; 123）
譯自 : Eat sleep sit : my year at Japan's most rigorous Zen temple
ISBN 978-986-213-751-2（平裝）

226.65 105019319